LA COMMUNICATION

DU MEME AUTEUR

HERMES I, La communication, *1969*.
HERMES II, L'interférence, *1972*.
HERMES III, La traduction, *1974*.
HERMES IV, La distribution, *1977*.
JOUVENCES. SUR JULES VERNE, *1974*.
LA NAISSANCE DE LA PHYSIQUE DANS LE TEXTE DE LUCRÈCE. Fleuves
et turbulences, *1977*.

Aux Editions Grasset

FEUX ET SIGNAUX DE BRUME. ZOLA, *1975*.

Aux Editions Hermann

ESTHÉTIQUES. SUR CARPACCIO, *1975*.

AUGUSTE COMTE. COURS DE PHILOSOPHIE POSITIVE. Tome I,
1975.

Aux P. U. F.

LE SYSTÈME DE LEIBNIZ ET SES MODÈLES MATHÉMATIQUES
(2 vol.), *1968*.

Hors commerce

GELS, *1977*.

COLLECTION "CRITIQUE"

MICHEL SERRES

HERMES I

LA COMMUNICATION

LES ÉDITIONS DE MINUIT

Pour Maurice et Suzanne Capul

Voici racontée la naissance de l'idée de communication, son émergence aveugle à travers une suite d'articles dispersés sur six ans et sur quelques sujets. Dispersés, non disparates, à vue récurrente : leur collection et leur lecture forment une variation, incomplète, sans doute, mais réglée, sur le thème d'Hermès.

Partis des mathématiques, et d'une hypothèse sur la genèse intersubjective du miracle grec, thèse perceptible dans le jeu du dialogue platonicien, nous y revenons, pour boucler un premier cycle, en démontrant, par elles, la rigueur de l'organisation leibnizienne princeps : *la communication des substances. L'abstraction la plus haute naît d'une exigence aiguë sur la meilleure communication possible ; celle-ci, à l'âge classique, s'établit, comme en retour, sur un support mathématique. Ainsi dessiné, le circuit ne pouvait éviter l'histoire du miracle contemporain, ce nouveau dialogue que fut la querelle des anciens analystes et des algébristes modernes ; il rencontre, plus généralement, ce miracle perpétuel que constitue la communication historique des mathématiques. De la question : qu'est-ce qui se perd dans le jeu des questions et des réponses ? on passe à la question : qu'y a-t-il d'oublié le long de cette chaîne quasi parfaite, une fois qu'elle est mise en place sans retour ? Le cartésianisme donne, de ces interrogations, un paradigme particulier ; il devenait intéressant de réexaminer le modèle de la chaîne, l'opération intuitive et l'affirmation du* cogito, *selon les mêmes normes : examen centré, ici, sur les notions de transition et de distance abolie. De nouveau, la pensée mathématique mêlait son cheminement à celui de la communication. Mais il y a deux manières de rendre compte de leur alliance : du point de vue de la conscience, comme chez Descartes, ou, directement, par le concept, comme chez Leibniz ; dialogue ici repris, dont la modernité cherche l'issue.*

9

A revenir sur terre, ou plonger dans le courant du sens, communiquer, c'est voyager, traduire, échanger : passer au site de l'Autre, assumer sa parole comme version, moins subversive que transverse, faire commerce réciproque d'objets gagés. Voici Hermès, dieu des chemins et carrefours, des messages et des marchands.

Nous n'avions pas quitté l'universel de la raison classique, la propagation de ses rigueurs dans un champ préjugé sans frontières (l'universel est sans version), le long de chaînes sans interceptions. D'où vient que la déraison y est, strictement, l'ailleurs et l'incommunicable. Par un curieux retour, la méthode structurale dessine aisément les graphes clos d'une géométrie de la folie ; elle trace, pour boucler un deuxième cycle, les géodésiques de la raison classique, réduite à une raison régionalisée. La mathématique n'est plus un support, ou un garde-fou, elle est un dictionnaire ; le terme méthode reprend son sens obvie de transport.

Restait à traduire, en choisissant les textes les plus étranges : voyages pour enfants, contes pour amoureuses, légendes populaires et rêves d'alchimistes. Restait à commercer, à échanger des mots, de l'argent et des femmes, pour terminer ces variations dans les vapeurs du festin, la fumée du tabac et les chaînes inextinguibles du rire.

Nous remercions MM. Schuhl, Bastide, Costabel, Cordier, Devaux, et, entre tous, M. Jean Piel, de nous avoir courtoisement autorisés à reproduire ici les textes publiés dans les revues qu'ils dirigent.

introduction

LE RÉSEAU DE COMMUNICATION : PÉNÉLOPE

Avant d'être séduite par Zeus sous la forme
d'un serpent, et de concevoir par lui Dionysos, Perséphone, laissée par Déméter dans la
grotte de Cyane, avait commencé un tissage
sur lequel serait représenté l'univers entier.
(D'après des récits orphiques.)

Imaginons, dessiné dans un espace de représentation, un
diagramme en réseau. Il est formé, pour un instant donné
(car nous verrons amplement qu'il représente un état quelconque d'une situation mobile), d'une pluralité de points (sommets) reliés entre eux par une pluralité de ramifications (chemins). Chaque point représente soit une thèse, soit un élément
effectivement définissable d'un ensemble empirique déterminé.
Chaque chemin est représentatif d'une liaison ou rapport entre
deux ou plusieurs thèses, ou d'un flux de détermination[1] entre
deux ou plusieurs éléments de cette situation empirique. Par
définition, aucun point n'est privilégié par rapport à un autre,
aucun n'est univoquement subordonné à tel ou tel ; ils ont
chacun leur puissance propre (éventuellement variable au cours
du temps), ou leur zone de rayonnement, ou encore leur force
déterminante originale. Et, par conséquent, quoique certains
puissent être identiques entre eux, ils sont, en général, tous
différents. De même, pour les chemins, qui, respectivement,
transportent des flux de déterminations différents, et variables
dans le temps. Enfin, il existe une réciprocité profonde entre
les sommets et les chemins, ou, si l'on veut, une dualité. Un
sommet peut être regardé comme l'intersection de deux ou
plusieurs chemins (une thèse peut se constituer comme l'intersection d'une multiplicité de relations ou un élément de
situation naître tout à coup de la confluence de plusieurs déterminations) ; corrélativement, un chemin peut être regardé comme
une détermination constituée à partir de la mise en correspondance de deux sommets préconçus (mise en relation quel-

---

1. Lorsque nous disons détermination, nous entendons relation ou
action en général : cela peut être une analogie, une déduction, une
influence, une opposition, une réaction et ainsi de suite.

conque de deux thèses, interaction de deux situations, etc.).
Il s'agit donc d'un réseau dont on maximise à volonté la différenciation interne, d'un diagramme aussi irrégulier que possible. Un réseau régulier à sommets identiques et à chemins
ou concourants, ou parallèles, ou normaux entre eux et équi-
valents serait un cas particulier de ce réseau « scalène » [2]. Ou,
si l'on veut, étant donné un réseau régulier, il suffit de différencier ses sommets et ses chemins, de les faire varier autant
qu'il est besoin pour obtenir le modèle que nous proposons.
D'autre part, nous pensons qu'il s'agit de la représentation formelle d'une situation mobile, c'est-à-dire qui varie globalement
au cours du temps ; par exemple, qu'un point ou sommet du
réseau change brusquement de place (comme un pion de
telle importance — roi, dame, cavalier, etc. — sur un échiquier), et l'ensemble du réseau se transforme en un nouveau
réseau où la situation respective des points est différente comme
la variété des chemins. Raisonnons maintenant de manière
abstraite sur ce modèle, et, à chaque stade du raisonnement,
comparons-le à l'argument dialectique traditionnel :

1. Etant donné deux thèses, ou deux éléments de situation,
c'est-à-dire deux sommets, l'argument dialectique pose qu'il
existe un chemin et un seul pour aller de l'un à l'autre ; ce
chemin est « logiquement » nécessaire et passe par le point
unique de l'antithèse ou de la situation opposée. A cet égard,
le raisonnement dialectique est unilinéaire et caractérisé par
l'unicité et la simplicité de la voie, par l'univocité du flux de
détermination qu'elle transporte. Au contraire, le modèle précédent est caractérisé par la pluralité et la complexité des
voies de médiation : on voit à l'évidence, sur ce dernier, qu'il
existe sinon autant de chemins qu'on veut pour aller d'un
sommet à un autre, du moins un très grand nombre, tant qu'est
fini le nombre des sommets. Il est, en effet, tout à fait clair
que ce cheminement peut passer par autant de points que
l'on veut et, en particulier, par tous. Il n'y en a donc aucun
qui soit « logiquement » nécessité : le plus court, c'est-à-dire
le court circuit entre les deux points en question, peut éven-

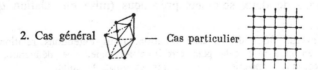

2. Cas général — Cas particulier

tuellement être plus difficile ou moins intéressant (moins praticable) qu'un tout autre plus long, mais transportant plus
de détermination, mais ouvert momentanément pour des raisons telles ou telles [3]. Dès lors, le chemin unique (ou l'ensemble des chemins sélectionnés) que choisissent la théorie, la
décision, l'histoire — ou toute évolution donnée d'une situation mobile — est élu parmi d'autres possibles, déterminé
parmi une distribution qui peut être aléatoire. Au nécessitarisme raide d'une médiation unique se substitue la sélection
d'une médiation parmi d'autres. Cela est un avantage notable,
c'est-à-dire une approximation plus fine des situations réelles,
dont la complexité tient souvent au grand nombre des médiations praticables en droit ; et cet avantage est dû à la supé-
riorité d'un *modèle tabulaire* sur un *modèle linéaire,* ou encore
au fait qu'un raisonnement à *plusieurs entrées et à connexions
multiples* est plus riche et plus souple qu'un *enchaînement en
ligne* de raisons, quel que soit le ressort de cet enchaînement,
déduction, détermination, opposition, etc. En particulier, l'argument dialectique devient un cas restreint de ce réseau tabulaire général : il suffit, pour le retrouver, d'homogénéiser le
réseau et de découper sur lui une séquence unique à flux déterminant fixe, ou encore, de le projeter sur une ligne unique.
Dans tous les cas, on le retrouve comme cas particulier, en
projection sous un point de vue restreint. Il y a donc plura-
lisation et généralisation de la séquence dialectique, par un
passage, au niveau du modèle formel, de la ligne à l'espace :
le modèle change de *dimension ;* alors que l'argument dialectique croyait avoir assoupli et généralisé tout raisonnement
antérieur en faisant de la ligne droite une *ligne brisée :* aussi
brisée que soit la ligne, et d'aussi nombreuses fois qu'elle le
soit, elle reste cependant dans sa dimension [4].

2. De la linéarité à la « tabularité », on enrichit le nombre
des médiations possibles, et ces dernières sont assouplies. Il
n'y a plus un chemin et un seul, il y en a un nombre donné
ou une distribution probable. Mais, d'autre part, outre la finesse
des différenciations apportées aux connexions entre deux ou
plusieurs thèses (ou éléments de situation réelle), le modèle
proposé offre la possibilité de différencier, non plus le nombre,

---

3. Cette indétermination du cheminement est la condition de la *ruse.*
4. Cette dimension est le plus souvent temporelle. D'où le grand
problème philosophique de la tradition : logique ou temporalité ? Le
modèle ici analysé brise cette alternative entre la conséquence et la
séquence.

mais la *nature* et la *force de ces connexions.* L'argument dialectique, par exemple, ne transporte, le long de sa linéarité, qu'un *type univoque de détermination,* négation, opposition, dépassement, dont la force existe, certes, mais *n'est pas évaluée* [5]. C'est pourquoi notre modèle n'est, en droit, nullement réductible à un tissage complexe de séquences dialectiques multiples : ce tissage n'en est qu'un cas particulier. En effet, il n'introduit pas, dans la *multilinéarité de ses voies,* la *plurivocité des types de relations* et l'*évaluation de leur force respective,* éventuellement différenciée. Au contraire, chaque chemin, figurant une relation ou correspondance en général, transporte *un flux donné d'une action* ou réaction quelconque : causalité, déduction, analogie, réversibilité, influence, contradiction, etc., chacune *quantifiable* en son genre, du moins en droit. Et, d'autre part, chacun de ces flux peut être, éventuellement, réciprocable sur un seul et même chemin, ce que ne peut prévoir aucune séquence dialectique : deux sommets peuvent entretenir, en effet, entre eux des relations de causalité réciproque, d'influence réversible, d'action et de réaction équivalentes, ou même d'action en retour (le *feed-back* des cybernéticiens). Enfin, un sommet donné peut *recevoir* plusieurs déterminations à la fois (ou *être leur source*), chacune différente en nature, chacune différenciée en force, ou en quantité d'action. A l'univocité de l'opposition on substitue donc la différenciation des types et des quantités de détermination, dont chaque sommet est l'extrémité ou la source d'une pluralité : l'argument dialectique se trouve donc généralisé ici pour ce qui concerne son ressort ou son dynamisme de détermination.

3. Et puisqu'un sommet peut, ainsi, être pluri-déterminé (et, par variations quantitatives, sous-déterminé, surdéterminé, etc.), c'est-à-dire représentable par une intersection ou confluence de lignes ou d'actions toutes différentes, voire opposées, relativement ou strictement (causalité, indépendance, condition, contradiction, analogie, altérité, etc.), on ne saurait poser l'équivalence — c'est-à-dire l'*équipuissance* — de chacun d'eux, qu'il soit considéré comme extrémité ou comme origine, à

---

5. Cette force n'est pas quantifiée, parce qu'elle est toujours considérée comme déterminante globalement : elle est donc toujours grossièrement maximisée. Et pourtant, l'expérience montre assez qu'il existe des seuils au-dessous desquels une force opposante ne détermine rien. La nature antithétique de l'antithèse ne suffit pas : cela est connu des dialecticiens.

la réception ou à la source. Dès lors, ce réseau est assez aisément comparable à une sorte d'échiquier : sur ce dernier, il existe des pions à puissance équivalente en droit, mais dont la puissance actuelle est variable selon leur situation réciproque à un moment donné, compte tenu de la disposition d'ensemble des pièces et de leur distribution complexe par rapport au réseau de jeu opposé ; mais il existe aussi sur lui des pions à puissance différente (roi, dame, tour, cavalier...) qui sont sources (ou réceptions) de déterminations différenciées, par définition ou nature, selon des chemins donnés (lignes, diagonales, colonnes, parcours brisés...), mais dont la puissance dépend aussi (comme celle des pions équipuissants) de leur situation et distribution temporaires. Sur l'échiquier comme ici, il existe donc des déterminations différenciées en nature, en quantité de flux, en direction, et corrélativement des éléments déterminants (ou déterminés) différenciés en nature et en situation. Tout se passe alors comme si mon réseau était un ensemble compliqué et en évolution constante représentant une situation instable de puissance distribuant finement ses armes ou arguments dans un espace irrégulièrement maillé. L'argument dialectique est alors ce cas pauvre et singulièrement restreint d'une lutte continuée selon une direction constante, quoique brisée, entre deux pions uniques et équipuissants, c'est-à-dire entre deux éléments séparés par une distance donnée et constante selon une direction privilégiée, entrant en conflit ouvert au moment déterminé où l'un d'eux parvient à l'équipuissance par l'intermédiaire du travail et de la culture (ce qui montre curieusement qu'*il ne voit pas dans le jeu de l'autre*), ce conflit se terminant par la prise de possession d'un point privilégié (et qui est une impasse, ce qui brise la séquence linéaire) occupé par le prédécesseur, vaincu. Le cas est si pauvre qu'on n'en peut imaginer de paradigme que dans la généralité de la vie biologique, que le jeu musculaire de lutte à mort entre deux adversaires, dominant et dominé, à un moment également forts et également armés, moment choisi dans l'affaiblissement du premier et la croissance du second : le Maître et l'Esclave. Plus généralement ici, un réseau différencié et instable de puissance *se mêle dans* un autre réseau de puissance, instable et différencié (distance abolie), et ceci *dans toutes les directions de l'espace.* Une stratégie complexe, pluralisant les combattants, différenciant leur force (deux Curiaces l'emportent respectivement sur deux Horaces, mais, par la ruse, un Horace vaut trois Curiaces), variant sur leur situation respective au cours du temps et donc pouvant maximiser une puissance par variation de la situation (comme le dernier Horace), remplace la lutte biologique à mort, l'infinité des ruses possibles remplace la ruse unique de l'affrontement mortel, la grossière ruse de bravoure qui gagne la vie pour avoir paru mépriser la mort.

4. Mais, avant de poursuivre sur ce point, observons que le modèle en réseau traduit un nouvel élément de situation qui échappe à l'argument dialectique. En effet, la différenciation pluraliste et l'irrégularité de la distribution spatiale des sommets et des chemins permettent de concevoir (et d'expérimenter) des associations locales et momentanées de points et de liaisons particuliers formant une famille bien définie et dessinée, de puissance déterminante originale. En d'autres termes, il est possible de découper sur la totalité du réseau des sous-ensembles restreints, localement bien organisés, tels que leurs éléments soient plus naturellement référables à cette partie qu'à l'ensemble total (bien qu'en droit ils soient toujours référables à lui). En s'organisant par parties, ces éléments forment une famille à puissance déterminante locale plus forte que si l'on additionnait purement et simplement leur puissance respective de détermination. Par là, on définit des groupements locaux fortement organisés qui peuvent coexister avec d'autres groupements de ce type, et *interférer* de manière compliquée entre eux, et on les distingue de l'ensemble total du réseau. Cette distinction du local et de la totalité, de l'ensemble et du sous-ensemble est assez apparente dans les modèles de jeu : dames, échecs ou simples jeux de cartes où telle distribution forme une donne totale, composée d'éléments différents, tels et tels de ces éléments pouvant éventuellement se grouper par trois, quatre, ou cinq... en des associations particulières (brelan, carré, full...) à puissance déterminante plus forte que la somme des puissances de chaque élément. Il peut donc exister des totalités locales au sein de l'ensemble, à nouveau différenciées entre elles et ayant entre elles des relations aussi nombreuses que les éléments eux-mêmes. Dans l'espace des étoiles on peut dessiner des constellations locales, des associations galactiques, des systèmes planétaires et ainsi de suite. Il est bien clair que l'argument dialectique est trop faible pour pratiquer la ségrégation entre le local et le global, et ne fait que promouvoir des totalités fort difficiles, au demeurant, à définir en rigueur. Alors qu'on sait, désormais, qu'une thèse (ou un élément de situation) peut avoir tel ou tel *poids* selon qu'elle se réfère à elle-même, à tel ou tel sous-ensemble local, ou à la totalité du réseau où elle est insérée, l'argument dialectique est incapable d'affiner son analyse au-delà du couple

totalité-contradiction, l'une étant un moment de l'autre et réciproquement. Par conséquent, une fois de plus, en raffinant et compliquant le modèle, nous approchons la réalité en généralisant la technique méthodique. On peut vérifier à loisir qu'une situation historique donnée est mieux approximée par une technique que par l'autre. La notion d'une pluralité de sous-totalités originales est évidemment essentielle : elle donne lieu à une approche plus fine que les thèses grossières de l'événementiel ou de la législation globale, de l'atomisme épistémologique ou de l'encyclopédisme déductif.

5. Le diagramme en réseau figure une situation — théorique ou réelle — par étalement spatial et distribution de thèses ou d'événements. Parmi cet étalement, au sein de cette distribution, jouent des échanges de situation, des variations du flot de détermination, des groupements de sous-ensembles locaux, etc., échanges, variations et groupements qui ont lieu à la fois dans l'espace (d'où la différenciation du réseau à un moment donné) et dans le temps. Il existe donc, si l'on ose dire, une transformation, une évolution globale de la situation dans un espace-temps. De cette transformation, il est possible, au minimum, d'affirmer une chose qui échappe, en général, à toute autre méthode d'appréhension. Reprenons pour cela le paradigme de la situation de JEU. Sur un échiquier, on assiste à la lutte de deux réseaux différenciés et différents *par compénétration fine de ces deux réseaux*. Dans l'espace-temps du jeu, il y a transformation de chaque réseau, chacun pour soi, et chacun selon la transformation de l'autre. La situation d'ensemble est donc d'une mobilité très complexe, d'une fluidité telle qu'il est pratiquement impossible de prévoir ce qui se passera après deux coups. On dira alors qu'il est impensable de poser des lois prospectives d'évolution d'une situation réelle d'une fluidité encore plus grande que celle que l'on rencontre sur l'échiquier. On répondra à cela qu'il est au moins possible de distinguer *deux types de situation* que le réseau de jeu fait voir à l'évidence, de même que les situations historiques en mouvement, ou encore les évolutions de tous types concernant les histoires des connaissances. Il existe en effet des *situations globales préparatoires sous-déterminées* (et même, parfois à la limite, *indéterminées*) et des *situations globales décisives surdéterminées* (et même, parfois, à la limite, « *pandéterminées* »). Pendant un certain cycle temporel, il y a approche lente et *probabilitaire* d'un réseau de jeu par l'autre ; là, règnent la sous-détermination et les règles du hasard ; à la limite, on pourrait dire que, dans certains jeux, il est indiffé-

rent absolument (indétermination) de commencer par avancer tel pion ou tel autre. A mesure que le temps passe, l'espace de compénétration des deux jeux se structure de manière de plus en plus forte, et tout se passe comme s'il y avait *remplissement progressif du concept de détermination.* Certains coups vont avoir lieu, de détermination moyenne pour ce qui concerne l'ensemble, puis d'autres de détermination de plus en plus forte, jusqu'au coup absolument décisif où, au sein d'un sous-ensemble local PRINCIPAL, l'affaire se liquide en échec et mat. Ce dernier coup est la limite supérieure de la sur-détermination, comme le premier était la limite inférieure de la sous-détermination. Le modèle proposé permet donc de *graduer la détermination dans un espace-temps,* du probable maximum à la nécessité univoque ; mais, outre cela, il permet aussi de varier sur le *gradient même de cette graduation.* En effet, on peut aller du probable au décisif, du préparatoire à la maturité, plus ou moins vite : étant donné tels ou tels coups de départ, on peut arriver à « échec et mat » en cinq, quatre, trois coups. Le remplissement progressif du concept de détermination peut être foudroyant, plus ou moins accéléré, rapide, retardé, lent et, à la limite, nul : il existe des cas, en effet, où l'on va de l'indétermination initiale à une nouvelle indétermination terminale, le long d'une situation globale aussi longue que l'on veut, et, comme on dit, le résultat est nul. En d'autres termes, la *pente* du progrès historique vers une distribution décisive peut être nulle, moyenne, forte, asymptotique vers le haut, et ainsi de suite : on arrive plus ou moins vite à une *crise* qui restructure localement ou, si elle est décisive, globalement, une situation historique ou un ensemble de connaissances. Pour obtenir le même résultat, on aurait pu prendre l'exemple d'un réseau électrique complexe comprenant des résistances variables, des selfs, des capacités, etc., toutes différentes et montrer qu'il est possible de le manipuler de n manières jusqu'à trouver le court-circuit surdéterminé.

Ce n'est donc pas tant la première distinction entre deux types de situation, préparatoire et décisif, qui est intéressante que ne le sont les manières multiples par lesquelles la situation d'ensemble passe de l'un à l'autre (ou, parfois, n'y passe pas). Il nous semble ici tenir deux extrémités d'une chaîne rompue depuis longtemps par les philosophes de l'histoire ; d'une part, il y a imprévisibilité essentielle dans le pluralisme infini de l'événementiel ; d'autre part, il y a législation souveraine et enchaînement rigoureux des moments d'une séquence. Tout se passe comme si, d'une part, une distribution spatiale complexe ne parvenait pas à se mobiliser de manière organisée, tenait compte de tout, mais se perdait dans les différenciations fines de la synchronie ; et comme si, d'autre part, on n'obtenait de loi que par sélection arbitraire des moments décisifs d'une diachronie, projetée sur une ligne squelettique, ne parvenant à la limite qu'à tenir compte d'un minimum de choses. Dès lors, ou l'on reste dans une philosophie de l'aléatoire, ou l'on s'en tient à des lois pauvres à détermination univoque et fixe. Le jeu entre ces deux « visions » est aussi infini qu'on le voudra : le pluraliste a beau jeu de faire remarquer au dialecticien la pauvreté de ses structures, et l'erreur toujours recommencée de sa prospective (et, si l'histoire des sciences montre quelque chose, elle montre au moins combien est toujours désavoué l'annonciateur ou le dogmatiste de l'avenir : c'est qu'il ignore que la mathématique montre qu'on ne peut prévoir au-delà de deux coups). Expérience faite et toute honte bue, le dialecticien transforme ses lois en lois d'adaptation, c'est-à-dire accepte la transformation comme telle, et s'amollit en événementiel le long de la séquence temporelle, comme le pluraliste le restait dans la distribution spatialisée. Tenir les deux bouts de la chaîne consiste à comprendre comment une *transformation donnée va du probabilitaire au surdéterminé* : au lieu de choisir arbitrairement une suite de déterminations fixes et équipuissantes, il faut ouvrir à gauche la détermination fixe en pluralité de sous-déterminations possibles, et à droite son univocité en surdétermination. Dès lors, un processus réel ne saurait se développer autrement (sauf à varier finement sur cette loi) qu'entre deux limites (faible et forte) de déterminations, et, dans le cas le plus simple, de la probabilité à la surdétermination, d'un état statistiquement distribué à un nœud décisif, d'une situation aléatoire de jeu à un coup nécessité (et nécessitant). Ou plutôt, cela est *la loi du cycle élémentaire d'un processus :* cette loi élémentaire porte qu'une situation générale se transforme toujours de telle sorte qu'elle va de la probabilité à la surdétermination.

6. Il est indispensable de revenir alors sur les notions traditionnelles de cause, de condition, d'effet, etc., bref sur cette théorie si fréquemment analysée par les philosophies classiques et sur laquelle les contemporains sont si étrangement silencieux, la théorie de la causalité. Considérons un découpage quelconque de notre réseau : on voit tout aussitôt qu'un flux quelconque sur un (ou plusieurs) chemin quelconque peut aller d'un sommet quelconque à un autre (ou de plusieurs à plusieurs) en un temps quelconque : cela dépend des retards

qu'il éprouvera [6]. Ce temps peut être infini, fini — très long, très court —, à la limite nul. Dès lors, il est possible de concevoir une cause sans effet — une communication qui se perd, une cause perdue — ou une cause contemporaine de son effet [7]. Mais la pluralité des connexions qui unissent les sommets impose à l'évidence l'idée d'une rétroaction, c'est-à-dire le retentissement immédiat de l'effet sur la cause, disons plutôt la rétroaction du sommet-réception sur le sommet-source. Le flux causal n'est plus causal, puisque la causalité n'est plus irréversible : qui veut influencer est influencé tout soudain par le résultat de son influence. Pour parler selon d'autres modèles, il y a entre les deux pôles des courants d'induction, de l'hystérésis, du brouillage, donc des temps variables et qui peuvent être infiniment brefs, des effets de *feed-back* ou alimentation en retour vers la source. Il faut donc appliquer la structure du compliqué, dans toutes ses déterminations, sur la notion de causalité, et définir des *types de causalités semi-cycliques*. Cette théorie de la causalité semi-cyclique a des applications extrêmement nombreuses et variées. Elle a l'avantage de rompre l'irréversibilité logique de la conséquence et l'irréversibilité temporelle de la séquence : la source et la réception sont en même temps effet et cause.

Voici, décrites rapidement, les caractéristiques principales de ce réseau. Nul n'a de peine à voir qu'il constitue une structure philosophique abstraite à multiples modèles. Que l'on donne à ses éléments, sommets, chemins, flux de communication, etc., tel contenu déterminé, il peut devenir une méthode mobilisable effectivement. Il suffit, pour s'en convaincre, de s'assurer que son remplissement peut se faire soit par des contenus purs, soit par des contenus empiriques : et, de fait, il peut être une mathématique, théorie des graphes, topologie combinatoire, théorie des schémas, à sa limite de pureté ; il peut devenir, à sa limite d'application, un excellent organon de compréhension historique. Cela n'est possible que parce qu'il brise définitivement la *linéarité* des concepts traditionnels : la complexité n'est plus un obstacle à la connaissance ou, pis, un jugement descriptif, elle est le meilleur des adjuvants du savoir et de l'expérience.

Janvier 1964.

---

6. Cette notion de retard dans la communication est une notion capitale qui sera développée indépendamment par ailleurs.

7. En outre, un flux de communication peut être transitif ou intransitif.

STRUCTURE ET IMPORTATION : DES MATHÉMATIQUES AUX MYTHES

Nous avons confusément l'idée que se transforme sous nos yeux l'horizon culturel. Nous ne rêvons plus tout à fait les mêmes rêves que nos prédécesseurs immédiats, nous ne pensons ni n'écrivons comme eux. Le xxᵉ siècle fait sa deuxième révolution, qui consiste, si j'ose dire, à digérer culturellement la première ; et cette digestion ne se fait pas sans malaise. Ce siècle a été le théâtre de plusieurs bouleversements profonds de nos conceptions scientifiques : révolutions accomplies et d'autres à venir, légèrement pressenties, qui font pivoter brusquement l'univers théorique et, avec la lenteur due à leur inertie, le monde de la praxis et les ensembles techniques. Nous n'habitons plus de la même façon le même monde qu'il n'y a guère. Il était difficile de concevoir que cela n'ait point d'impact précis sur notre manière d'envisager la culture. Ainsi, partout et à l'envi, chacun s'interroge sur elle, mû par le sentiment d'une nouvelle urgence. Or, l'une des caractéristiques de cette nouvelle interrogation est l'utilisation *critique* d'une notion importée des théories savantes, la notion de *structure*. Mû, au contraire, par un sentiment d'inquiétude devant son emploi massif et les nombreux délires qu'elle engendre — là se localise un des malaises de la digestion — on peut avoir la préoccupation d'en donner une définition normative, cathartique et purgative. Loin d'être la clé mystérieuse qu'on imagine ouvrir toutes les portes, elle n'est qu'une notion méthodique claire, distincte et lumineuse. Il est donc possible de dissiper les ombres en trois mots.

Une fois encore, il faut partir de Bachelard, un des rares à avoir su *à la fois* dessiner une forme pure et donner du sens à la capacité lourde d'un contenu culturel. Mais, dans le partage de son œuvre, il a discerné les deux projets, il les a maintenus en relation polémique, comme si la joie de l'un était (et réciproquement) délivrance des bonheurs engendrés par l'autre. Et, comme si le travail de délivrance de la forme demeurait toujours inachevé, inchoatif et approximant (là est précisément l' « ouverture » de sa philosophie), son épistémologie reste plus impressionniste qu'unitaire, et sa critique littéraire plus symboliste et archétypique que formaliste. Or, l'idée contemporaine de la critique se définit assez aisément comme un passage à la limite sur l'inachèvement bachelardien. Arrêtons-nous un instant sur ces premières notions. On peut sans danger excessif nous accorder qu'il y a classicisme là où les cultures sont exclues au bénéfice de la raison, là où le sens est ignoré au bénéfice de la vérité (à tel point qu'on préfère mépriser la raison plutôt que d'admettre une signification rationnelle quelconque aux contenus culturels, comme on le voit chez Pascal par exemple). Par généralisation de l'idée classique du vrai et admission de la notion de sens, le romantisme est une tentative d'assomption et de promotion des contenus culturels comme tels ; il introduit par là ce projet, sur lequel nous vivons encore, de comprendre le pluralisme des significations de décoder tous les langages qui ne sont pas forcément ceux de la raison pure.

Pour réussir dans ce projet, le romantisme a dû patiemment se constituer une méthode, comme le classicisme en avait dans sa recherche de la vérité. Or, pour parler vite et ne point s'attarder à ces précisions liminaires, on peut nous accorder encore, sans excessif danger, que la vérité méthodique du romantisme est la technique d'*analyse symbolique*. Si le problème classique est celui de la vérité, le champ de ce problème la raison, le problème romantique est celui du sens et son champ l'ensemble historique des attitudes humaines ; alors l'horizon méthodique du premier est celui de l'ordre (des déductions, des thèmes, des conditions, etc.), l'horizon méthodique du second est celui du symbole. Pour être fidèle à l'idéal d'ordre, il faut et il suffit qu'il existe un modèle où l'ordre soit idéal et parfaitement réalisé : ce modèle, les sciences rigoureuses le fournissaient. L'ordre mathématique, celui des sciences exactes, etc., était l'archétype de la méthode classique, qu'elle tentait de mimer : archétype, c'est-à-dire modèle éminent. Dès le moment où l'on élargit le champ des questions, dès le moment où l'obscurité du sens doit être assumée comme telle, l'archétype de référence se trouve désadapté. Le domaine du sens ne mime plus aucun archétype rigoureux ou ordonné, aucun modèle né tout armé de la pure raison. *Il faut alors choisir un archétype dans le domaine même du sens et projeter sur ce modèle toute l'essence du contenu culturel analysé.* Au lieu de faire référence à un modèle idéal comme à un index normatif, il faut construire un modèle concret à l'intérieur même du champ analysé et faire référence à son contenu plus qu'à son ordre. Tel contenu ne mime plus un modèle idéal, mais *répète, contenu pour contenu,* un symbole universel et concret. En ce temps-là les symboles sont descendus du ciel sur la terre ; pas tout à fait cependant, car ils ne sont descendus que du ciel des idées sur la terre ou l'histoire des *mythes* [1]. En ce sens, la technique des analyses de Hegel, Nietzsche et Freud est symbolique et archétypique : toute la question est de savoir *où* choisir l'archétype, dans quel ensemble symbolique puiser. En gros, les analyses symboliques du XIX° siècle choisissent leurs modèles dans *l'histoire mythique* : ainsi Apollon, Dionysos, Ariane, Zarathoustra, Electre, Œdipe, etc., *représentent éminemment* (*symbolisent*) *la totalité de l'essence d'un contenu culturel de signification* [2]. Le sens de ce contenu est compris et assumé dès que l'on montre qu'il recommence, qu'il réitère l'archétype, qu'il le réalise à nouveau, qu'il le fait passer du mythe à l'histoire, de l'éternel à l'évolutif. Du contenu à son symbole, il y a correspondance sens à sens, et cette correspondance engendre l'histoire ou le Retour éternel, si bien que la technique d'analyse symbolique est liée à la conception de l'histoire ; inversement, les typologies historiques sont engendrées par l'ensemble d'archétypes choisi. On comprend alors ce que signifie l'analyse symbolique : projection d'une compacité de sens dans un unique archétype compact, placé en une origine historique la plus lointaine (la plus archaïque) possible. Dès lors l'ensemble des modèles choisi est l'histoire mythique, parce que le mythe est non seulement symbole, mais *origine limite.* Du classicisme au romantisme, la notion de modèle passe du clair à l'obscur (c'est-à-dire, dans le champ des problèmes, du vrai au signifiant), du normatif au symbolique, du *transcendant à l'originel* [3]. Pour ce qui est de l'homme, le

---

1. Où l'on voit que le pur devient le mythique, ce dernier étant à la fois universel et singulier.

2. L'analyse symbolique invite donc *à comprendre* l'histoire (au sens large) par l'ensemble de ses archétypes mythologiques. Si l'on mesurait l'éloignement de ces symboles à leur sens historique, on s'apercevrait qu'à mesure que l'analyse symbolique se perfectionne en finesse et en précision, l'éloignement en question se *réduit* : à la limite on obtient la technique de G. Dumézil, pour lequel une certaine histoire *est* le mythe même.

3. Il faudrait évidemment préciser ces remarques trop larges. Par exemple, à l'époque classique, un philosophe comme Leibniz pratique déjà ces passages de la vérité au sens, du clair à l'obscur, du normatif au symbolique, du transcendant à l'originel. On trouve chez lui par conséquent *une méthode classique, une méthode symbolique,* et — déjà — *une méthode structurale.* Il reste classique, mais s'intéresse aux contenus culturels (littérature, histoire, philologie, etc.) ; il conserve l'idéal de clarté et de distinction, mais désire assumer l'obscur comme tel.

23

domaine de référence passe du rationnel à la totalité des fonctions signifiantes.

Cette analyse rapide fait voir les notions sur lesquelles nous avons vécu jusqu'à hier : problème du sens et du signe, symbolisme et langages, archétypes et histoire, compréhension de contenus culturels obscurs, fascination de l'originel et de l'originaire et ainsi de suite. Mais ce qu'il faut souligner, c'est *la variation des modèles choisis*. Ce dont on n'a pas eu conscience, mais ce qui est pour nous désormais clair comme mille soleils, c'est qu'en variant sur nos problèmes nous avons varié sur nos références ; c'est que l'analyse symbolique du romantisme n'est pas un miracle méthodique original, mais une étape dans une variation. Posez le problème du vrai, vous n'aurez que la mathématique comme main-courante limite, posez le problème de l'expérience, vous n'aurez que la mécanique, la physique ou philosophie de la nature, posez enfin celui de la signification des cultures, vous n'aurez que l'ensemble des archétypes fournis par la mémoire immémoriale de l'humanité. La nature et la fonction du modèle varient mais, ce qui nous intéresse, c'est la variation.

On voudra bien pardonner ces raccourcis, mais il s'agit de Bachelard. A considérer ce mouvement, sa *critique littéraire est encore un moment de cette variation,* mais *le dernier moment.* En ce sens il est le dernier analyste symbolique, le dernier critique « romantique ». Et ceci, pour la raison élémentaire qu'il a accompli la dernière variation dans le choix possible des archétypes de référence. On voit chez lui que terre, feu, air et eau se *substituent* à Apollon ou à Œdipe, que l'archétype-élément remplace l'archétype-héros ; et si Empédocle ou Ophélie apparaissent parfois sous sa plume, c'est d'une manière subordonnée : Empédocle n'est plus qu'une espèce du genre feu et Ophélie une espèce du genre aquatique. *La typologie engendrée par l'histoire mythique* est *sous-ordonnée à la typologie engendrée* par *l'histoire naturelle mythique* [4], nouvel ensemble où Bachelard choisit ses archétypes. Et, par un court-circuit aveuglant, cet ensemble de choix est à la fois désigné (selon un diagramme en chiasme) comme l'originel des modèles scientifiques clairs, dans une psychanalyse de la connaissance objective et l'originel des archétypes symboliques culturels, dans une psychanalyse de l'imagination matérielle signifiante [5]. Il y

---

4. Cette histoire est encore plus originaire que celle qui raconte l'arrivée des dieux et des héros.

5. Ce court-circuit explique, de manière inattendue, pourquoi, comme Baudelaire, Bachelard n'a jamais parlé des rêves artificiels, n'a jamais

a donc deux raisons pour que la variation soit épuisée : premièrement parce que Bachelard choisit ses archétypes dans le dernier mythe de la dernière science (il est alors le dernier romantique), deuxièmement parce qu'il réunit dans une audacieuse confluence la clarté de la forme à délivrer et la compacité du contenu à comprendre (il est alors le premier néoclassique) [6]. Ainsi Bachelard change de symbole, mais reste symboliste, dans la grande tradition du XIX° siècle. Comme ce dernier enfantait des archétypes, le nôtre, devenu formaliste, tente d'engendrer des structures. Dans le premier cas, le modèle est l'essence (il la réalise éminemment), dans le second le modèle est le paradigme (il réalise exemplairement la structure). D'une part le modèle est premier, de l'autre il est second ; ou il est la référence qui explique, ou plutôt fait comprendre, ou il est l'objet même que l'on explique. Or, pour passer du symbolisme au formalisme, c'est-à-dire du modèle comme fin de la méthode au modèle comme problème, il faut vérifier que la variation est épuisée, des ensembles où l'on peut choisir des archétypes symboliques. Pour se décider à vider tout symbole de son sens et passer au formel, il faut vérifier que le monde des symboles a été exhaustivement parcouru. C'est en ce sens précis que nous désignons Bachelard comme le dernier des symbolistes : en effet, l'ensemble où il choisit ses archétypes est *le tout de la nature, sans extension imaginable,* et *l'originel de la nature,*

écrit de livres intitulés *Le Haschisch et les rêves, Le Bétel et les songes...* C'est que l'opium, le pavot, la belladone ou la meschaline sont des corps d'une chimie non mythique, d'une chimie non archétypique. A une fausse (et originelle) alchimie correspondent les vrais rêves, à une vraie (et actuelle) chimie correspondent les fausses images : ce que l'on voit chez Sartre. Et donc le Socrate de *L'Origine de la Tragédie* ne peut pas être le Socrate historique : l'analyse symbolique a besoin d'un Socrate mythique pour demeurer dans la vérité. Ce résultat est absolument général. *Le vrai de l'âme serait-il le faux de l'esprit et réciproquement ?* Ceci éclairerait alors la liaison secrète, dans la philosophie romantique, entre la méthode symbolique et l'irrationalisme. Ou, pour moins accuser le paradoxe, le vrai de l'homme réside dans le marginal de la raison (cette limite, comprise temporellement, est origine, comprise logiquement, est obscurité).

6. Il y a une troisième raison : *aucun mythe n'est en précession sur le mythe des éléments.* En deçà il n'y a plus rien comme mythe de l'origine. Cela est raconté par Hésiode ou Aristophane. Alors l'originel de la constitution du monde précède l'originel de l'histoire. En deçà, il n'y a plus de mythe compréhensif. Toute mythologie est sous-ordonnée à une cosmogonie.

sans précession imaginable. Il est donc le dernier « psychanalyste », lorsqu'il écrit une psychanalyse généralisée (sans généralisation ultérieure possible), où l'inconscient-corps est remplacé par l'inconscient-nature, où l'histoire mythique du monde remplace l'histoire mythique de l'homme et la domine, c'est-à-dire en écrivant une physio-analyse. Et comme en cette physio-analyse viennent confluer tous les essais antérieurs : psychanalyse, socioanalyse, etc., il ne reste plus qu'à devenir — ou à redevenir, mais en un sens nouveau — *loganalystes.* La méthode structuraliste contemporaine se définit assez bien comme une *Loganalyse.*

Toute question méthodique ou critique tourne, dès lors, autour de la notion de *sens ;* et, si j'ose dire, autour de sa quantification. Soit une forme quelconque, à laquelle nous voulons assigner une quelconque fonction méthodique. Supposons que nous la remplissions de sens, que nous la chargions et surchargions de significations : matérielles, historiques, humaines, existentielles... jusque dans le précis de la singularité. Cette forme devient alors un archétype, c'est-à-dire la référence d'une analyse symbolique : le langage du sens ne possède comme termes que des archétypes, le langage du sens n'est dicible qu'en idéogrammes ; on ne sait le parler en lettres indéfinies quant à leur contenu ou à leurs relations possibles, on ne sait qu'en dessiner des tableaux synthétiques, des images surchargées. Dès lors, plus une forme devient symbolique, plus il est difficile de la penser formellement. L'archétype est un maximum de surcharge signifiante, qu'il soit dieu, héros ou élément (en ce sens, l'Œdipe — nom propre devenu nom commun — est un idéogramme qui permet de parler le langage sans langage de l'inconscient), et il le faut bien pour que l'analyse symbolique trouve en lui la totalité d'une essence éminemment réalisée. L'archétype est une forme à saturation de sens. Or, Bachelard nous paraît avoir mis la main sur des archétypes sursaturés (à contenu significatif maximum maximorum), mythiquement ou symboliquement premiers sans prédécesseurs possibles dans l'ensemble mythique lui-même et choisis dans un ensemble qui n'a plus d'analogues. Après lui donc, la variation est close et l'analyse symbolique parfaite, c'est-à-dire terminée. C'est la fin de l'idéal romantique, par fermeture du champ des symboles imaginables et remplissement-limite des archétypes. Il reste alors à pratiquer une analyse ou une critique inverse de l'analyse symbolique : *à vider la forme de la totalité de son sens,* de tous ses sens possibles, c'est-à-dire à la penser formellement, c'est-à-dire encore à passer de l'écriture idéographique de l'analyse symbolique au langage abstrait de l'analyse structurale. Mais, chose surprenante, c'est en vidant la forme de son sens qu'on maîtrise au mieux les problèmes de sens. Là est bien la fin d'une époque. Nous ne dessinerons plus dans le ciel des constellations dont l'obscure clarté disait aux hommes ce qu'ils sont. Bachelard a découpé la dernière et, là aussi, notre monde est fini. Mais quel monde commence, quelle aurore fait disparaître ces tissus symboliques, le Minotaure, Argo, le Cygne, la Grande Ourse ?

Revenons à Bachelard. Il a passé sa vie à définir un nouvel esprit scientifique et une nouvelle critique. Au surplus, il a tenté de constituer une équilibration neuve entre ces deux efforts, *désormais et par sa grâce indissociables*. Cette leçon ne peut plus être oubliée : historiquement, elle est capitale, car elle ouvre un *nouveau classicisme* où la raison ne tourne plus le dos aux contenus culturels, où elle ne cherche plus à les comprendre par la médiation d'archétypes symboliques, mais directement, au moyen de ses armes propres, où elle cherche à mettre en évidence la rigueur structurale de l'amoncellement culturel : ce pourquoi nous avons dit *Loganalyse*.

Bachelard disparu, la science va son chemin et l'analyse culturelle le sien, mais *leur destin est désormais lié*. Et quoique ces chemins, à y regarder de près, soient non bachelardiens (ce qui lui eût agréé), le confluent demeure, du formel et du culturel, confluent qu'il avait obscurément désigné ou, si l'on veut, réalisé en acte. Bachelard disparu, il reste à écrire un *Nouveau nouvel esprit scientifique* qui tienne compte de la révolution mathématique continuée que l'on nomme assez mal la mathématique moderne et de l'avancée des autres sciences exactes ; cela est à faire. Il reste à écrire une *Nouvelle nouvelle critique* et cela se fait. Cela se fait avec malaise pour la simple raison que l'épistémologie susnommée est à faire. Si bien que ce nouveau classicisme, celui des finesses de la géométrie et des géométries de la finesse, celui qui tente de passer à la limite sur l'inachèvement bachelardien, sur la délivrance de la forme, celui qui veut réintégrer le sens dans la raison en se privant de la compacité des symboles, restituer aux contenus culturels une ordonnance syntaxique fine, a du mal à s'établir faute d'une appréhension claire et distincte, d'une évaluation précise de cette notion méthodique de forme à délivrer, de forme à isoler, bref de structure.

Pour rester clair et précis, il suffit d'éviter toute déviation et toute ambiguïté lorsqu'on *importe* l'idée de structure des théories savantes en général au champ de la critique culturelle. En Algèbre, par exemple, cette idée est dénuée de tout mystère ; lorsqu'elle est importée dans le champ de l'ethnologie par M. Lévi-Strauss, ou dans celui de l'histoire des religions par M. Dumézil, cela se fait sans torsion ni obscurité : leurs analyses sont authentiquement structurales. Cela est déjà moins évident chez M. Gueroult, par exemple, où cette idée joue un rôle plus large et moins méthodique, sauf peut-être dans ses travaux sur Descartes où l'on peut effectivement isoler une structure.

On voit par là ce que nous appelons importation. Un concept méthodique étant défini en précision et clarté dans un domaine déterminé et y ayant réussi (une méthode ne peut et ne doit être jugée qu'à ses fruits), on l'essaie à l'envi, dans d'autres domaines du savoir, de la critique, etc. Cela était déjà vrai de la notion méthodique de symbole : si l'analyse symbolique était le fait de ce que nous avons appelé en gros la critique romantique, tout le XIX° siècle savant, mathématicien, physicien, etc., pratiquait ce type de pensée, calcul symbolique, modèles physiques, économiques, etc. Merleau-Ponty, dans *L'Œil et l'esprit*, a deviné ce genre de translation des procédés méthodiques, mais il a affaibli sa généralité en alléguant la mode et en ne donnant que l'exemple peu significatif du gradient. De fait, il n'y a vraiment mode que lorsque joue *une certaine loi d'entropie* dans la suite des importations successives et qu'en un point donné de cette suite, l'acception rigoureuse du concept s'est perdue, en partie et en totalité, et qu'on ne parle plus de lui que par ouï-dire, comme un enfant essaie les mots des grandes personnes. Pour éviter ce trouble, cette obscuration progressive, ce bruit, il suffit de remonter la chaîne informationnelle qui dessine l'importation jusqu'à sa source, c'est-à-dire jusqu'au point où le contenu du concept est le plus véridique [7]. Ce point d'ailleurs n'est pas en général désigné

---

7. Remonter à rebours une chaîne d'information pour éviter les pertes successives de cette dernière définit aussi ce qu'on pourrait appeler le doute historique. Aller à la source, idéal de l'historien et du critique, implique une réciproque à laquelle nul, à ma connaissance, n'a porté une attention suffisante : c'est qu'un contenu historique, par exemple une idée (pour ce qui est de l'histoire de la philosophie) se *perd, s'affaiblit, retombe* et se *mélange*. Le vecteur chronologique de l'histoire est porteur de la désagrégation progressive de l'idée. Cette désagrégation n'est pas un oubli pur et simple (comment définir cet oubli ?), mais

à l'avance : il n'y a pas de pôle unique à partir duquel toute vérité est en tous points importée ; cela était l'idée classique, qui s'appuyait sur la prééminence d'une science ; il n'en est plus ainsi, à l'évidence, en un temps de pluralisme épistémologique. Pour ce qui concerne la notion de structure, ce point est, comme nous l'avons vu, l'Algèbre. Cela ne signifie pas que les mathématiciens ont été les premiers à l'utiliser : ils ont été seulement les premiers à lui donner *le sens précis et codifié* qui *fait nouveauté dans les méthodes actuelles.* Dès

---

simplement un affaiblissement continué de l'idée par communications successives. L'histoire des idées est ce jeu du téléphone qui donne à la sortie une information d'autant plus déformée que la chaîne de communication a été longue. (Dès lors, la notion bachelardienne de récurrence historique peut être conçue en langage de la théorie des communications ; la notion bergsonienne de mouvement rétrograde du vrai est concevable en termes de processus aléatoires, l'histoire allant de la probabilité à la détermination.) L'idéal historique de revenir aux sources ne peut être rigoureusement compris comme une remontée récurrente sur la chaîne des communications, que si l'on admet :

1) qu'il y a effectivement une perte d'information le long de l'histoire sur une idée philosophique donnée, qu'il y a une loi d'entropie portant sur cette idée et qu'ainsi *une vérité peut se perdre.*

2) Donc que l'histoire ne transporte pas, invariantes, les idées. Elles comportent essentiellement *des puissances de brouillage,* ou de bruit, qui déforment la transmission d'un message philosophique donné. Déterminer ce bruit est une des fonctions les plus importantes des méthodes historiques récurrentes qui cherchent à remonter le fleuve entropique. Il y a un *bruit* culturel.

D'où il vient — et, *dès lors, en rigueur* — que *l'histoire des sciences, en tant qu'elle est purement une histoire de la vérité* (et *qu'elle n'est que cela*) *ne peut être qu'une histoire récurrente,* et qu'un stade donné de cette histoire est toujours dans la chaîne de la communication, *au plus près voisinage de son origine.* C'est une histoire *bouclée, sans parasite.* Si Périclès est infiniment éloigné de Clémenceau, Thalès est l'un des plus proches voisins de Poincaré : c'est ce que signifie l'anamnèse du *Ménon.*

Tout cela fait comprendre les notions qualitatives de vieillissement, désuétude, perte d'une idée. Ces notions ne signifient pas forcément qu'une idée se meurt parce qu'elle était, de soi, incomplète ou non rigoureuse, ou bien parce qu'elle était trop enchâssée dans des circonstances événementielles soumises à bouleversement ; ces notions ne jugent pas l'idée comme telle ou son insertion dans le cadre de la mode ou de l'air du temps. En fait, elles approximent cette idée précise (qui est elle-même l'index de l'articulation historique de la pensée) selon laquelle *l'histoire des idées* est *l'histoire de la diffusion, de la propagation, de la communication des idées* (cf. G. CANGUILHEM, *Revue de l'enseignement supérieur,* 1961, n° 3, p. 6-15). Or *diffuser, propager,* etc., c'est

le XVII° siècle en effet ce terme est utilisé dans son acception latine de construction ou architecture. Leibniz, par exemple, dit la structure des animaux, des plantes, pour désigner *le plan général de leur organisation,* le tracé, *l'épure architecturale de leur constitution :* alors, la structure est la manière dont quelque chose est construit, l'agencement spatial de membres et d'organes. Lorsqu'on oublie le sens nouveau du terme, on retombe bien vite à ce sens ancien. Par exemple, l'analyse technologique des systèmes selon M. Gueroult utilise le terme structure dans cette acception, dans le cas général [8]. Plus abstrai-

---

se soumettre aux lois d'airain de la communication et *de la perte dans la chaîne.* Borel démontrait qu'à *n* générations de distance la probabilité pour qu'un chromosome d'un géniteur donné se retrouve dans sa descendance tend très rapidement vers zéro ; cette démonstration est la même que celle de la ruine du joueur. Le penseur est à la fois ce joueur ou ce géniteur qui transmet à la chaîne historique des éléments dont la perte *serait* absolument certaine à terme donné si l'historien n'intervenait pas. Et, par conséquent, il paraît mathématiquement vrai de dire que la philosophie ne serait pas sans sa propre histoire. Plus généralement, l'historien est celui qui fait de la culture une création continuée, l'histoire est la poche de néguentropie dans l'entropie culturelle. Analogiquement, savoir c'est se souvenir. Socrate met le petit esclave du *Ménon* en communication directe avec l'origine. Plus généralement encore, l'histoire ne peut alors être conçue que sur le modèle du mélange aléatoire : Clio bat indéfiniment les cartes, où le penseur avait distingué les brelans et les fulls. L'historien cherche dans le jeu en désordre les brelans mélangés. L'historien cherche l'ordre dans la distribution aléatoire actuelle ; le penseur le cherche dans la distribution future.

Ainsi un penseur peut en occulter un autre. Newton a fait office du bruit qui a empêché la transmission du message leibnizien par exemple, et Descartes de celui qui nous occulte le Moyen Age, etc. Une pensée peut donc être saisie par l'historien soit comme un *ordre* soit comme un *bruit.*

Ainsi le penseur ne peut qu'avoir une vision tragique de l'histoire : le gâchis de l'oubli, le mélange aléatoire de l'idée ; et l'historien une vision courageuse : ramasser les éclats d'une idée dispersée en mille morceaux recouverts des alluvions du déluge.

Nous caractérisons ici une idée analogue, qui ne porte plus sur l'histoire elle-même, mais sur un mouvement, souvent anhistorique, de translation, de communication des concepts d'un champ problématique à un autre. Notre but est donc de remettre en communication directe la critique et l'idée précise de structure.

8. A ce sujet, il est bon de préciser que la méthode de M. Gueroult serait parfaitement observée s'il était possible de *construire une machine* (structure-technologie) qui fonctionne analogiquement au système analysé. Cela est possible, à la limite, pour son *Descartes* dont il est relativement

tement, on dit structure (comme, par exemple, les économistes de la fin du XIX° siècle) pour désigner *l'ensemble des lois d'organisation* d'un phénomène donné. Et, de nouveau, on retombe aisément à cette acception, lorsqu'on ne remonte pas au sens indiqué par l'Algèbre ; et, plus ignoblement, à des sens fort vagues ou énucléés. Alors l'élargissement spatial de la mode est strictement proportionnel à l'éloignement du sens exact. On conçoit assez bien qu'il est aventureux d'importer la notion de structure à d'autres champs que ceux de la biologie, lorsqu'elle conserve son sens du XVII° siècle : en effet, on ne peut importer librement que des concepts hautement formalisés. C'est pourquoi le nouveau concept de structure est assez librement importable.

Parce qu'il est formel. Voilà pourquoi nous sommes partis de l'analyse symbolique. Symboles ou archétypes renvoient à un sens et ne sont la clé d'une méthode que parce qu'ils dessinent un champ sémantique précis. La typologie psychanalytique est une galerie de symboles dont chacun renvoie à un tableau clinique définissable par éléments de sens, de même les typologies de Nietzsche, Kierkegaard, Bachelard, etc. Le singulier y devient modèle, par remplissement sémantique, par surcharge de sens. Voilà ce qu'est symboliser : établir des correspondances précises entre un signe particulier et un contenu sémantique. Formaliser, au contraire, n'a plus rien à voir avec cette méthode.

Autant les mathématiques classiques sont généralement symboliques (tel signe renvoyant à tel sens spécifié), autant les mathématiques modernes sont formelles. Dans un système formel on ne se préoccupe aucunement du sens, on ne renvoie jamais, ni explicitement ni implicitement, à un contenu significatif. On étudie seulement la suite des bonnes formations d'objets (indéfinis) entre eux, étant entendu qu'on a posé au départ des règles de bonne formation. D'une part, il n'y a pas de symbole sans sémantique sous-jacente et une analyse symbolique est cette économie de pensée sur l'ordre qui substitue à l'ordre

---

aisé de donner quelques modèles mécaniques, ce qui est normal pour le cartésianisme même. (Nous en proposons *infra* et nous raisonnons directement sur ces modèles.) A ceux qui trouveraient scandaleux d'opérer une telle réduction, nous signalons qu'on a déjà proposé des machines qui fonctionnent *comme* le système de Darwin. L'idée n'est pas nouvelle, et elle ne paraît ignominieuse qu'à ceux qui méprisent la machine pour ignorer ce qu'elle est, peut être, et doit être. Comme il est instructif et intéressant de voir les philosophes n'accorder attention à la technologie que si elle n'est pas postérieure au préhistorique !

du sens (complexe) l'ordre du signe (clair, facile, rapide) : mais le *vrai* ordre, celui qui supporte l'ensemble de l'analyse est l'ordre du sens. L'ordre symbolique ne dit rien de nouveau, par rapport à lui, mais permet la lecture. Au contraire, un groupement de notions formelles n'a aucune sémantique sousjacente : le vrai ordre est celui de ces notions elles-mêmes. Analyser symboliquement consiste à *traduire* un contenu de sens en signes, à coder et décoder un langage. Analyser formellement consiste à former un langage que développent ses propres règles : ce n'est qu'après qu'il y a possibilité de le traduire en contenus, en modèles. Ou on part du sens, ou on le retrouve (ou le produit).

Cela dit, la notion de structure est une notion *formelle.* Et voici sa définition, dans laquelle nous insistons sur les thèmes où l'on fait généralement contresens : *une structure est un ensemble opérationnel à signification indéfinie* (alors qu'un archétype est un ensemble concret à signification surdéfinie), *groupant des éléments, en nombre quelconque, dont on ne spécifie pas le contenu,* et *des relations, en nombre fini, dont on ne spécifie pas la nature,* mais dont on définit la fonction et certains résultats quant aux éléments. A supposer alors que l'on spécifie, d'une manière déterminée, le contenu des éléments et la nature des relations, on obtient un modèle (un paradigme) de cette structure : *cette dernière est alors l'analogon formel de tous les modèles concrets qu'elle organise.* Au lieu de symboliser un contenu, un modèle « réalise » une structure. Le terme de structure a cette définition, claire et distincte et pas d'autre. On ne peut comprendre les délires qu'il engendre que par le jeu du téléphone qui dégrade progressivement les connaissances par ouï-dire.

Dès lors, sur un contenu culturel donné, qu'il soit Dieu, table ou cuvette, une *analyse est structurale* (et *n'est structurale que*) lorsqu'elle fait apparaître ce contenu comme un modèle au sens précisé plus haut, c'est-à-dire lorsqu'elle sait isoler un ensemble formel d'éléments et de relations, sur lequel il est possible de raisonner sans faire appel à la signification du contenu donné. L'analyse structurale engendre donc un nouvel esprit méthodique : soit une révolution profonde sur la question du sens. A la relation univoque du symbolisant et des symbolisés (contenu de sens à contenu de sens) des analyses romantiques, la critique structuraliste substitue la pluralité des relations de la structure (pure, formelle, vide de sens) à ses modèles dont chacun est plein d'un sens singulier et différent. D'où une puissance nouvelle de classification et de typologie. Au lieu d'engendrer des familles groupées autour de l'archétype par similitude de sens, on engendre des familles de modèles à contenu significatif distingué qui ont en commun un analogon structural de forme ; et ce dernier est l'invariant opérationnel qui les organise, abstraction faite de tout contenu. Si bien que, la structure une fois isolée comme telle (éléments et relations abstraites), il est possible de retrouver tous les modèles imaginables qu'elle engendre, en d'autres termes il est possible de *construire un existant culturel en remplissant de sens une forme.* Le sens n'est plus ce qui est donné et dont il faut comprendre le langage obscur, c'est au contraire ce que l'on donne à la structure pour constituer un modèle. L'analyse symbolique était, si l'on veut, écrasée par le sens, elle se situait au-dessous de lui ; l'analyse structurale se situe au-dessus, le *domine,* le *construit* et le *donne.* C'est pourquoi sa typologie est indifférente à la signification, au lieu que la typologie engendrée par l'analyse symbolique était conditionnée par elle [9].

Se libérer du sens et le dominer, et non plus l'assumer et lui trouver un langage autochtone, engendrer un existant à partir d'un analogon formel, déployer la chaîne des conséquences pures d'une structure donnée et désigner à loisir, à tel ou tel stade de cet enchaînement, tel ou tel modèle, tout cela définit en précision ce qu'est une analyse structurale. Il ne fait aucun doute que cette méthode soit applicable en d'autres lieux qu'en mathématiques : rien n'empêche son importation dans tous les champs problématiques où, jusqu'à Bachelard, l'analyse symbolique triomphait, critique historique, littéraire, philosophique.

La nouveauté de cette méthode réside en ceci que l'analyste refait confiance, et ceci pour la première fois depuis l'époque classique, à ce qu'en gros on pourrait désigner comme l'*abstraction.* En ce sens, on peut parler d'un nouveau classicisme. Il paraissait naguère impossible de comprendre un élément culturel sans le projeter dans un ensemble de constellations

---

9. Ceci est capital : une analyse structurale est réussie et féconde lorsqu'elle parvient à *reconstruire* un élément de culture à partir d'une forme. La compréhension fournie par l'analyse symbolique était de l'ordre de la *reconnaissance :* on retrouve ici et là Electre ou Dionysos, on le reconnaît. La compréhension fournie par une analyse structurale doit être de *reconstitution.* Dès lors, si je sais reconstruire un élément culturel, je ne suis plus fasciné par le mythe de l'originaire, mais j'accomplis en acte, effectivement, une genèse. C'est à ce signe — parmi d'autres — qu'on reconnaît qu'une analyse est authentiquement structurale : si elle parvient à reconstruire son objet comme un modèle.

mythiques surchargées qui comprenait obscurément une essence, un sens, une existence singulière, une histoire et une origine. Pour comprendre un langage qui n'était pas celui de la raison, il paraissait indispensable de grouper tous ses balbutiements dans une forme compacte dont la sur-existence mythique assurait, semblait-il, la pérennité. Les symboles mythiques étaient les souvenirs immémoriaux de toutes les langues à l'état naissant. Par l'analyse structurale, on découvre que la raison gît au plus profond de formations qui ne paraissent pas immédiatement engendrées par elle. C'est en ce sens que j'ai proposé le terme de *Loganalyse* : mettre en évidence une rigueur structurale dans un amoncellement culturel, désigner des schémas accessibles à la pure raison et sous-jacents à ces mythologies qui étaient naguère le sous-jacent du culturel, là sont les premiers objectifs loganalytiques. De même que la méthode symbolique avait engendré la psychanalyse, le formalisme critique engendre une loganalyse : celle-ci se propose de chercher des schémas rationnels (structuraux) qu'elle suppose exister sous les ensembles mythiques qui, eux-mêmes, supportaient, en lui fournissant des archétypes, l'analyse symbolique. Le classicisme faisait confiance à une raison régionale, la nouvelle critique a l'idée d'une *raison généralisée* qui absorbe le domaine du sens, dans le style ici défini.

Et, plus qu'une méthode, il y a là une promesse, la promesse d'une réconciliation étonnante que l'histoire des idées semble trouver alors qu'elle ne la cherchait pas. Il y a d'abord la puissance d'unitarisme de cette pensée dans un monde du pluralisme infinitaire et de la complexité régionale. Mais ce n'est pas assez : il y a surtout ce subtil rattrapage de la raison abstraite dans un ensemble où elle est largement dépassée depuis tantôt un siècle ; largement, c'est-à-dire en extension. La raison retrouve dans le profond ce qu'elle avait perdu dans l'extensif.

Notre temps réconcilierait alors la vérité et le sens. Et donnerait cet espoir, insensé naguère, de comprendre d'un coup le miracle grec des mathématiques et la floraison délirante de leur mythologie. Donner aux figures de cet autre monde dionysiaque des significations épaisses, compactes et obscures où se projettent l'âme humaine, son affectivité, son destin, est juste : il s'agit bien là de la réalité et de la destination de l'homme, de son heur et de ses malheurs, pris universellement. Mais, outre qu'elles sont des symboles de l'histoire, ne seraient-elles pas dans leur ultime surcharge, dans leur dernière détermination, des modèles signifiants de structures transparentes, de l'ordre de la connaissance, de l'intellect et de la science ? Il ne nous paraît pas insensé d'avoir le projet d'examiner ce qu'il y a de paradigme dans un symbole mythique, ce qu'il y a de schéma dans une parabole, c'est-à-dire d'envisager une nouvelle interprétation de l'amoncellement culturel selon l'ordre pur du connaître. Cela n'est pas insensé si l'on tient compte de la hauteur formelle des nouvelles méthodes et de la souplesse compliquée des nouveaux outils critiques. Alors, la leçon double du bachelardisme trouverait sa vérité duale et le miracle hellénique une nouvelle unité. La méthode loganalytique du nouveau classicisme désigne une filiation neuve entre l'abstrait indéterminé et la prolifération des contenus significatifs de la culture humaine.

Novembre 1961.

PREMIÈRE PARTIE

DE LA COMMUNICATION MATHÉMATIQUE A LA MATHÉMATIQUE DE LA COMMUNICATION

chapitre 1
mathématiques

Le dialogue platonicien
et la genèse intersubjective de l'abstraction

On connaît la grande discussion des logiciens à propos de
la notion de symbole [1]. Sans entrer dans le précis des arguments qui séparent les réalistes à la mode hilbertienne, les
nominalistes de la suite de Quine, les tenants de l'école polo-
naise, etc., on reprend ici un fragment de la question en l'orien-
tant sur une voie différente.

Lorsque je désire communiquer avec autrui, je dispose d'une
série de techniques anciennes ou nouvelles, dont il n'importe
pas de savoir, pour le moment, si elles sont naturelles ou
fabriquées : langages, écritures, moyens de stockage, de transport ou de multiplication du message, bandes enregistrées,
téléphone, imprimerie, et ainsi de suite. L'écriture est l'une
des plus simples à la fois et des plus riches, puisque, par elle,
je puis stocker, transporter et multiplier de l'information. Mais,
avant d'aborder ces questions, auxquelles s'ajoutent les problèmes de style, de disposition du récit ou de l'argumentation,
etc., il s'agit de graphisme : l'écriture est avant tout un dessin,
idéogramme ou graphe conventionnel. On voudra bien admettre,
pour l'instant, que la communication écrite n'est possible qu'entre
deux personnes rompues au même graphisme [2], formées à
coder et à décoder un sens au moyen de la même clé.

---

1. Cf. Roger Martin, *Logique contemporaine et formalisation*, p. 24-30.
2. On montre assez facilement qu'aucun moyen de communication
considéré comme tel n'est universel : au contraire ils sont tous régionaux, c'est-à-dire isomorphes à une langue. L'espace de communication
linguistique (qui, donc, est le type de tout espace de communication)
n'est pas isotrope. Il existe cependant un objet qui est le communicant
universel ou le communiqué universel : l'objet technique en général.
C'est pourquoi nous trouvons, à l'aurore de l'histoire, que la première
diffusion est la sienne : son espace de communication est isotrope. Il
ne faut pas s'y tromper : il s'agit là d'une définition de la préhistoire.

Soit donc un message écrit, à la source : il n'est compris, disons-nous, que si le récepteur est en possession de la clé du dessin. Ceci est la condition à la réception, et elle est essentielle. Mais il en existe une autre, à la source, qui, pour n'être que circonstancielle, ne mérite pas moins d'être analysée. Il faut que le scribe exécute son dessin le mieux possible. Qu'est-ce à dire ? D'abord que le graphe comporte des caractères essentiels, chargés de sens : forme des lettres (normalisée), bonne formation de suites de lettres, puis de mots (régie par des règles de morphologie et de syntaxe), etc. ; qu'il comporte ensuite des caractères inessentiels, accidentels, dénués de signification, dépendant de l'habileté, de la maladresse, de la culture, de la passion, de la maladie... de celui qui écrit : tremblés du graphisme, ratés du dessin, fautes d'orthographe, et ainsi de suite. La première condition suppose un orthogramme et un calligramme ; or, ce n'est jamais ou presque jamais le cas [3]. Le calligramme préserve la forme contre l'accident : et si les logiciens s'intéressent à la forme, il est possible de s'intéresser aussi à la pathologie, c'est-à-dire à la cacographie. La graphologie est la science fausse (ou la fausse science) attachée aux mobiles psychologiques de la cacographie : peut-on parler purement de cette dernière, c'est-à-dire purement d'une impureté ?

La pathologie de la communication n'est pas seulement le fait de l'écriture. Elle existe aussi dans les langues parlées : bégaiements, pataquès, accents régionaux, dysphonies et cacophonies. De même pour les moyens technicisés de communication : bruits de fond, chute d'eau, brouillages, parasites, coupures synchroniques, que comme l'ensemble de pensées le accidentel, le bruit de fond est *essentiel* à la communication.

Suivant en cela la tradition scientifique, appelons *bruit* l'ensemble de ces phénomènes de brouillage qui font obstacle à la communication. La cacographie est, ainsi, le bruit du

---

L'histoire commence avec le langage régional, et l'espace de communication anisotrope. D'où cette loi des trois états : isotropie technologique, anisotropie linguistique, isotropie langue-technique. Le troisième état ne devrait plus tarder à survenir.

3. Il est à peine besoin d'ajouter que le premier bienfait de l'imprimerie consiste à permettre au lecteur de n'être pas épigraphiste. Un texte imprimé est un calligramme (mais pas toujours un orthogramme). La possibilité d'une multiplication arbitraire en est, bien entendu, le deuxième bienfait.

40

graphisme, ou plutôt, ce dernier comporte une forme, essentielle, et un bruit, essentiel ou occasionnel : écrire mal, c'est plonger le message graphique dans ce bruit, qui fait obstacle à la lecture, qui transforme le lecteur en épigraphiste. Ou encore, écrire tout court, c'est risquer une forme dans un brouillage. De même, communiquer oralement, c'est risquer un sens dans un bruit. Cet ensemble de phénomènes a paru si important à certains théoriciens du langage[4] qu'ils n'ont pas hésité à transformer, en référence à lui, notre conception courante du dialogue : une telle communication est une sorte de jeu pratiqué par deux interlocuteurs, considérés comme associés, contre les phénomènes de brouillage et de confusion, voire contre des individus ayant quelque intérêt à rompre la communication[5]. Ces interlocuteurs ne sont point opposés, comme dans la conception traditionnelle du jeu dialectique, ils sont au contraire dans le même camp, liés d'intérêt : ils luttent en commun contre le bruit. Le cacographe et l'épigraphiste, le cacophone et l'auditeur échangent assez leur rôle réciproque dans le dialogue, où la source devient réception et la réception, source, à un rythme quelconque, pour qu'on les considère comme disputant de conserve contre un ennemi commun. *Dialoguer, c'est poser un tiers et chercher à l'exclure ;* une communication réussie, c'est ce *tiers exclu.* Le problème dialectique le plus profond *n'est pas le problème de l'autre,* qui n'est qu'une variété — ou une variation — du même, *c'est le problème du troisième homme.* Ce troisième homme, nous l'avons appelé ailleurs le *Démon,* prosopopée du bruit.

Cette conception du dialogue est immédiatement applicable à des philosophèmes célèbres, elle est susceptible d'en tirer des significations inouïes. Par exemple, les *Méditations métaphysiques* peuvent être expliquées selon ces principes : elles consistent à chercher l'autre qu'il faut associer au même pour expulser le troisième homme[6]. Pour le moment, il faut en

---

4. Par exemple B. Mandelbrojt et Jacobson. Cf. Norbert Wiener, *The Human Use of Human Beings,* chap. IV et chap. XI.

5. De même la communication écrite est la lutte du scribe et du lecteur, associés d'intérêt et de projet contre les obstacles à la communication : la bouteille à la mer.

6. Nous publierons cette interprétation, qui a pour résultat brut l'idée selon quoi le texte cartésien donne les conditions de possibilité de l'expérience physique, qu'il est donc métaphysique dans ce sens. Les textes platoniciens avaient posé auparavant les conditions de possibilité de l'idéation mathématique.

rester aux dialogues platoniciens : la méthode maïeutique associe en fait le demandeur et le répondant dans la besogne d'accouchement. La dialectique fait jouer les deux interlocuteurs dans le même camp, ils luttent ensemble pour l'émergence d'une vérité sur laquelle le but est de se mettre d'accord, c'est-à-dire pour la communication réussie. D'une certaine manière, ils disputent ensemble contre le brouillage, contre le démon, contre le troisième homme. Ce combat, on le sait, n'est pas toujours heureux : dans les dialogues aporétiques, la victoire reste aux mains des puissances de bruit, dans d'autres, la lutte est chaude, ce qui montre le pouvoir de ce tiers. Peu à peu, la sérénité revient, lorsque l'exorcisme est définitivement (?) obtenu.

Il ne convient pas au cadre de cette étude de développer en abondance le thème du tiers dans la dialectique platonicienne ; cela nous entraînerait trop loin, et nous sommes, en fait, déjà fort loin de nos prémisses. Mais beaucoup moins qu'il n'y paraît.

Revenons à la logique et, par là, à l'écriture. Un symbole, pour le logicien, est un dessin, un graphe que je forme au tableau au moyen de la craie [7]. Un symbole déterminé peut avoir, dans une suite de formules, plusieurs occurrences. Les mathématiciens sont *tous d'accord pour reconnaître* un « même » symbole dans deux ou plusieurs occurrences de celui-ci. Et cependant, chaque occurrence diffère d'une autre, quelle qu'elle soit, par le graphisme lui-même : tremblés de la trace, ratés du mouvement, etc. Le logicien raisonne dès lors non sur le graphe concret dessiné au tableau, ici et maintenant, mais, comme le dit Tarski, sur la classe des objets ayant la même forme : le symbole est alors un être abstrait que les graphes en question évoquent seulement. Cet être abstrait est reconnu par l'homéomorphie, si j'ose dire, de ces graphes. La reconnaissance de cet être suppose qu'on distingue la forme de ce que j'appelais plus haut la cacographie. Le mathématicien ne voit là aucune difficulté et, le plus souvent, la discussion lui paraît oiseuse.

Mais, là où le savant s'impatiente, le philosophe fait halte, et se demande ce qu'il en serait de cette question *s'il n'y avait pas de mathématiques*. Il voit tous les mathématiciens s'accorder sur cet acte de reconnaissance d'une même forme, invariante par la variation des graphismes qui l'évoquent. Or il

---

7. Cf. R. Martin, *op. cit.*, p. 26-27.

sait, comme tout le monde, que nulle graphie ne ressemble à aucune autre ; que si l'on se demande qu'elles sont, dans l'écriture, la part de la forme et la part de la cacographie, il faut bien admettre que le bruit l'emporte, certains diront, exhaustivement. Il en arrivera dès lors à la conclusion suivante, s'il tient compte de ce qui a été dit plus haut, que *c'est un seul et même acte de reconnaître un être abstrait à travers les occurrences de sa signalétique concrète* et *de se mettre d'accord sur cette reconnaissance.* En d'autres termes : l'acte d'éliminer la cacographie, la tentative d'éliminer le bruit, est à la fois la *condition de l'appréhension de la forme abstraite* et la *condition de la réussite de la communication.* Si le mathématicien s'impatiente, c'est qu'il pense dans une société qui a au mieux triomphé du bruit et depuis si longtemps qu'il s'étonne qu'on soulève à nouveau ce problème. Il pense *dans le monde du « nous » et dans le monde de l'abstrait,* qui *sont deux mondes isomorphes* et, peut-être, identiques. C'est que le sujet de la mathématique abstraite est le nous d'une république idéale — ce qui montre, par parenthèses, pourquoi Platon et Leibniz n'étaient pas idéalistes — qui est la cité de la communication maximalement purgée de bruit [8]. Formaliser, en général, c'est accomplir un processus par lequel on passe de modes de penser concrets à une ou des formes abstraites ; c'est également éliminer le bruit, de manière optimale. C'est prendre conscience que la mathématique est le royaume qui ne comporte de bruit que l'inévitable, de la communication quasi parfaite, du μανθάνειν, le royaume du tiers exclu, où le démon est presque définitivement exorcisé. S'il n'y avait pas de mathématiques, il faudrait reprendre l'exorcisme.

La démonstration recommence. A l'aurore de la logique, c'est-à-dire au commencement, à la fois historique et logique, de la logique, mais aussi au commencement logique des mathématiques, Hilbert et d'autres réaccomplissent la démarche platonicienne sur les idéalités abstraites, qui fut l'une des conditions du miracle grec, à l'aurore — historique — des mathématiques. Mais, chez nous, la discussion est tronquée parce qu'elle ne peut mettre entre parenthèses le fait inévitable de l'existence historique des mathématiques. Chez Platon, au contraire, elle est pleine et entière : elle fait coexister *la reconnaissance de la forme abstraite* et le *problème de la réussite*

---

8. La seule peut-être, avec celle de la musique, Leibniz se plaisait à le dire.

du dialogue. Lorsque je dis le lit, je ne parle pas de tel et tel lit, le mien, le tien, celui-ci et l'autre, j'évoque l'idée du lit ; lorsque je dessine sur le sable carré et diagonale, je ne veux point parler de ce graphe tremblé, irrégulier et anexact, j'évoque par lui la forme idéale de la diagonale et du carré : j'élimine l'empirique, je dématérialise le raisonnement. Ce faisant, je rends possible une science, et pour la rigueur et pour la vérité, mais aussi pour l'universel, pour l'*Universel en soi.* Ce faisant, j'élimine ce qui cache la forme, la cacographie, le brouillage et le bruit, et je rends possible une science, dans l'*Universel pour nous.* La forme mathématique est à la fois un Universel en soi *et* un Universel pour nous : et donc l'*effort premier pour faire réussir la communication dans un dialogue est isomorphe* à l'*effort pour rendre une forme indépendante de ses réalisations empiriques.* Ces dernières sont les tiers de la forme, son brouillage et son bruit, et c'est bien parce qu'elles interviennent sans cesse que les premiers dialogues sont aporétiques. *La méthode dialectique du dialogue prend sa source dans les mêmes régions que la méthode mathématique,* qui, d'ailleurs, est dite, elle aussi, dialectique.

Exclure l'empirique, c'est exclure la différenciation, la pluralité des autres qui recouvre le même. C'est le mouvement premier de la mathématisation, de la formalisation. En ce sens, le raisonnement des logiciens modernes sur le symbole est analogue à la discussion platonicienne sur la forme géométrique dessinée sur l'arène : il faut éliminer la cacographie, le tremblé du tracé, le hasard du trait, le manquement du geste, l'ensemble des rencontres qui fait qu'aucun graphe n'est strictement de même forme qu'aucun autre. De même, la chose perçue est indéfiniment discernable : il faudrait un mot différent pour tout cercle, pour tout symbole, pour tout arbre et pour tout pigeon ; et encore un mot différent pour hier, aujourd'hui et demain ; et encore un mot différent, selon que celui qui le perçoit est toi ou moi, selon que l'un de nous deux est en colère, a la jaunisse, et ainsi de suite à l'infini. A l'extrême conséquence de l'empirisme, le sens est totalement immergé dans le bruit, l'espace de la communication est granulaire [9], le dialogue est condamné à la cacophonie : le transport de la communication est transformation pérenne. Alors l'empirique est strictement le *bruit* essentiel et accidentel. Le premier

---

9. D'où l'on voit que si l'on admet *le principe des indiscernables,* alors *les monades ne s'écoutent ni ne s'entendent,* elles sont sans portes ni fenêtres, implication que Leibniz a rendue cohérente. Si Zénon a raison, les Eléates sont condamnés à se taire.

« troisième homme » à exclure, c'est l'empiriste, le premier tiers à exclure, c'est l'empirie ; et ce démon est le plus fort des démons, puisqu'il suffit d'ouvrir les yeux et les oreilles pour voir qu'il est le maître du monde [10]. Dès lors, pour que le dialogue soit possible, il faut fermer ses yeux et boucher ses oreilles au chant et à la beauté des sirènes. Du même mouvement, nous éliminons l'ouïe et le bruit, la vision et le dessin toujours manqué ; du même mouvement *nous concevons la forme et nous nous entendons.* Et donc, encore un coup, le *miracle grec, celui des mathématiques, doit naître en même temps* — temps historique, temps logique et temps réflexif — qu'*une philosophie du dialogue et par dialogue.*

La liaison, dans le platonisme, d'une méthode dialectique — au sens de la communication — et d'une épure progressive des idéalités abstraites dans le style de la géométrie n'est pas un accident de l'histoire des idées, ni un épisode dans les décisions volontaires du philosophe : elle est inscrite dans la nature des choses. Dégager une forme idéale, c'est la rendre indépendante de l'empirie et du bruit ; le bruit est l'empirique du message, de même que l'empirie est le bruit de la forme. En ce sens, les dialogues socratiques mineurs sont prémathématiques au même titre que la mesure d'un carré de froment dans la vallée du Nil [11].

Octobre 1966.

10. Et, comme on le voit assez bien dans toute discussion entre un empiriste et un rationaliste — Locke et Leibniz par exemple —, *l'empirisme aurait toujours raison si les mathématiques n'existaient pas.* L'empirisme est la philosophie *vraie* dès que les mathématiques sont entre parenthèses. Avant que ces dernières ne s'imposent et pour qu'elles le fassent, il faut *vouloir* ne pas écouter Protagoras et Calliclès : et cela, parce qu'ils ont raison. Mais plus ils ont raison, moins on peut les entendre : ils finissent par ne faire que du bruit. L'argument opposé à Locke par Leibniz : Vous ne savez pas de mathématiques, n'est pas un argument *ad hominem*, c'est la seule défense logique possible.

11. On pourrait objecter que la cacographie d'un cercle et celle d'une lettre ne sauraient se résoudre l'une à l'autre. Depuis l'invention de la topologie, nous savons qu'au contraire il existe des idéalités anexactes au même titre que des exactes sous le rapport de la mesure. Si bien que nous n'avons parlé purement ici que de l'inverse de l'impureté : on parlerait purement de l'impureté en essayant de poser le problème de la cacographie dans une forme anexacte. Cela serait déjà plus difficile, mais nous ferait sortir de cette étude : nous en avons dit un mot ailleurs. Du reste, Leibniz assimile les deux formes, graphe et graphisme, dans un dialogue de 1677 (*Phil.*, VII, 191).

Nous étions résignés à l'idée difficile qu'évoluent les rigueurs. Il nous faut maintenant accepter que nos réflexions sur elles le fassent aussi. Comme la mathématique, l'épistémologie a une histoire. Et c'est le dessin de la phase pré-contemporaine de cette histoire que tracent — *volentes nolentes* — les conférences qu'Edouard Le Roy prononça au Collège de France, dans les deux premières décennies du siècle [1]. Mettre en évidence la pureté d'une pensée éminemment stable est leur projet, exprimer les hésitations d'un devenir est leur résultat — pour nous.

De fait, à l'heure même où parle ce penseur, les mathématiques n'ont pas fini d'être secouées par la fameuse crise, elles se composent trait à trait le visage qui nous est, depuis naguère, familier. Ces lentes et puissantes nouveautés ne sont point acquises par une accumulation linéaire de découvertes et de petits progrès partiels, mais, comme souvent, selon un réajustement global du système, des conditions initiales aux réalisations les plus fines. Dans les temps où ce profil nouveau émerge du fondu des anciennes perspectives, Le Roy médite en philosophe, et en technicien de haute compétence, sur *une* mathématique : pas tout à fait celle de son temps ou des chercheurs de son temps, celle plutôt qui le précède d'un moment, et à qui la conservation universitaire et les nécessités pédagogiques donnaient cette allure de pérennité, grâce à quoi il était possible de la considérer comme *la* mathématique.

Ce livre est donc *déjà* celui d'un décalage ; qu'il soit publié de nos jours en désigne vaguement un second, plus subtil peut-être et plus dramatique. Le premier échappe de droit à la critique : après tout, chacun a la liberté de décrire la discipline qu'il veut, en l'état synchronique de son choix, selon la philosophie de sa préférence. Et ce droit subsiste, même si, en cours d'analyse, sonne l'heure où l'histoire rebrousse son cours. A toute autre aune, combien d'épistémologies résisteraient ? Et cette déhiscence est *encore* familière à une génération qui s'est fait des mathématiques l'idée qu'en désignaient des études spécialisées qui ne sont désuètes que depuis peu et qui s'est vue tout soudain plongée au milieu des « modernes », mise en présence d'un édifice voilé par la tradition. Or, cette ancienne idée, c'est précisément celle de Le Roy, dont le

---

1. Edouard Le Roy, *La Pensée mathématique pure*. Presses universitaires de France. 1960.

livre représente la conscience, inquiète devant les grands patronymes de la nouvelle. D'où la sensation de confort qu'on éprouve à le lire : on y retrouve ses classes et une jeunesse perdue, une jeunesse qu'à un moment il a fallu savoir perdre. Décalage sans gravité qui procure de l'agrément. Mais sans gravité au regard seulement de l'*histoire* des sciences, et tout autant que l'épistémologie n'est rien autre que *description*. Mais on s'inquiète dès que la méthodologie remplace l'histoire, dès que la description laisse le tour au jugement *normatif*. De là, quelques périlleuses aventures. C'est ainsi qu'une conscience « moderne » perçoit, par exemple, les condamnations abruptes ici prononcées contre la logique, dans l'ombre du Brunschvicg. C'était l'époque où la tradition philosophique française tournait le dos aux découvertes « logistiques », en désignant (ou mésinterprétant) les affirmations de Poincaré ; moment étrange où la « logique » au sens des manuels se moquait de la Logique au sens de Russell. Que les rieurs aient, depuis, changé de camp, la chose est faite pour une ou deux générations de mathématiciens, mais point encore pour la majorité des philosophes qui assument toujours le même décalage, étiré jusqu'à l'absurde, et qui croient, dans ces classes où la révolution mathématique a enfin pénétré, enseigner toujours la « logique ».

A considérer l'histoire, ou la description, ce livre représente donc un moment ; à considérer la norme, ce moment et ce décalage impliquent des erreurs significatives ; à considérer l'organon philosophique qui sert d'appui aux descriptions et aux jugements, l'auteur se réfère constamment à un certain post-kantisme, tempéré parfois par un bergsonisme diffus, quel que soit ce tempérament. Toutes choses suffisantes pour que nous définissions cette œuvre comme référence exemplaire, comme type achevé d'une épistémologie, qu'il faut désormais appeler classique, de ces mathématiques que les spécialistes nomment classiques. Mais précisément, comme la science que Le Roy analyse est, à bien des égards, sur le point de virer au moderne, ce livre, dont nous avons dit qu'il donnait de l'agrément, procure aussi bien du malaise. Tout se passe comme si un ensemble philosophique stable dans ses fondements propres et ses traditions historiques s'évertuait à saisir un objet en devenir qu'il analysait naguère convenablement, mais qu'il ne sait, peu à peu, plus reconnaître. On se prend alors à demander s'il est possible de prolonger cette épistémologie classique pour rendre compte de la mathématique moderne, aujourd'hui parvenue à maturité : prolonger, c'est-à-dire conserver une fonction en lui désignant un nouvel objet. Pourrait d'abord nous instruire la comparaison des deux états de cet objet, mathématique classique et mathématique moderne ; ce parallèle entre le visage désuet et la nouvelle figure est désormais trivial, mais demeure intéressant ; mais moins sans doute qu'un raisonnement à quatre termes. Le voici : soit, d'une part, la mathématique classique et son épistémologie traditionnelle, ici définies et exemplaires ; d'autre part, la mathématique moderne et son épistémologie possible qui reste à définir. La comparaison qui précède ne constitue alors qu'un premier temps. Mais pour répondre en rigueur à la question de prolongement, il convient de mettre en parallèle deux à deux ces quatre termes, et, en particulier, la première épistémologie et la deuxième mathématique. On obtient alors, nous le verrons, un résultat assez considérable : que ce prolongement existe bien, mais qu'il n'est autre qu'une importation pure et simple de tout projet de l'épistémologie classique dans la mathématique moderne, prise en général (sous certaines conditions, qu'il est facile de poser). Cette dernière apparaît alors comme une science qui contient dans son champ autochtone sa propre méthodologie, sa propre « auto-description », sa propre « logique », le tout à l'état positif. Cette auto-régulation intérieure d'un ensemble rigoureux est sans doute la caractéristique la plus spectaculaire du nouveau-nouvel esprit scientifique. Tout le problème, dès lors, — et toute l'inquiétude — consiste à se demander, en présence de cette importation, accomplie et peut-être définitive, si le quatrième terme de notre raisonnement est, en lui-même, pensable : la promotion d'une épistémologie moderne des mathématiques modernes est une question de possibilité et d'existence plus que de contenu, dans la mesure où on la pense dans le cadre d'un raisonnement où elle est homogène à l'épistémologie classique. C'est cette homogénéité que notre temps doit s'employer à briser. Alors, le vide actuel de notre « logique » (philosophique) traditionnelle serait d'essence autant que d'histoire. Il est difficile de cacher la gravité de cette croix.

On comprend comment et pourquoi le livre de Le Roy peut nous servir d'exemple et de référence : il est à la croisée de multiples chemins, où la technique se transforme, où les doctrines s'opposent, où hésite l'histoire, où changent d'horizon les philosophies. Et ceci n'est visible que si l'on veut bien extrapoler sur les infimes vibrations de l'histoire, des techniques et des doctrines que cette œuvre contient comme malgré soi. Seules ces extrapolations permettent de poser le problème précité du prolongement : une coupe synchronique ne prend toute sa force que lorsqu'elle est plongée dans l'étalement diachronique. Dès lors, il ne s'agit en aucune manière de prononcer condamnation — les sciences se chargent de faire irréductiblement vieillir les épistémologies ; comme si, par quelque ruse de la raison, nos réflexions sur le plus rigoureux étaient les plus rapides à se détériorer ; si bien qu'en condamnant nous entrerions sur la voie même qui rend possible l'erreur — mais de mettre en place ce nœud complexe et prolongé, ces doubles fils évolutifs de la pensée rigoureuse et de sa conscience réflexive, le long desquels les certitudes se transposent et vont vers leur vérité, par cette récurrence qu'observait Bachelard (qui savait profondément ce qu'était, pour la physique, le drame du changement de langage) et entre lesquels naissent et se nouent diverses relations transversales de décalage, d'erreur, d'importation réciproque. Il faut donc, pour l'instant, raisonner à quatre termes, c'est-à-dire deux fois deux, chaque série se développant sur sa ligne diachronique.

Ainsi penserons-nous cette querelle des anciens et des modernes nouvelle manière. Le long de l'évolution proprement scientifique, comparaison, lutte, victoire, paix, et se lève à l'horizon une mathématique déjà moderne-moderne, qui rend classique les nouveaux [2] ; (ainsi une épistémologie de notre mathématique souffrirait encore du décalage observé chez Le Roy. L'histoire va si vite que le philosophe reste toujours le classique d'une moderne mathématique ; il est, irrésistiblement, renvoyé à l'histoire et « vite » est un mauvais mot car, à mesure des découvertes, la puissance des méthodes se renforce de telle sorte qu'il faudrait plutôt parler d'une *accélération* du devenir). Le long de l'évolution épistémologique, évanouissement progressif de sa problématique originelle, importation progressive de celle-ci vers l'art et la technique purs ; et, par là, décélération de son dynamisme d'invention, rétrécissement de son champ d'analyse, au regard de ses anciennes méthodes et de ses projets de naguère. D'où un croisement curieux entre les vérités scientifiques et les vérités épistémologiques : pendant que les premières évoluent, s'étendent et se renforcent, selon ce drame jamais achevé des rigueurs, elles condamnent, absorbent ou rendent vaines les intentions réflexives qui les précèdent d'un rythme. Il est alors instructif de voir combien la conscience savante finit par rester bonne devant la transformation de ses vérités, qu'un vain peuple croit toujours arrêtées et définitives ; alors que la conscience philosophique ne peut le demeurer, à s'apercevoir qu'il y

---

2. Un article récent titrait dans Critique : « Bourbaki, ou la mathématique de demain. » Or, bien des membres de cette illustre assemblée ont conscience qu'il s'agit déjà de la mathématique d'hier.

avait du faux endémique dans un point de vue réflexif sur du vrai en devenir. Cela ne peut qu'amener à réfléchir, par un nouveau tour, sur le type de vérité qu'exhibe en général la réflexion épistémologique elle-même ; et donc à redoubler la question de la possibilité d'une épistémologie moderne.

L'optique « récurrente » impose donc, le long de ces extra-polations nécessaires, un jugement selon la désuétude et l'ac-tualité, et, à la limite, selon le faux et le vrai. Mais à consi-dérer l'état de la science faite, et non en train de se faire, à tel moment défini antérieur aux analyses de Le Roy, c'est-à-dire à se placer d'un point de vue synchronique, on est obligé de souligner la netteté parfaite de la description technique. Jusqu'à la lenteur, la recherche est patiente, la précision fine jusqu'au pointillisme, les exemples savants dominés dans une langue pure et sûre. Nous pouvions parler du meilleur des cas : ici est le monument de l'épistémologie traditionnelle, pour les raisons déjà évoquées, mais aussi comme forme achevée en qualité. Les mathématiques classiques trouvent là leur excel-lent — et leur dernier — philosophe.

Mais que sont ces dernières, pour l'essentiel ? L'essentiel, c'est-à-dire ce qu'elles ont de *pur,* ne supposant que « la conscience de l'esprit en tant qu'opérateur » (24). (Désignons, en passant, cette définition de la pureté en référence au sujet pensant, éminemment caractéristique). Ces mathématiques pures sont définies comme analyse, à l'exclusion de la mécanique, qui est d'expérience, de la géométrie qui est d'intuition quasi-perceptive, etc. Cette analyse, noyau de la science, est, en gros, celle de la fin du XIXᵉ siècle : née avec Leibniz, développée par Euler, couronnée par Riemann, pour ne citer que ses grands patronymes. Elle comprend, aux dires de Le Roy, l'arithmétique, l'algèbre (au sens classique), le calcul infini-tésimal et la théorie des fonctions. Voici pour le contenu du domaine. Pour sa définition ? Il faut découvrir la notion carac-téristique, inanalysable, indéfinissable, invariante, *première,* qui donne à ce domaine son originalité propre et qui le constitue en système. Cette notion est la grandeur, mieux, la mesure, mieux encore, le nombre ; et l'analyse est science du nombre, l'arithmétique dominant sans conteste les autres disciplines, et imposant cohésion à l'édifice. Supposé que l'on insiste sur l'ordre et non sur la mesure, n'importent que les ordres numé-riquement exprimables (38, 123). La vieille tradition aris-totélicienne et cartésienne est unifiée par le nombre conçu ici doublement comme forme *logique* et comme principe *opératoire, type* et *source* d'un mouvement original de pensée. Ce qui, dans le champ technique décrit, s'appelle arithmétisation de l'analyse trouve par là son correspondant dans la réflexion épistémologique qui l'ausculte. Cette conception bifrons permet de tisser d'un seul mouvement une genèse logique et une genèse réflexive de la pensée mathématique (Le Roy a le mot « généalogie opératoire », p. 214). Le nombre est donc deux fois premier. Son examen doit nous livrer dès lors les clés et les secrets. La mathématique (classique) est analyse ; celle-ci est science du nombre. Partis de là, nous devons tout retrouver : « il y a possibilité, nous dit-on, de construire toute l'analyse logiquement à partir de la seule notion de nombre entier, caractère opératoire de cette notion même » (remarquons au passage à quel point nous avons perdu le sens de ces mots). Et de le faire : du nombre entier, source initiale, part un faisceau de généralisations successives : rationnels, qualifiés, irrationnels, transcendants, complexes (l'auteur en oublie, dont les quaternions de Hamilton) ; le long de cette généalogie amplifiante, certaines disciplines découpent leur domaine, et l'*arithmétique* disparaît pour laisser place à l'*algèbre* (classique), qui, science de transition (et assez finement définie comme l'étude des opérations inverses sur les polynômes), laisse à son tour la place à l'*analyse :* cette dernière n'intervient que lorsque l'irrationnel a été convenablement défini, et le réel ; elle est donc « science du contenu opératoire ». Le terme analyse est alors ambigu : il désigne tantôt une partie, tantôt le tout de la mathématique ; mais ce n'est pas gênant. Voici donc trois sciences du nombre qui se distribuent le long des généralisations de leur objet. Ce qui revient à dire que ces théories doivent leur constitution à une manière de préexistence objective : ce point est, de nouveau, caractéristique.

On voudra bien pardonner ces banalités : mais il fallait au moins esquisser le schéma de la mathématique classique de base : qu'il soit dans l'esprit de chacun montre simplement ce que chacun doit désormais oublier, et la jeunesse qu'il doit perdre. De plus, il forme l'infrastructure globale des analyses du livre. Cela posé, l'auteur poursuit le plan, dont l'importance historique n'est pas négligeable ; en effet, il fait le dernier point à la veille de la reconstruction « moderne », la dernière coupe synchronique sur les mathématiques classiques. Et cette coupe est telle qu'à travers les trois branches de cette analyse (théorie des fonctions, analyse de l'ordre, analyse du continu) et le long de leurs résultats principaux il est possible de *lire* ce à partir de quoi les modernes vont reconstituer l'édifice total : « il faut classer ; divers cas d'objets ; divers cas de correspondances. Notion générale de correspondance fonctionnelle, à quoi on peut tout ramener. Théorie des relations. Corps opératoires : clôture. Classification des groupes. Invariant. Ce qui est essentiel ne dépend que de la structure ou de la composition du groupe. Isomorphisme, etc. » Le texte ajoute : « il y a là un point de vue pour concevoir et organiser toute la science. » Tout se passe donc comme si une description d'ensemble mettait en évidence, en fin de compte, un certain domaine, qui, de terminal et singulier devenait universel et principiel ; ceci est, il faut le dire, une sorte de constante dans l'histoire des mathématiques. Qu'il s'agisse du problème des tangentes, de la théorie des transversales, ou de la notion de groupe, il apparaît que des résultats et des problèmes considérés d'abord comme partiels, ou selon la finesse, deviennent parfois conditions générales de restructuration de l'édifice global. D'où l'intérêt de cette coupe synchronique : elle porte en elle les éléments de la recomposition du système, selon des normes et des principes autres que ceux qu'elle met en jeu pour se développer. On croirait tout d'abord que, parti d'un élément dont on a assez dit qu'il était premier, ce plan distribuerait des domaines homogènes, et constamment référés à cette priorité ; or, il n'en est pas ainsi, et la distribution parvient, au voisinage de son terme, à des éléments premiers à leur tour. Alors, il faut recommencer, retourner comme un gant le plan proposé, extrapoler, pour comprendre, le long de la diachronie. Ici réside la fin d'une histoire, qui porte toutes les conditions de son recommencement.

Tout ceci signifie, en particulier, que le progrès mathématique ne se constitue pas seulement par l'accumulation des découvertes et l'amplification de la théorie ; ni par la déduction pure et simple le long d'un ou plusieurs troncs hypothético-déductifs. Mais aussi, mais surtout, par bonds de restructuration générale de la théorie elle-même : l'approfondissement, à un moment donné, de tel domaine, peut déboucher sur la mise en évidence de priorités nouvelles, qui se trouvent avoir vocation de *classification* et de systématisation. Pour risquer un mot, on aimerait dire que la mathématique va vers ses propres priorités, autant qu'elle en vient. Et ceci n'est pas si paradoxal qu'il ne paraît, puisque le développement laisse le plus souvent stable le système comme tel, puisqu'il y a à la fois évolution et architecture. A s'arranger constamment entre histoire et système, entre genèse et norme, il ne peut être possible de penser le développement qu'en terme de reconstruction continuée. Et c'est ainsi que les vérités synchroniques s'enlacent en un réseau serré aux vérités diachroniques : qu'à un moment donné telle est la priorité, qui désigne, pour demain, une priorité qui la fonde. D'où vient un décalage nouveau qui pourrait expliquer le premier. Ce n'est plus tellement l'épistémologue, situé dans le temps, qui se trouve décalé par rapport à la science, que celle-ci par rapport à elle-même, la mathématique constituée et comme institutionnelle et la mathématique vivante et en devenir. En équilibre entre deux centres de gravité possibles, l'ancien et le nouveau, désignant le dernier et choisissant le premier, le plan de Le Roy est *moins un système qu'un condensé d'histoire*. Mais n'est-ce pas là précisément le destin de toute « planification » mathématique ? Telle, sûrement, pourrait être la définition des *Eléments* d'Euclide, admirés longtemps pour leur architecture, conçus désormais dans le double sens du mot « monument ». Si forte est la poussée en avant, si essentielle à la mathématique est sa prospective, que tout effort de systématisation ne peut qu'être accompagné d'une récupération récurrente du passé par le présent, et d'un essai de programmation laissant ouverte l'amplification à venir. Il est profond de dire *Eléments* comme Euclide et Bourbaki, *Programme* comme Klein, il est aussi profond de juxtaposer des *Eléments d'histoire* aux *Eléments* didactiques. Cela dit, le plan de Le Roy est l'inverse d'un programme, aveugle, qu'il veut être aux développements à venir et préoccupé seulement de systématisation du constitué : c'est ce qu'on pourrait appeler la mésinterprétation euclidienne, qui consiste à considérer la mathématique comme fermée, à la reconstruire en rigueur (ce qui est bien) sans prendre conscience que, ce faisant, il existe une histoire résiduelle qui collabore à gauche et résiste à droite au système. En ce sens, Le Roy est un « commentateur », comme on peut imaginer que l'était Euclide, alors que tous deux ont un projet tout autre. Partant du système, ils achoppent à l'histoire, c'est-à-dire au mouvement intérieur du système.

De là, les hésitations du philosophe méditant en pleine révolution. Refuser d'abandonner une priorité aussi sûre qu'ancienne alors qu'on devine les nouvelles, demeurer attaché aux éponymes banals à l'heure où balance la victoire, n'est-ce pas refuser d'aller vers la source sous le prétexte qu'on en vient ? C'est ne pas voir le mouvement compliqué de la science selon l'ouverture et la fermeture, le système et le mouvement. Conservatisme ou dogmatisme, comme on voudra, ne s'expliquent jamais autrement que par la vision tronquée d'un état de fait, ou plus général, ou plus complexe : par l'oubli de l'extrapolation.

Un malheur, dit-on, ne vient jamais seul. La mathématique moderne est ici manquée, au moment immédiatement voisin de son triomphe, à l'heure même de la mutation des priorités. Mais ce moment est aussi celui qui précède le temps de l'importation des problèmes de l'épistémologie traditionnelle dans la logique moderne : le refus de cette importation fait alors manquer la logique. Pas d'aveuglement ici, ou d'insuffisance de la vision : le problème est reconnu et la lutte circonscrite. Qu'elle soit chaude n'empêche point qu'elle soit désespérée : tous les arguments produits sont uniformément faibles. Par exemple, l'intention logique est constamment réfutée (65, 119, 169, etc.) selon l'inutilité, la complication, la redondance et la pasigraphie. Et de se moquer : il faut à Burali-Forti vingt-sept équations pour définir le nombre 1. C'est beaucoup pour peu. On ne peut penser que Le Roy n'ait pas eu conscience de la faiblesse de cet argument « esthétique » (partout répété) qui retourne le vieux principe de *maximis et minimis,* et qui erre sur la notion de simplicité : car la simplicité de l'enchaînement linéaire n'est pas celle des éléments premiers ; combien de suites de proportions faut-il à la géométrie élémentaire pour établir une vérité, achevée en une ligne par des méthodes plus fortes ? Il n'empêche que la rigueur se moque de la longueur de ce cheminement. De plus, si le nombre est le simple premier au sens de Le Roy, voici qu'on l'analyse durant deux cents pages avant de commencer à mathématiser effectivement ; cela aussi est *long* et effectivement inutile : l'argument invoqué se retourne contre son auteur. Et ainsi de suite : on se garde à gauche contre les intuitionismes, à droite contre les logicismes, partout contre la logistique ; on veut conserver une simplicité, une pureté, qui ne doive rien à l'intuition, ce qui est bien (ch. XV), et rien à la logique, ce qui l'est moins. On veut par là éliminer toutes les genèses qui ne sont pas genèses réflexives : par exemple, l'empirique et la logique ; on définit alors une pureté « moyenne » qui s'appelle création opératoire de l'esprit. Et, pour préserver ce domaine, on se coupe volontairement de tous les problèmes *effectivement épistémologiques,* c'est-à-dire de ceux qui engagent réellement des décisions sur la méthode, l'objet et le tout des mathématiques. C'est le moment précis de l'importation : tous les vrais problèmes quittent l'épistémologie mère qui, pour croire les retenir, définit un champ de vérité que, tout à coup, on perçoit comme *vide.* Alors, la discussion, *le dialogue intérieur à ce champ explose et devient querelle d'écoles techniquement mathématiques.* D'où cette étonnante image historique : d'un côté, une mathématique des mathématiques déchirée en écoles distinctes qui prennent chacune, pour leur propre compte (et ensemble hors la philosophie), des décisions considérables (même au regard du fonctionnement de l'esprit), de l'autre, une épistémologie traditionnelle qui se vide peu à peu de sa problématique originelle, toujours tournée vers une analyse du sujet pensant, de plus en plus potentielle, de moins en moins significative. Les vrais problèmes essaiment : le livre de Le Roy marque le temps et les raisons de l'essaimage. Dès ce moment, il n'y a plus querelle entre anciens et modernes où la philosophie serait de polémique : il y a querelle entre anciens et nouveaux mathématiciens et entre les modernes logiciens. L'épistémologie s'est mise hors circuit. En tant qu'elle conserve son intention traditionnelle, elle l'est toujours.

Que l'épistémologie classique soit coupée des mathématiques modernes et de la logique mathématique, nous en voyons ici deux raisons : le refus d'une mutation de priorités dans le premier cas, l'attachement à l'analyse réflexive dans le second, qui cache le transport effectif des problèmes de l'épistémologie dans la technique scientifique. Dans chaque cas, il ne s'agit que d'origine et de fondement : on en reste à la priorité numérale pour l'édifice, à la priorité du sujet opérant pour sa justification.

Tout ceci est fort significatif de ce que peuvent être, en mathématiques, progrès et découverte, développement historique, lois diachroniques. Et il faut saisir ce qui est dit ici du nombre, ce qui est dit ici des anciens et des modernes, à nouveau comme un cas particulier d'une constante originale au progrès mathématique. Pour s'en persuader, il suffit de choisir un problème quelconque, tout à fait étranger à nos actuelles préoccupations, et d'en suivre l'histoire. Au hasard, prenons un problème classique de géométrie tel qu'il se trouve dans Pappus. Chasles en donne l'historique dans son *Aperçu* (328-329). Qu'indique ce développement ? Très exactement, une généralisation continuée de ses conditions initiales et de ses solutions ; mais cette *extension,* ici comme tout à l'heure, est un *approfondissement ;* si bien qu'une fois découverte la solution la plus générale, il se trouve qu'est mis en relief le meilleur approfondissement des conditions initiales elles-mêmes. La fuite vers le général est mouvement vers la vérité du principe : alors l'histoire se retourne et la fin devient origine, la fin historique devient origine essentielle. Le couronnement donné à ce problème de Pappus par Poncelet est à la fois terminaison et commencement ; par épuisement en extension d'une question, on découvre les conditions d'une nouvelle géométrie. Le génie mathématique est de généralisation, c'est le génie du mouvement vers la vérité de l'origine. Généraliser, c'est rendre raison. On dit beaucoup sur la mathématique lorsqu'on prononce le mot « *a parte post* ». « Allez, allez, la foi vous viendra », voici pour la compréhension ; « généralisez et vous rendrez raison », voici pour la vérité ; « retournez-vous », voilà pour l'histoire ; « réorganisez », voilà enfin pour le système. D'où le reflux (le plus puissant peut-être qu'ait connu l'histoire des mathématiques) le reflux des « modernes », par rapport à la construction présentée par Le Roy. Ses branches terminales sont des points de vue profonds et véridiques sous lesquels on peut à nouveau tout embrasser. Alors, il n'y a de progrès décisif et de découverte véritable que ces querelles continuées d'anciens et de modernes, qui rompent profondément la continuité des petites accumulations de suites partielles de résultats déduits. Alors, on renverse l'ordre, on redessine un visage, on parle un langage neuf. Pour ce qui nous concerne, il serait bon d'établir une manière de « dictionnaire » comparatif qui mettrait en regard le dialecte classique et la langue moderne : il serait révélateur de cette coupure, de cette déhiscence, de ce retournement. Chaque fois que, dans l'histoire des mathématiques, ce dictionnaire est nécessaire, chaque fois il y a un palier immense de progrès, une accélération du mouvement vers l'extension à la fois et la vérité. La vraie découverte mathématique porte sur son ensemble, est reconstruction ; le progrès mathématique est la succession de ces réajustements.

Cette généralisation du nombre sert donc de principe de construction à la mathématique classique ; elle sert aussi d'index pour apprécier son mouvement et sa progression. Il serait évidemment intéressant de comparer cette clé avec certaines des clés de la mathématique moderne et, par là, de confronter leur construction respective. Les résultats de cette comparaison sont assez nombreux, trop pour être repris dans le cadre présent ; de toutes façons, ils sont toujours d'une très grande simplicité et sont désormais dans l'esprit de chacun.

Cependant, on peut retenir les remarques les plus larges. En particulier, souligner les divers déplacements de théories dans l'ensemble des deux constructions : par exemple, les divers problèmes classés par Le Roy, sous la rubrique « analyse » se redistribuent à tous les niveaux de la construction moderne. Ce qui a trait aux théories de l'infini est, en gros, replacé dans la théorie des ensembles ; les problèmes énumérés sous la rubrique « théorie de l'ordre » se replacent assez naturellement dans l'algèbre moderne ; ce qui est dit de l'analyse des fonctions se retrouve à la fois en algèbre, en topologie, en théorie de l'intégration, etc. De même pour les problèmes énumérés sous le titre « algèbre » : on les retrouve en théorie des ensembles, en algèbre, en topologie. Il y a donc des croisements considérables et des redistributions ; lorsque nous avons dit que le terminal devenait principiel, cela n'était vrai qu'en gros : en fait, la recomposition s'effectue dans de nombreux sens. Entre les deux coupures synchroniques ainsi pratiquées jouent des liaisons complexes et croisées.

Ce qui précède peut induire à l'idée fausse que le seul déplacement des problèmes et des théories suffit à exprimer la différence entre les deux mathématiques. Qu'il ne s'agit que d'un puzzle recomposé, que de la reconstitution d'un système par échange de situation entre ses éléments. En fait, la différence porte sur l'esprit même qui préside à leur construction respective, sur l'idée générale qui est en jeu dans leur mouvement.

Analyser cette idée, décrire cet esprit serait une longue tâche. Ce qu'il est possible de faire est de se référer à un index révélateur. Celui-ci pourrait être *le type de généralité visé et obtenu* par chacune des deux mathématiques. La première présente un mouvement de généralisation, celui que nous avons décrit avec Le Roy. Très précisément, ce mouvement n'est autre qu'un *élargissement continué d'un champ objectif* de départ : les diverses représentations intuitives de cet élargissement sont assez éloquentes. Le gain d'extension que l'on obtient à chaque étape est lié à l'analyse des propriétés d'un être, d'un objet. On joue sur les caractéristiques opératoires de celui-ci : en les assouplissant, en les complétant, le nombre-objet se transforme, s'enrichit, envahit des plages marginales qui bordent et complètent la succession discrète de départ. Le domaine nouveau conquis ne se découvre que par la considération des objets qui l'occupent, de leurs caractéristiques opératoires, on voudrait presque dire de leurs attributs essentiels. Mais la mathématique classique *reste au ras de l'expérience de son objet de pensée ;* elle est, en quelque sorte, liée par lui, guidée par les possibilités qu'il offre ou impossibilités qu'il manifeste. A cet égard, son vocabulaire historique est éclairant, qui, des irrationnelles grecques aux complexes, faisait des nombres impossibles, faux, imaginaires, etc. Le mouvement « longitudinal » de généralisation est une sorte de lutte contre un être compact qui résiste aux entreprises, rend impraticables certaines manipulations, et qu'il faut constamment épurer pour acquérir la liberté opératoire. On retrouve alors, sous un autre aspect, cette primauté du nombre dont Le Roy fait son dogme : mais cette primauté est ressentie comme une hypothèque assez lourde, une manière d'assujettissement de la pensée libre. Lorsque enfin cette notion sera suffisamment généralisée, assez épurée, convenablement formalisée, lorsque la mathématique aura fait son dernier effort de généralisation longitudinale, on pourra alors prendre un autre point de vue, quitter cette liaison étroite avec l'expérience de l'objet, acquérir des aises, une liberté et une « désinvolture » (pour parler comme Merleau-Ponty) nouvelles, parler enfin d'êtres quelconques, sur lesquels on ne fait aucune hypothèse préalable. Le préalable objectif, qui était primauté, est ressenti comme hypothèque ; il est levé. D'où la liaison de cette genèse et de l'histoire : il fallait atteindre la meilleure extension « objective » souhaitable pour pouvoir sauter un palier de généralité.

Au regard de ce type de généralité « objectif » et « extensif », la mathématique nouvelle transforme radicalement son point de vue. Il y avait mouvement longitudinal, conquête de domaines marginaux occupés par des objets déterminés comme tels. Le type de généralité visé par les modernes est tout différent : il est obtenu en adoptant un point de vue transversal et régressif, en éliminant les déterminations objectives, en se donnant des domaines qui ne sont plus caractérisés par leurs éléments objectifs, mais par des lois propres.

D'abord, on quitte à jamais toute considération objective déterminée. L'objet n'est plus que l'objet X, l'objet quelconque. La réflexion passe de l'être à la relation, de l'objet à sa manifestation, de la chose à la méthode. On ne reviendra au niveau naïf que lorsqu'on voudra exhiber un paradigme, un exemple ou un contre-exemple, bref un modèle. Et, sous la structure relationnelle étudiée, se groupent nombre de ces modèles que cette structure exprime transversalement : dieu, table ou cuvette. Les domaines ainsi *analogiquement* groupés comprennent les domaines « numéraux » précédents, certes, mais aussi des groupes de transformations géométriques, etc. D'où la puissance organisatrice, classificatrice de cette nouvelle optique, sa force de rassemblement qui lui est conférée par la hauteur de sa généralité. Comme dirait Leibniz, qui peut passer pour le plus lointain annonciateur de cette méthode, « il n'est plus besoin de rouler mille fois la même pierre » : en analysant avec attention ma manière de la rouler, je puis savoir d'un coup tout ce qui m'intéresse, sans considérer cette pierre elle-même. Et *le mathématicien moderne donne au classique la conscience de Sisyphe ;* au lieu d'itérer des théories particulières, on exprime des théories multivalentes. On se donne alors des champs quelconques que l'on détermine à loisir en variant les conditions de manipulation. Outre ce mouvement « transversal », il y a donc un mouvement régressif ; non seulement on étudie la manière, mais ses conditions ; et l'analyse rigoureuse de ces conditions accélère le mouvement en avant : en réfléchissant sur la méthode et les conditions de la méthode, il est fatal qu'on finisse par se donner la méthode la plus forte possible. D'où, certes, classification de plus en plus serrée, mais développement de plus en plus accéléré. On pourrait développer cela plus encore ; mais, outre que ces constatations sont désormais triviales, nous avons dit qu'un autre raisonnement retient, pour le moment, notre attention : et il est plus propre à intéresser le philosophe.

Face à son antécédent classique, la mathématique moderne a ceci de singulier et de caractéristique : son intention profonde *de se prendre elle-même comme objet ;* et, en particulier, *comme objet de son propre discours.* Si donc l'épistémologie traditionnelle se définit comme discours sur la science, il devient vite évident que la mathématique moderne se constitue comme épistémologie de ses propres démarches. Elle est ce discours même, et ce discours *rigoureux.* Par rapport à la science qui la précède, elle acquiert une dimension nouvelle, qu'on ne peut préciser autrement que par la conquête technique, analytique et linguistique du champ de problèmes propre à l'ancienne philosophie des mathématiques : elle peut enfin poser et, parfois, résoudre, dans son domaine autochtone, les questions naguère confiées à un domaine extérieur. C'est pourquoi on ne peut plus parler d'elle que fort mal : elle parle d'elle-même enfin avec le maximum de véracité et de rigueur.

A suivre nombre de ses développements, cette conclusion ne tarde pas de s'imposer avec toute la force d'une évidence. La voici qui manipule un ensemble d'êtres et, en même temps, elle manipule l'ensemble des manières de les manipuler ou, si l'on veut, des méthodes de manipulation. Lorsqu'une méthode devient l'objet même du savoir, que peut-on dire de ce savoir sinon qu'il développe sa propre méthodologie ? Or, il en est bien ainsi de la mathématique de notre temps, qui est mille fois plus mathématique de la manière que mathématique de la chose, ou pour qui la manière devient chose et objet de pensée. L'ancienne progression effective s'accompagne désormais d'un doublage « réflexif » qui se décrit, se règle et se norme en s'accomplissant, et ce doublage est la progression même du nouveau savoir. La reduplication est ici de rigueur : la topologie a pour objet les notions de limite, de continuité, de voisinage, certes ; elle a aussi pour objet les diverses topologies classées selon leur « finesse », les transformations topologiques et ainsi de suite. Comme nous l'avions observé, elle se décline toujours au génitif : elle se constitue sans cesse comme *mathématique d'elle-même*. Ceci est vrai aussi souvent que l'on voudra : la logique moderne, par exemple, qui appartient désormais au monde mathématique, tente d'une part d'être description, réflexion, doublage, régulation, fondement *de cette mathématique,* mais elle est aussi tout cela *pour elle-même :* elle se surveille, se règle et se réfléchit. De même l'algèbre, qui est régulation et norme des niveaux naïfs qu'elle exprime, mais aussi régulation de soi. Cette thématisation continuée, transversale à son propre mouvement, exprimant les constantes de toutes les progressions naïves et faisant progression de cette expression, est si importante que l'on pressent peu à peu sa présence dans l'ensemble de l'édifice. On pourrait traduire ce mouvement dans les termes suivants : *la mathématique essaie de découvrir le plus de points de vue possibles à partir desquels il lui est possible de parler d'elle-même.* Par conséquent, pour filer notre analyse, il y a constitution d'une épistémologie *d'abord positive, puis rigoureuse, enfin généralisée.* Revenons, par exemple, à notre comparaison initiale ; généraliser la notion de nombre, par les classiques, revenait à élargir une notion pour la rendre maniable selon certaines opérations. La généralisation moderne consiste à jouer sur l'opération en général, et cette variation décrit des champs d'objets quelconques. D'une part il y a généralisation d'un objet, d'autre part il y a généralisation « méthodologique ». Ici, nous découvrons le complément de ce résultat qui porte que l'ensemble de ces mathématiques est une méthodologie généralisée. Fidèle à son esprit de toujours, la mathématique, dès qu'elle a importé le champ des anciennes questions épistémologiques, l'a analysé, l'a normé, l'a rendu rigoureux, a fait varier à l'infini sa constitution interne. Elle a manipulé ces questions avec toutes les libertés de sa rigueur.

Cette duplication continuée sur soi-même, qui prive le philosophe de l'originalité de sa position, est cependant hautement instructive pour lui. En effet, l'important ici est l'itération de ce retournement : ce qui fait proliférer les niveaux d'*abstraction* et de *naïveté.* Elle analyse et relativise ces deux notions qui paraissaient stables naguère : tel niveau est abstrait par rapport à tel autre, concret au regard du suivant, dans l'ordre de la réflexion. D'où la multiplicité des manières de discourir sur soi, de se prendre soi-même comme objet. On effeuille ces niveaux de telle façon qu'on peut dire, parfois, soit qu'on *expérimente* sur un paradigme, sur un exemple ou un contre-exemple, soit qu'on *réfléchit* sur une structure abstraite. Il y a formation de deux notions nouvelles, celles d'expérience mathématique et de réflexion mathématique, toutes deux aussi relatives que les deux premières.

Ainsi « généralisée », cette épistémologie positive, ayant découpé son champ d'action dans la mathématique même, se charge distributivement de tous les rôles traditionnels de l'épistémologie classique. A un niveau donné d'abstraction sont groupés un grand nombre d'exemples du niveau inférieur, naïf par rapport à lui ; ils sont groupés en une seule vue et *décrits* transversalement de *manière analogique*. Une structure est, en toute précision, l'analogon de ces multiples modèles naïfs. Alors, l'ancienne intention descriptive de l'épistémologie classique est absorbée par cette *description rigoureuse*. Grâce à cet effort de regroupement et à cette perception transversale, la mathématique se constitue en épistémologie rigoureuse de la connaissance analogique (un très bel exemple en est donné par le fameux théorème du point fixe, qui regroupe analogiquement une foule de résultats d'algèbre classique ou d'analyse : ce théorème est une sorte d'expression générale de la vérité de toute méthode d'approximation). D'une certaine manière, le formalisme est la langue de cette description. Mais cette langue obéit à des lois, comme toute langue : alors l'intention descriptive se double de l'intention *normative ;* et ces normes s'expriment, selon le système, dans le langage axiomatique et, selon la langue, dans la recherche logique [3]. Que cette langue, que ces lois, que ces normes, que ce système soient fondés en rigueur, et voici qu'apparaît le problème du *fondement*. Tout ceci est évidemment dit en gros et une analyse plus fine diversifierait infiniment les résultats ; toujours est-il qu'un fait est patent : le partage des anciennes intentions épistémologiques

---

3. J'ai donné pour la *description,* l'exemple du point fixe ; on pourrait donner, pour ce qui concerne *la norme,* le très bel exemple des fonctions récursives en logique. D'une certaine manière, elles servent d'index pour juger des raisonnements mathématiques, selon les degrés de risques qu'ils impliquent. Elles permettent, d'une autre façon, d'étaler, selon une classification, le jugement normatif. Ce qui est, soit dit en passant, une confirmation de cette « philosophie » de la pluralité des niveaux, vue du point de vue de la norme.

est de fait, leur réalisation effective ; il y a, dans les mathématiques modernes, épistémologie positive, et *selon la description*, et *selon la norme*, et *selon le fondement*. Il est clair que la multiplication de niveaux différents permet de techniciser et de rendre pensables des questions que l'épistémologie « réflexive » était impuissante à résoudre, ou même à poser en termes résolubles.

De tradition et de vocation, l'épistémologie est le lieu où se débat de la manière la plus particulière et précisée le problème philosophique de la vérité ; le lieu où ce problème est projeté, circonscrit, déterminé, effectué. C'est le support où toute théorie de la connaissance, quelle qu'elle soit, est obligée d'aller prendre ses valeurs.

Or, il se trouve qu'en l'état actuel des choses il est presque impossible de *définir le type de vérité* qu'elle promeut. Ni son type linguistique de vérité (cohérence de sa syntaxe ou contenu significatif de sa sémantique), ni le type de sa propre rigueur (normative ou de fondement). Certes, elle a abondonné (et sans doute à jamais) l'intention normative et *critique* qu'elle assumait traditionnellement *par rapport à la science*. Il ne lui reste plus que la vocation et l'intention descriptive. Alors, il est d'essence que la philosophie des sciences devienne philosophie de l'histoire des sciences, ou histoire des sciences, ou encore histoire de la philosophie des sciences. Il est d'essence qu'elle verse à l'historicisme : soit dans le sens usuel, soit dans le sens d'histoire naturelle, c'est-à-dire qu'elle devienne une description diachronique ou une description synchronique. De plus, cette description peut être psychologique, génétique en tous les sens que l'on voudra, vulgarisatrice à la limite, classificatrice encore, phénoménologique, enfin. On voit assez tout ceci depuis Comte, au moins en France, tout épistémologue, quel qu'il soit, est désormais historien ou naturaliste, dans tous les sens imaginables.

La tradition assurait que tout cela constituait un discours sur la science. Mais a-t-elle jamais songé à la grammaire, à la morphologie, à la syntaxe, à la sémantique de ce discours ? N'y a-t-il pas outrecuidance à s'arroger le droit de discourir sur un langage rigoureux sans régler au préalable le langage de ce discours ? Aussi, éloignée à la fois de la langue logique (mineure, formelle, moderne...) et de la langue mathématique, l'épistémologie se situe à un niveau linguistique indéfinissable et vague tant qu'il s'agit de *décrire* : et là, ce niveau linguistique n'est pas essentiellement différent de celui de la vulgarisation ou du commentaire, où l'on passe d'un langage technique au langage commun. Première difficulté, dès que le sens que la science désigne s'écarte de l'expérience et de la raison communes, au point que toute traduction en langue vulgaire est trahison. Lorsqu'il s'agit de *norme* et de *fondement*, ce discours adopte la linguistique philosophique qui lui sert de support. Nouveau décalage que l'épistémologie s'épuise à réduire, puisqu'elle le porte en elle, décalage au niveau de son propre discours, hétérogénéité entre quatre langues : logique, mathématique, philosophique, vulgaire. Faire œuvre de méthodologie, au sens de la tradition, c'est parler ce volapük qui fait référence arbitrairement à quatre champs linguistiques à la fois, au minimum. Le concordat épistémologique était rédigé en espéranto.

En généralisant ce qui précède, on définit aisément l'épistémologie traditionnelle comme *épistémologie extérieure*. Cette situation — dont l'indice est la distance entre un discours logico-philosophico-vulgaire et le langage technique des mathématiques — a fait sa force et porte les raisons de son échec. Reprenons l'exemple de Le Roy : l'état de la mathématique classique à la veille de la crise et pendant la crise est tel, du point de vue des normes et du fondement, que seul un discours extérieur paraît pouvoir la soutenir. Il faut se placer hors le naïf pour être en position réflexive et fondatrice : vieille idée de philosophe ; dès lors, celui-ci ne s'arroge aucun droit excessif ; il fait, ici comme à l'ordinaire, son travail de philosophe, il réfléchit sur un objet et se sépare de lui pour le faire. La mathématique est alors un système que *ferme* et que ferme seulement l'épistémologie réflexive. Quoique extérieure, cette épistémologie est inséparable de la mathématique en tant que, dans la première, on règle — ou plutôt on pose — des problèmes pendants — ou plutôt oubliés — dans la deuxième.

La crise dénouée ou, mieux, pour dénouer la crise, viennent au jour des techniques nouvelles, au moment même où le tableau ci-dessus peut frapper par sa perfection. Leur dessein global est de *fermer la mathématique de manière autonome*, de discourir sur elle à partir d'elle-même, en une langue fort voisine de la sienne. D'où vient qu'elles paraissent devoir absorber le contenu de l'épistémologie extérieure et, plus encore, son intention et son attitude, en ne variant que sur sa *situation*, en se définissant comme *épistémologie intérieure*. Cette situation permet aux logiques modernes de faire l'économie de la langue philosophique et de la langue vulgaire (c'est-à-dire vulgarisante), de n'avoir pas à réduire l'ancien décalage linguistique : et comme elles se développent dans un langage qui est *naturel* aux problèmes évoqués, elles font assez aisément la théorie de ce langage, chose malaisée pour le discours artificiel de l'épistémologie extérieure. Le livre de Le Roy marque le temps de la rencontre et les épisodes de la lutte entre ces deux types de réflexion, intentionnelle et technicisée, le moment du *passage d'une situation à l'autre.* Finalement, ce qui est en jeu est le génitif de la définition : la science de la science est-elle partie de la deuxième ou hors d'elle ?

On nous objectera qu'il est excessif de réduire à un glissement de situation le débat entre la méthodologie classique et les logiques modernes. Nous maintenons cependant qu'il se déroule (qu'il se déroulait, puisqu'il est éteint) sur un terrain commun, ce que notre livre montre à l'évidence. Nous l'avons vu, la philosophie traditionnelle des mathématiques *décrivait, normait, fondait.* Elle tentait de dire ce qu'est la science, comment elle se développe, objets, méthodes, histoire : l'épistémologue en était le naturaliste, au sens de l'histoire naturelle ; il dessinait l'anatomie de sa constitution, la physiologie de ses fonctions, le tableau de son évolution (chronologique, génétique, psychologique, réflexive). Et donc la « *naturalisait* » : assez au moins pour que sa description ne retentît jamais sur l'objet même, pour que son discours ne revivifiât pas les structures méthodiques : ce que dit le mot « extérieur ». L'auto-description qu'exécute l'épistémologie interne a, au contraire, un impact de première importance sur l'objet décrit : loin de le stabiliser, de le naturaliser, elle le reconstitue, le revivifie, le restructure. En ce sens, l'Algèbre moderne est une auto-description mathématique des naïvetés classiques : elle en indique l'essence opératoire, ce que la méthodologie classique tentait de faire (le terrain est commun), mais promeut ces essences, ces structures en objets de sa juridiction mathématique et poursuit son chemin. Elle est donc science moderne *de* la science classique qu'elle naturalise en un sens, mais qu'elle revivifie pourtant, approfondit et prolonge. Les théories naïves classiques deviennent des *modèles* de la science structurale ; ici le mot modèle a le sens de paradigme-pour-une-abstraction, lieu où la structure se réalise et se mire : *se regarde elle-même* comme réalisée. La science classique était le modèle de l'épistémologue, comme tel athlète fut le modèle de Praxitèle, ou, mieux, tel insecte le modèle des dessins entomologiques de Fabre : il la regarde pour en prendre le dessin, le calque, le schéma. Mais la planche dessinée, le modèle est décrit et non assumé. Il l'est au contraire quand il est auto-décrit, au sens de plus haut.

D'où vient notre débat sur le génitif : ici, la science de la science est une duplication de celle-ci sur elle-même, une quasi-réflexion, et non la séparation d'un discours et de son objet. Il n'y a plus de sol extérieur aux *mathemata,* ils prennent appui sur le tracé de leur mouvement propre. Ou, si l'on veut, il n'y a plus pensée de survol, la pensée prend appui sur son propre vol. La science de la science n'est plus cette référence *extérieure universelle,* ce pôle où converge le réseau de toutes les longitudes, elle est assomption *intérieure* et réflexion *régionale.* Ce n'est pas la première fois, que je sache, que la méditation contemporaine rencontre cette idée de référence autonome et autochtone, de reflux de la description d'un mouvement vers le mouvement même. Et plus je suis voisin de l'objet décrit et emporté avec lui dans le même procès, plus mon discours est homogène à sa forme et fidèle à son essence, mais aussi plus je le transforme et le promeut dans le développement même de mon discours : à la limite, l'auto-description de la langue mathématique par elle-même est réactivation, restructuration, promotion. *Elle est la mathématique* et ceci, non pas dans le champ de l'évidence, mais dans celui de la pensée aveugle et formelle. Et, pour en revenir au mouvement, il est bien clair que cette duplication réactivante est l'une de ses sources. Il a été dit que l'origine des mathématiques résidait en leur fin ; peut-être pourrait-on avancer qu'elle réside — en tant qu'origine dynamique, non pas visée ultime, mais moteur — en tout moment, en chaque instant du mouvement vers cette fin. Il y a donc, *dans* la région mathématique, une science d'elle-même qui est heuristique en restant descriptive.

Chose rare en philosophie, le glissement de l'intention méthodologique vers la haute technicité d'une science permet de juger de la stricte valeur scientifique de l'ancienne intention. Chez Le Roy, l'épistémologie classique a à connaître des tentatives logistiques et les soumet au tribunal extérieur de l'analyse réflexive ; le glissement accompli et conscience prise d'une duplication qui tient lieu de réflexion, de subtiles susbtitutions transforment le prétoire : le juge devient prévenu et l'accusé fait comparaître. Aux yeux de la méthodologie classique, la logique moderne était inutile, compliquée, redondante ; aux yeux du logicien, l'ancienne épistémologie est moins qu'inutile, fausse. Ce jugement est prononçable dans la mesure où les mêmes problèmes sont ici concernés : il faut donc user du même poids pour examiner la valeur scientifique comparée des deux intentions. La lutte engagée par Le Roy fut une bonne guerre tant que régnait la mathématique classique ; la lutte, en fait, selon la diachronie, était désespérée. Non seulement le combat est perdu, mais le conflit entier : l'épistémologie classique est morte. Mais revit ailleurs, sous des cieux transparents.

⁂

Déjà, du temps de Le Roy, le type de vérité de l'épistémologie ne peut plus être que d'ordre historico-descriptif [4]. Elle n'est plus science des sciences, mais *discours dans une méta-langue* à propos de chaque langue particulière de chaque région du savoir. Chaque épistémologie régionale s'exprime dans une sorte de méta-langue philosophique sur la région scientifique qu'elle décrit. Le problème est, dès lors, le suivant : quelle est la valeur, quelle est la cohérence, quel est le sens, etc., de cette méta-langue épistémologique ? Quelle est surtout sa relation précise avec le discours savant dont elle parle ? En ce qui concerne la région mathématique, la réponse à cette question est absolument péremptoire : cette méta-langue épistémologique n'existe pas, de manière originale et nécessaire : car, la mathématique même dispose de suffisamment de méta-langues pour parler d'elle, pour se décrire, et même se fonder. En d'autres termes, si le type de vérité de l'épistémologie n'est plus que d'ordre descriptif, ce type de vérité s'exprime dans une méta-langue qui est la langue de la des-

---

4. Le problème ici évoqué n'est, à tout prendre, pas différent de celui qui se pose pour tout COMMENTAIRE en général, et en particulier pour tout commentaire littéraire. Qu'il soit voilé le plus souvent par la pure énonciation technique d'exemples convenablement choisis ne change rien à l'affaire. De même que le commentaire littéraire se voit forcé de choisir, sous peine de se transformer en un art incertain de ses propres démarches, entre l'histoire (définie dans tous les sens possibles et déjà allégués) et la science philologique ou linguistique, de même l'épistémologie a versé à l'histoire pour avoir perdu peu à peu le sens de la science logique. Ceci est sans doute la destinée de tout commentaire — et sa vérité — qu'il doit se perdre ou dans cet art incertain ou dans des techniques qui le dépassent. D'où le choix crucial et, avant le choix, ces prolégomènes. Ou l'épistémologue restera cet artiste (et là on discerne la source unique de l'œuvre de Bachelard, artiste consommé, dans son propre langage, de la description scientifique, et rigoureux technicien de l'esthétique), ou il devra faire ses classes chez les philologues de la science, c'est-à-dire chez les *vrais* logiciens. Ou alors l'épistémologie n'est qu'une *redondance*, et le *commentaire* une *répétition*.

cription même ; pour que la description soit fidèle et rigoureuse, il faut maîtriser cette méta-langue : donc, c'est la
mathématique même qui la promeut. Et, encore un coup,
l'épistémologie descriptive, comme la normative, comme la fondatrice, est totalement importée dans le champ de la technologie
mathématique. La description synchronique est d'une part
affaire propre à la région en question ; il est même curieux
de remarquer à quel point la description diachronique elle-
même intéresse les mathématiciens, puisque ce n'est que par
une profonde réflexion sur le devenir d'un problème (c'est-à-
dire sur son développement interne et sa prolifération en extension) que l'on parvient à le saisir et à le décrire en toute rigueur.
Alors, la logique et la mathématique modernes, outre qu'elles
sont des logiques, sont aussi des méthodologies, au sens traditionnel de ce mot ; par exemple, l'algèbre linéaire de nos
contemporains représente la méthodologie effective d'une foule
de problèmes classiques qui vont de ceux que présente l'algèbre
élémentaire à ceux qu'exhibe la géométrie pure. Et, là encore,
l'intention épistémologique des mathématiques modernes a été
la condition et le moteur de son développement.

Il est difficile de celer la gravité du problème. La vérité,
parfois, à de cruels moments de l'histoire, ne se conserve
qu'aux prix de lucidités, d'amputations, voire de parricides.
Quelle est, par exemple, la leçon massive des ouvrages de
Lautman ? Ils s'efforcent, par accumulation d'exemples simi-
laires, de tirer d'eux des « structures », des « idées », de statut
platonicien. Mais que diable, les mathématiciens ne font guère
autre chose, sans préjuger de ce statut. Cavaillès lui-même,
après l'échec de *Logique formelle et transcendantale,* pro-
clame, avant sa mort, le retour à une philosophie du concept
et l'abandon de celle de la conscience. C'est la perspective de
la science moderne elle-même, dans le sens que nous avons
défini. Finalement, voici deux extrapolations inattendues de la
réflexion de Le Roy.

On ne peut donc poser le problème de l'épistémologie
moderne que par référence à la double diachronie des problèmes et des réflexions. Notre temps est (ou a été tout récem-
ment) un moment de reconstruction systématique ; celle-ci n'a
été possible que par une réflexion de la mathématique sur
elle-même, sa méthode, ses objets, ses conditions, bref *par
une intersection des deux diachronies.* C'est ce que nous avons
appelé la formation progressive d'une épistémologie positive
à l'intérieur de la science même. Cela dit, il est impossible de
prévoir les chemins de demain : ou les routes hasardeuses que
Gallois déplorait, en plein xix° siècle, ou le renforcement de

la systématicité, de la réflexion ; ce qui signifie, pour nous autres philosophes, systole ou diastole de cette épistémologie positive. Si bien que l'imprévisibilité des découvertes et des restructurations le long de l'une des diachronies nous interdit d'extrapoler sur la seconde. De toutes façons, voici généralisé notre problème comme loi historique : à tous les moments de grande reconstruction systématique, les mathématiciens deviennent les épistémologues de leur propre savoir. Cette transformation est une mutation qui s'effectue de l'intérieur. Tout se passe comme si, au moment de se promouvoir en un nouveau système, la mathématique avait soudain besoin d'importer la totalité des questions épistémologiques. Ainsi, le long d'un devenir toujours inattendu, se placent des nœuds synchroniques réflexifs et régulateurs.

Tout ceci concourt à éclairer l'étrange paradoxe selon lequel les discours rigoureux sont évolutifs suivant une ligne indéterminable à l'avance. Il n'étonne, de fait, que l'observateur *extérieur,* qui objective, naturalise et fige un processus. Celui-ci admet, sans arrière-pensée, que les sciences mathématiques *sont* rigoureuses, qu'elles possèdent cette vertu comme de droit divin. Osons le mot : les mathématiques ne sont pas rigoureuses, elles vont vers la rigueur. Chaque pas montre que le précédent était moins assuré, chaque système aujourd'hui construit est plus solide que l'édifice précédent. Ainsi la vérité-modèle est diachroniquement développable, dans sa qualité même de modèle. La rigueur est la tâche infinie des mathématiques. Ainsi en va-t-il de la pureté : les mathématiques ne sont pas pures, elles vont vers leur pureté, qui est, de même, leur tâche infinie. Et, réciproquement, à un moment donné de ce mouvement, on perçoit, de l'intérieur, le ou les moments précédents comme appliqués. C'est maintenant et maintenant seulement que nous savons que l'espace euclidien est, à la limite, celui de la technique, que sa géométrie est celle des maîtres-maçons. L'optique récurrente des modernistes de tous les temps n'est plus alors un historicisme commun qui consisterait à privilégier l'idée du jour et la mode du moment ; c'est une réordonnance fondamentale qui présente les deux tableaux, diachronique et synchronique, comme les meilleurs possible, selon la vérité, la rigueur et la pureté.

Dans l'accomplissement de ces tâches, on ne manquera pas d'observer les continuelles tentatives que cette science assume de *fermer* son propre champ, comme s'il n'y avait de meilleure norme que cette clôture. Et toujours les meilleures fermetures se découvrent dans les structures les plus générales. Ainsi, d'un même mouvement, son domaine s'agrandit, s'approfondit et se ferme ; les frontières se font plus larges et plus fortes. Exemple : pour rendre rigoureuse la vieille idée leibnizienne de dérivée d'ordre quelconque, impensable selon le calcul différentiel classique, il n'y a pas d'autre moyen que de généraliser l'idée même de fonction et de définir la notion de distribution. On va chercher dans l'extensif le fondement de l'anomalie singulière, on atteint le rigoureux par agrandissement du champ : mais cette extension suppose une nouvelle clôture. La mathématique est une théorie amplifiante et fermée sur soi.

Elle ne peut donc apparaître, selon la dernière en date des coupures synchroniques, que comme l'ensemble de pensées le plus général et le mieux fermé possible ; voici, pour l'observateur extérieur, un universel normé dont les genèses historiques et architectoniques sont désormais cohérentes. Ceci constitue une sorte de « psychanalyse » de l'épistémologue. Le mathématicien, il faut le dire, a et n'a pas cette optique — du moins celui qui cherche, pour qui la science n'est point institution de la pensée ou de la cité. Certes, il « habite » son système, mais il le perçoit aussi comme un domaine *ouvert* et libre ; il n'y a pas pour lui que le nécessitarisme d'un achèvement, il y a surtout cette désinvolture enivrante du non-terminé, du mal fermé ou de la construction à reprendre. Le voici choisissant librement ses chemins et ses voies dans l'enchevêtrement complexe et transparent d'un réseau et d'un labyrinthe lumineux. Le point de vue de l'épistémologie — et le livre de Le Roy en est une brillante confirmation — porte donc non seulement sur une science historiquement arrêtée, mais gnoséologiquement constituée. Il ne tient pas compte de cette liberté du cheminement vers la rigueur.

Par là se trouvent approfondies des notions qui n'étaient tantôt qu'historiques. Que l'épistémologie se trouve sans cesse en deçà, que demain les objets soient autres, et plus généraux, et plus purs, et mieux fondés, est une chose. Mais que le décalage en question soit d'essence, cela en est une autre. Et cela est pour la claire raison que la rigueur est dans le mouvement, est visée à travers le devenir. Le point de vue extérieur de l'épistémologie classique ne permet donc pas l'adéquation à l'actuel, en tous les sens possibles, désormais : selon l'histoire, selon la langue, selon la constitution. La description extérieure ne saisit qu'une rigueur de second ordre et comme morte. On retrouve donc deux fois la nécessité pour l'épistémologie d'être immanente à la science même, et notre démonstration se ferme d'elle-même : le philosophe ne peut que « descendre » vers la science où l'attend, comme nous l'avons vu, une épistémologie. Voici définie l'intersection dont nous parlions.

Il semble que l'on ait démontré — ou du moins constaté — que les tâches de l'épistémologie traditionnelle, ou classique, aient disparu, comme originalité de l'intention philosophique. Dès maintenant, la mathématique est auto-décrite, est ou tente d'être auto-fondée, est ou tente d'être auto-normée ; bref, elle est à peu près parvenue à l'autorégulation de son propre champ ; ou, du moins, elle a forgé tous les instruments convenables pour cette régulation autochtone. S'il est donc vrai, selon la tradition, que l'étude épistémologique est une propédeutique privilégiée à la théorie de la connaissance, il est aussi vrai que cette propédeutique se constitue pour le moment hors la philosophie et sans elle. Notre temps assiste bien à la formation d'une épistémologie positive. Cela ne semble d'ailleurs pas uniquement réservé aux sciences mathématiques, quoiqu'elles présentent de ce phénomène l'exemple le mieux achevé. On perçoit en tous lieux la formation d'une attitude réflexive originale, transversale par rapport aux actes et démarches scientifiques, qui prend conscience de ces activités comme telles, en se déliant de toute considération sur le sujet de cette activité. Elle est une sorte de méditation sur ce quasi-objet qu'est l'opération de pensée, que l'épistémologie traditionnelle considérait plutôt comme un presque-sujet. Cette attitude est, on ne le dit pas assez, d'une très profonde originalité.

Et, finalement il est heureux, pour le philosophe de notre temps, que cette épistémologie positive se fasse hors de lui et sans lui ; parce qu'il franchira très vite le moment de la propédeutique. Jamais, sans doute, dans l'histoire de la philosophie, il n'a été plus *commode* de penser la connaissance. Contrairement à ce que l'on pense en général, jamais la philosophie des sciences n'a été plus *facile*. On risquait l'erreur, autrefois : l'entreprise moderne, intérieure à chaque région en préserve le philosophe. Chaque région parle d'elle avec le maximum de véracité, chacune est doublée ou tente de se doubler d'un organon réflexif, où le philosophe n'a qu'à puiser indéfiniment ses valeurs. Oui, le pluralisme des connaissances est spectaculaire, mais le problème de l'encyclopédie, déjà, se dessine.

En effet, il ne nous paraît pas indémontrable de dire que ce phénomène touche d'autres sciences qui pourtant n'ont encore pas atteint le point de maturité des mathématiques. En effet, il est possible d'observer un mouvement analogue d'im-

portation d'une pensée épistémologique (sous certaines conditions) au terrain autochtone même de la science dont cette
pensée était naguère l'épistémologie. Par exemple, il était de
tradition de réfléchir philosophiquement sur la notion d'expérience, pour ce qui concerne les sciences appliquées. Or, il
est apparent que ces dernières sont, dans de nombreux cas,
doublées par des organons précis et rigoureux qui jouent le
rôle de pensée réflexive sur leur propre savoir et qui analysent
la notion même d'expérience. Bien des phénomènes de cet
ordre amènent à conclure que certaines sciences expérimen-
tales ne sont pas éloignées de leur propre auto-description,
et de leur propre auto-régulation, sauf à penser leurs relations
avec le modèle mathématique. Ceci est assez nouveau et très
important. C'est le mouvement que nous appelons *fermeture*
progressive d'un domaine et *maturité* de son contenu.

Et, de nouveau, qu'est-ce qu'une science parvenue à maturité ? Une science qui comporte l'auto-régulation de sa propre
région et, partant, son épistémologie autochtone, sa théorie
sur elle-même, exprimée en son langage, selon la description,
le fondement et la norme.

Retenons, en particulier, la dernière spécification : cette
région du savoir est *auto-normée*. Ceci signifie qu'elle ne
reçoit pas de l'extérieur les réquisits généraux du jugement
sur le faux et le vrai : elle est, de manière *indépendante,
index veri et falsi*. On objectera : n'en a-t-il pas toujours été
ainsi en mathématiques ? Non. Leur langage n'a pas toujours
été à hauteur normative des objets et des théories découverts.
Leur histoire n'est pas exempte de productions tératologiques
non rigoureusement dominées ; les mathématiques ont enfanté
des monstres inévitables qu'elles ne comprenaient plus, qui se
situaient en un lieu que leurs concepts normatifs ne pouvaient
atteindre : cela est vrai des irrationnelles, des imaginaires,
du calcul infinitésimal, etc., au moment de leur découverte respective. On dit assez que ces « mutants » ont, chaque fois,
donné une impulsion nouvelle à la science et, partant, à la
philosophie. Mais on ne dit peut-être pas que, si la philosophie
s'en émeut, c'est sans doute en raison de l'inaptitude tempo-
raire du langage scientifique à les situer normativement : d'où
la référence à une raison extérieure au champ technique pur
dont, à tort ou à raison, on pense qu'elle est à hauteur de
décider de cette situation. Supposons alors que la mathématique ait intériorisé cette référence, qu'elle ait importé l'intention philosophique pour ce qui concerne ses normes propres :

alors elle est à hauteur de dominer rationnellement ses structures et même sa tératologie éventuelle ; elle devient pour elle-même l'index de sa vérité, elle sait peser sa puissance propre de démonstration, elle sait au moins dessiner les difficultés propres à sa puissance de décision, elle tente d'en poser les bornes et les limites. Sans entrer dans des problèmes dont on devine ici le contenu, il reste que tous ces problèmes sont désormais posés intérieurement à l'activité technique pure. De sorte qu'en un sens, il n'est plus possible de se tromper, d'émettre des notions dont, au moins, on ne sache peser le statut normatif (avec cette restriction qu'on aura la plus claire conscience des difficultés, voire des paradoxes de cette « pesée »). Dès lors, cette science se veut la plus réfléchissante possible du vrai de sa région, la plus révélatrice de sa vérité (révélateur étant pris au sens de la chimie, au sens où Leibniz demandait une pierre d'essai). A mesure qu'elle se ferme sur soi, la mathématique devient la *région de la véridicité automatique*. Cette définition doit être comprise en donnant au terme « automatique » le sens profond d'exécution indépendante de tout ce qui n'est pas la région de cette exécution.

Un mot cependant peut induire en erreur : *parvenue* à maturité, laisserait supposer une histoire à sa fin. Il faudrait dire : entrée en l'état de maturité, ce qui laisse l'histoire ouverte. Système et mouvement, la mathématique se développe en demeurant essentiellement la même, c'est-à-dire devient essentiellement mathématique quoique sans cesse transmutée par bons prodigieux de restructuration. Un dernier mot sur ce mouvement.

La mathématique est une théorie intérieurement ouverte, et extérieurement fermée.

La fermeture extérieure est :

1) Pureté, au regard des autres sciences et des mathématiques appliquées (ou de leurs objets).

2) Importation du contenu problématique de l'épistémologie en général, intériorisation de ses intentions, invention d'une langue autochtone propre à poser ces problèmes et à exécuter ces intentions, dans la mesure du possible.

3) Elimination de l'intuition, de l'évidence, de la réflexion, du fondement, en tant qu'ils sont afférents respectivement au sujet sensible, rationnel, réflexif, transcendantal.

Cette fermeture est donc *purification, auto-régulation, délivrance par rapport à l'ego*. Le résultat (paradoxal) de cette fermeture par rapport à *tout autre* domaine du savoir est que l'organon, le langage ainsi épurés deviennent universels. Le mouvement de clôture est un mouvement universalisant. A mesure d'épuration (radicale), la mathématique tend vers le degré zéro d'application (ou de référence extérieure) et *donc* vers le maximum d'applicabilité. Le langage le plus *indépendant* est le langage des langages. Moins il a de fenêtres, plus l'univers peut se mirer en lui.

La mathématique est, d'autre part, intérieurement ouverte : cela signifie qu'elle va vers son essence, autant et plus qu'elle ne la réalise. Disons qu'elle va vers la mathématicité. Cette déclaration doit être spécifiée :

1) La mathématique va vers ses priorités autant et plus qu'elle n'en vient. Ainsi les priorités anciennes (historiquement) deviennent conséquences, pour la vision récurrente. (Le Roy est ici un bon exemple.)

2) Elle va vers sa pureté autant et plus qu'elle n'en vient (ce qui montre que le mouvement de clôture n'est qu'un corollaire de l'ouverture du mouvement et lève le paradoxe sur l'application) ; dès lors, les puretés anciennes deviennent application pour la vision récurrente.

3) Elle va vers sa rigueur autant et plus qu'elle n'en vient, et les anciennes exactitudes peuvent êtres perçues, pour la vision récurrente, comme imprécisions.

Que le mouvement ainsi décrit ait pour horizon final une priorité, une pureté, une rigueur, un fondement qui soient en propre ceux des mathématiques mêmes explicite l'idée que l'ouverture en question est intérieure. La mathématique n'est pas ouverte vers quelque chose d'autre, elle est ouverte sur soi, ou pour soi. Qu'elle soit, d'autre part, extérieurement fermée exprime en particulier qu'elle soit désormais coupée d'une épistémologie extérieure, de naissance, certes, récente, et qui aura peu vécu.

Autonomie et mouvement, voilà qui définit en profondeur l'état de maturité.

Et, de là, la mathématique est devenue ce langage qui parle sans bouche, cette pensée aveugle qui voit sans regard, cette pensée active qui pense sans sujet du *cogito,* cette œuvre de l'homme entré dans le septième jour d'une nouvelle Genèse, œuvre qui va proliférant alors que le Philosophe-Dieu, voyant que cette œuvre est bonne, ne peut que s'en retirer et accepter qu'elle ait un efficace propre.

Un bref bilan : nous avons parlé, en commençant, d'un double fil évolutif : celui qui représente l'histoire interne, l'évolution de l'idée générale de la mathématique, et celui qui représente l'histoire et l'évolution des intentions et des projets épistémologiques. Il faut se figurer deux temps, dans ce parallèle : le temps classique et le temps moderne. Quelles sont les liaisons transversales entre ces deux évolutions ?

La liaison essentielle, dans le temps classique, est la liaison *réflexive*. Elle est exigée profondément par les insuffisances de la mathématique classique. Celle-ci, dans son développement naïf, rejette vers l'épistémologie extérieure qui la double au moins trois types de problèmes : de description méthodologique, de norme logique, de fondement, bref, tous les problèmes de systématicité. Ces problèmes définissent alors le champ original où se développe l'épistémologie classique : elle traite de ces questions de manière réflexive, se préparant par là à une théorie générale de la connaissance en général. L'ensemble des faiblesses de la science classique constitue le champ où évolue sa conscience épistémologique, insuffisance qui crée l'importation vers cette épistémologie.

Suivons maintenant nos deux fils directeurs, et pratiquons des coupures synchroniques. D'un côté, les mathématiques prennent de plus en plus conscience, de manière autochtone, des difficultés en question. Alors, leur évolution interne les rapproche de plus en plus de la problématique épistémologique comme telle : le fil s'infléchit vers son parallèle. D'autre part, comment l'épistémologie se charge-t-elle de sa triple mission ? Selon le fondement, elle se révèle incapable d'en fournir un qui soit *effectivement* pensable par la mathématique, puisque son style réflexif ne peut fournir que la perspective indéfiniment éloignée d'un fondement transcendantal *in subjecto ;* pire, ce style implique parfois que l'on rejette purement et simplement toute tâche de fondement logique : Le Roy, ici, est un exemple ; l'échec de Husserl en serait un autre. Selon la description, toute coupe synchronique révèle un décalage entre l'histoire des problèmes et celle de leur épistémologie : celle-ci s'essouffle à rattraper celle-là, n'est ce qu'elle est qu'*a parte post,* et le retard de l'une s'aggrave à mesure que l'autre avance. Le besoin de réflexivité n'est donc jamais satisfait à l'heure où il se fait sentir. Selon la norme, le décalage est erreur. Ces trois défauts, observons-le, sont analogues. Peu à peu se découvre la faillite des trois missions essentielles qui définissent la vocation et l'intention épistémologiques. Pour éviter (ou dissimuler) la faillite, on supprime deux de ces missions, celles qui donnaient à normer et à fonder la raison scientifique ; l'épistémologie alors s'historicise : elle devient régionale (elle explose et se distribue en descriptions partielles de champs de plus en plus étroits), elle devient impressionniste (elle décrit de plus en plus précisément la région en question, rejetant toujours à plus tard l'entreprise gnoséologique), bref, elle se constitue en histoire naturelle des sciences. Ce faisant, elle se rapproche, bien ou mal, mais de plus en plus, de l'intention proprement scientifique : son fil s'infléchit vers son parallèle. Elle perd lentement le champ original de ses problèmes au bénéfice de la technique scientifique qui, de son côté, commence à les prendre en charge. L'insuffisance des solutions épistémologique est donc une raison particulière (ou une concomitance) de la réimportation de sa problématique dans son champ d'origine.

Les temps modernes surviennent dès que les deux fils s'infléchissent sensiblement l'un vers l'autre. Ce concours a, nous le savons, deux raisons : l'épistémologie échoue sur le terrain de ses anciennes victoires, la mathématique prend le goût de triompher sur le champ de ses récentes défaites. Et ce domaine, qui voit le flux et le reflux, est celui de l'intention épistémologique initiale, il comprend tous les problèmes de description (dans un langage déterminé), de fondement, de norme, de systématicité. L'importation ne va plus cesser jusqu'à la fusion de la problématique d'ensemble de l'épistémologie traditionnelle et de problèmes singuliers définis en rigueur dans la mathématique moderne. Ce champ de problèmes, qui avait été rejeté vers l'épistémologie selon une ligne réflexive, est de nouveau absorbé par la mathématique, réimporté vers elle, une fois oublié l'horizon de l'analyse *in subjecto*. Les problèmes sont les mêmes, mais technicisés, mais formalisés, mais épurés de leur aura réflexive. Ils trouvent quelque solution ou quelque espoir de dénouement, par restriction de généralité, par référence à des structures singulières et déterminées, par analyse, par effeuillement de niveaux multiples dominés distributivement. Quel que soit le projet épistémologique de départ, il a désormais un analogue (ou plutôt une foule d'analogues) technique, dans une série de problèmes ou de théories déterminés. Qu'est-ce que la démonstration, la déduction, la récurrence, l'analogie, le nombre, l'ordre et la mesure, la vérité même et la cohérence des discours du dialecte mathématicien ?... La liste serait longue — et, sans doute, exhaustive — des problèmes que l'ancienne « logique » développait, et qui, désormais, s'alignent sur le tableau noir, dans les termes transparents d'un éblouissant contrepoint. Ici encore, le texte de Le Roy a pu être tenu pour exemplaire, puisqu'il fournit le paradigme de l'opératoire ou de l'opération. Selon les éléments restreints que contenait le plan synchronique qu'il présente, et qui allaient devenir principiels, ce champ opératoire, réflexif et fondateur dans l'optique de l'épistémologie classique, allait devenir un champ technique pur (et quelconque) de la pensée mathématique. Alors, il était bon de généraliser ce paradigme, ce que nous avons fait : cette importation particulière ne peut être pensée que dans le contexte d'un mouvement général. Mais précisons : cette fusion n'est, en aucune manière, une fin. Que la mathématique tente de se « fermer » par l'importation de l'intention épistémologique, certes ; mais son art demeure cependant ouvert. Aucun problème ne peut jamais être considéré comme définitivement résolu ; il y a un « historicisme » essentiel qui fait que la mathématique est un mouvement autant qu'un système. Il y a assez de questions pendantes, selon la norme, la description et le fondement (outre les autres, plus « techniques ») pour que de nouvelles réorganisations d'ensemble ne soient pas impossibles ; et déjà, on en peut aisément déceler. Mais, ce qui demeure désormais impensable, c'est de traiter encore ces problèmes dans l'esprit et selon les méthodes d'une épistémologie classique dont il faut accepter l'idée qu'elle est morte. Reste à chercher le domaine où évoluera désormais la pensée proprement philosophique de la science mathématique, reste à découvrir sa langue originale. Bref, le quatrième terme de notre raisonnement demeure à définir.

Qu'en est-il alors de la constitution éventuelle d'une épistémologie « moderne » ? Tout ce qu'on peut dire, pour le moment, est que son premier devoir est de *prendre acte,* avec *toute la lucidité désirable, de l'état de fait que nous venons de décrire* rapidement. Une fois de plus, certaine philosophie s'est revêtue de ses plus beaux atours pour épouser l'artisan au travail. Je ne sais d'autre nécessité pour la philosophie des mathématiques, en tant qu'elle veut être autre chose que de la technique pure, que de se critiquer radicalement comme telle, de critiquer la cohérence de son langage descriptif, la valeur de ses normes, la solidité des fondements qu'elle propose, et plus profondément la possibilité même de sa constitution. Que si l'ensemble de ses problèmes s'est trouvé ailleurs importé, il faut qu'elle pense les conditions et les raisons de cette importation, et la possibilité d'une importation en retour. Il semble, plus généralement, que ces mouvements de termes et de problèmes de domaine à domaine, de région à région, soient l'une des questions les plus fondamentales d'une philosophie moderne des sciences ; celle-ci ne peut qu'être *une épistémologie générale des épistémologies positives régionales.*

Nous voici au terme de la « querelle ». En mathématiques, la victoire reste aux mains des modernes : pour un temps seulement, car ils ne sont déjà plus que les classiques de demain. Y a-t-il querelle des anciens et des modernes en épistémologie ? En peut-on imaginer une lorsqu'il y a faute de combattants et, peut-être, faute de raison de combattre ?

Novembre 1963.

Depuis Auguste Comte, du moins en France, la philosophie des sciences a volontiers aménagé son projet en philosophie de l'histoire des sciences. Que celle-ci soit conçue comme évolution stadiale ou dialectique, comme genèse rationnelle ou psychosociologique, comme terrain d'une archéologie érudite ou psychanalytique, on reconnaît aussitôt les grands patronymes de la discipline, de Duhem et Brunschvicg jusqu'à Bachelard. A l'intérieur de l'angle formé par ces philosophies de l'histoire et la logique formelle, enfin retrouvée, certaine épistémologie synchronique risque de se trouver en vacance. Y est-elle de fait ou de plein droit, c'est une question.

Outre un excès de prétention, il y a sans doute un paradoxe déguisé à prendre de nouveau pour objet d'un discours l'histoire d'une science qui n'est autre chose que l'excellence du logos. En fait, le scandale ne réside pas seulement au lieu où l'attendent les termes, mais là plutôt : comment est-il possible (et alors, à quelle condition est-ce possible ?) d'affecter une vérité mathématique d'un indice d'historicité, comment peuvent varier des invariants comme la rigueur ou la pureté ? Si la mathématique est une langue bien formée, transformer cette langue est, en apparence, inutile ou contradictoire. Or, chacun va répétant qu'une vérité scientifique n'a de valeur qu'en référence au système global qui la contient et la rend possible : allégation qui prend son meilleur sens dans l'univers du discours mathématique. Ici, pour dire vite, la vérité n'est qu'un certain rapport qu'une phrase ou un mot entretiennent avec leur langue, qu'un atome systématique entretient avec sa famille, bref, que le système entretient avec soi. Cesse tout paradoxe lorsqu'on envisage l'histoire, non plus comme la série des avatars d'un logos pur, mais comme celles des (méta)*morphoses d'un logos référé à soi-même* — la mathématique étant la science de cette auto-référence, la rigueur étant celle de cette application. Dans l'avenue de glaces dont parle Lautréamont, reste à suivre le parcours, continu ou brisé, des rayons lumineux. Cette avenue ouverte est l'histoire même des mathématiques, l'histoire d'une langue dont les mots s'entre-répondent strictement, d'une langue indéfiniment traduite en des langues nouvelles mais homologues, l'histoire de systèmes auto-référés, donc fermés, se référant à d'autres systèmes donc ouverts, mais se référant à de nouveaux systèmes semblablement mathématiques, donc fermés..., l'histoire de formes prenant sens dans un système, donc involuées, mais parfois et comme tout à coup, prenant un autre sens que l'autochtone, dépassant leur auto-référence intérieure et donc évoluant à l'extérieur du système, comme une excroissance pathologique, vers une nouvelle référence systématique intérieure, comme un rayon perdu à la recherche de son miroir..., l'histoire de vérités toujours en quête d'un univers clos qui les verrouille sur elles-mêmes, qui leur donne existence et possibilité, jusqu'à ce que l'exigence de rigueur rende intenable l'application intérieure, et fasse sauter le verrou pour une référence plus large et mieux fermée sur soi... D'où le dynamisme implacable se dirigeant de soi vers l'universel en acte, totalement ouvert et totalement fermé, qui est la fin, toujours reculée, de leur histoire [1].

On peut s'arrêter, sur ce chemin, pour un examen local ; on peut tenter de le parcourir pour une synopsis globale. Dans le premier cas, il est de bonne guerre de choisir un système et de voir comment il réduit les questions historiques ; dans le second, il est de bonne stratégie de forger des modèles pour rendre compte de la succession des formes et des systèmes vainqueurs de la confusion des langues. Un personnage nous attend aux carrefours de ce chemin, toujours le même et toujours différent, le petit esclave du *Ménon*.

Ma meilleure expérience en ces matières est celle d'un échec, que je puis mieux confesser que professer. Il concerne la philosophie de Leibniz, qui va me servir de paradigme ou de prototype pour un commencement d'analyse. Et, d'abord,

---

1. D'où la condition demandée : d'une part, la vérité historique de l'idéalisme est, rapidement dit, la physique ; or, dès qu'une science parvient à maturité, se replie réflexivement sur elle-même, elle exprime tout à coup sa vérité philosophique ; et donc, la physique contemporaine met en scène l'*ego* comme condition de possibilité de sa propre constitution comme science. Elle prend conscience d'un je qui n'avait jamais cessé de lui être présent dans son contexte historico-philosophique. Au contraire, pour la mathématique : parvenue à maturité, elle exprime la vérité qui n'a jamais cessé d'être la sienne, depuis son aurore hellénique, à savoir la mise entre parenthèses la plus rigoureuse possible du sujet. Autrement dit, la condition de possibilité de l'application au monde réside dans le champ trancendantal *in subjecto*, alors que la condition de possibilité de l'application sur soi réside dans le champ même où elle s'effectue. Nous voudrions dire par là que la mathématique est un champ transcendantal comme tel, et quasi objectif.

il s'agit d'un bon exemple, puisque son œuvre est indistinctement une philosophie systématique, une encyclopédie scientifique [2], et une accumulation doxographique d'érudit. Cela posé, je crois pouvoir avancer que la métaphysique de l'Harmonie préétablie est un système souple, indéfini et compliqué, de *traduction de thèses* à caractère parfois (souvent) scientifique les unes dans les autres, étant entendu qu'on donne au mot science l'acception la plus large, à savoir l'acception encyclopédique. Mieux encore, ou plus profondément, il s'agit d'un réseau de correspondances assurant la *possibilité universelle* de toute traduction de toute thématique dans une autre quelconque, et inversement. Si on renonce à raconter, à relater ou à répéter, le problème de l'explication y est tout aussitôt compliqué, voire redoublé. Qu'on traduise, par exemple, telle thèse dans le langage mathématique propre à l'auteur et on l'amène à démonstration, ce que Leibniz annonçait et souhaitait ; quoique possible et souvent réalisable, cette technique d'explication n'est pas suffisante : elle pèche, en effet, par latéralisation ou scénographie, comme d'ailleurs toute autre explication par référence à une science régionale, la dynamique, pour prendre d'autres exemples, ou la théorie du droit. C'est expliquer par réduction d'un système à une région locale, c'est réduire à une seule langue la théorie même de tous les passages possibles d'une langue quelconque à une autre. Dès lors, et paradoxalement, démontrer c'est ne pas expliquer, c'est au contraire impliquer ; c'est impliquer dans une langue positive la théorie des traductions, c'est envelopper la théorie même de l'explication, de l'explication de ce qu'un contenu de savoir enveloppe d'implicite : or, chez Leibniz, l'implicite d'une région c'est justement la totalité du système. Autrement dit, le système leibnizien s'*auto-explique en s'appliquant indéfiniment sur soi-même.* Par exemple,' la théorie du point de vue se traduit assez facilement dans le langage géométrique et perspectif des sections coniques, traduction qui permet d'amener à démonstration une thèse, disons philosophique ; mais inversement la théorie des coniques enveloppe l'idée d'harmonie, le problème de l'erreur (théorie des ombres), le principe de continuité, les questions concernant l'infini, l'existence d'un invariant dans une séquence de métamorphoses, l'établissement d'une classification des êtres naturels, etc., et

---

2. Une encyclopédie scientifique dont, comme par paradoxe, le temps n'a pas progressivement consacré la désuétude, mais, par récurrence continuée, a retrouvé et rétabli la présence vivante.

bien entendu la question du point de vue, de la perception et de l'expression en général. La première technique, démonstrative, est une implication, la deuxième est un développement, c'est-à-dire une explication : le système est à la fois à expliquer et expliquant (*explicandum et ultimum explicans*) [3].

D'où il vient que la philosophie de Leibniz est écrite en langue universelle indéfiniment traductible dans toutes les langues positives du pays d'Encyclopédie, ou, mieux, qu'elle est construite comme un *dictionnaire multilingue à plusieurs entrées*. Autrement dit, le pluralisme n'est pas seulement ontologique et substantiel, il est, disons, structural. Couturat, Russel et d'autres avaient tenté d'écrire la grammaire de cette langue, en syntaxe et morphologie ; restait à établir la sémantique du système, c'est-à-dire à constituer le dictionnaire en question. Bien que compliquée ou quasi infinie, cette tâche était possible.

La difficulté à laquelle je faisais tout à l'heure allusion se présente ici même : tant qu'on demeure en effet dans une systématique idéale, et en particulier dans un système qui comprend l'*Art combinatoire* comme élément, la disposition architectonique des choses ne demande qu'une patience naïve et une technologie scientifique triviale. Dès qu'on dispose d'un piano, il est, au moins en droit, facile d'en tirer autant de séquences mélodiques et harmoniques qu'on le désire. Or, jamais Leibniz n'a décrit son système comme arrêté, idéalement figé ou gelé. Au contraire, il avait la conscience la plus aiguë du devenir épistémologique, de l'héritage et de la tradition encyclopédique, de la prospection scientifique en général : nous vivons, disait-il, dans une certaine enfance du monde, *in quodam mundi infantia ;* plus encore, il sacrifiait volontiers la rigueur des concepts à leur capacité de réussir, à leur fécondité, à leur efficacité pour « gagner terrain », selon ses termes exprès. Bref, il plaçait l'*Ars inveniendi* au-dessus de la *Méthode de la certitude* [4]. De surcroît, la Découverte n'était pas pour lui liée à une table rase de précurseurs, mais au contraire à une accumulation méthodique de la tradition et à sa réactivation : trouver des veines d'or dans les rochers stériles.

---

3. De sorte que l'explication par les mathématiques est valable et insuffisante : *il faut expliquer mathématiquement pourquoi la mathématique n'est qu'une explication* parmi d'autres possibles.

4. Ou plutôt, c'est Leibniz qui a découvert (ou redécouvert) l'idée que la rigueur a puissance heuristique, que la rigueur amène à l'invention.

Dès lors, le Dictionnaire structural n'est pas seulement une architectonique formelle et idéale, il n'est pas de type synchronique, il tient compte des diachronies de toutes les langues qu'il mobilise. De sorte qu'y sont présentes l'histoire des sciences, l'histoire des langues — au sens régional de philologie —, l'histoire des institutions — politique, diplomatie, droit —, l'histoire des religions, l'ethnologie (*Novissima sinica*) et la mythologie, l'histoire naturelle des êtres vivants et l'archéologie de la terre (*Protogaea*), ou géologie des couches sédimentaires profondes. Le Dictionnaire structural n'est plus seulement l'instrument de base des correspondances thématiques en général ou des entr'expressions sémantiques, il est aussi un dictionnaire *étymologique, génétique et prospecteur*. Les atomes de sens y sont à la fois *formels et en formation*.

Etymologique, cela va de soi, puisque :

— toute évolution reflue vers un préétablissement qui se traduit régionalement en préformation, préexistence, prédestination, prédémonstration, prédétermination, etc. ;

— puisque en toute discipline l'invention et le projet reposent sur la recherche des éléments primitifs, traduits régionalement en nombres primitifs, force active primitive, notions primitives, mots primitifs, langue primitive ou adamique, alphabet des pensées humaines, etc. ;

— puisque à tout prendre le terme *originatio* (*De Rerum originatione radicali*) n'a jamais voulu dire qu'étymologie, le terme *radicalis* désignant la racine des mots.

Génétique, cela va de soi une fois encore, puisque tout élément quelconque enveloppe son passé, son présent et son avenir, sous la forme d'un inscrit divin originel : vrai de la monade, ce thème se traduit, de manière invariante, pour l'activité de la connaissance dans l'entendement (mémoire passive omnisciente — activité continue de redécouverte), pour l'évolution des germes vitaux et de l'organisme (involution — métamorphose), pour l'aventure historique de l'individu (César, Alexandre, Sextus), pour la destination surnaturelle de l'âme peccamineuse, etc., mais aussi pour le contenu même de notre savoir (théorie du progrès des lumières).

Bref, l'élément atomique formel traductible partout dans le système est aussi un condensé d'histoire, enveloppant son origine radicale, la loi de sa série évolutive, et l'horizon de sa finalité. A n'importe quel moment de son développement sériel, il est possible en droit de lire sur lui, comme sur un palimpseste effacé, son origine oubliée qui est la clé de sa fin dans le règne des fins. D'où l'on tire tous les modèles d'histoire que l'on voudra et sur lesquels je reviendrai ailleurs : séries linéaires se développant à l'infini, en style monodrome, circularité, récurrence, modèles spiralés, décadence, immobilité statique et ainsi de suite. Comme le temps n'est qu'un ordre, tous les ordres sont concevables [5]. A *la possibilité universelle de traduire les thèmes,* se joint *la possibilité universelle de les faire varier en eux-mêmes pour rendre compte de leur formation.* L'histoire alors est reprise par la pensée formelle qui lui donne l'éventail de ses sens, c'est-à-dire la totalité des sens concevables. Vue par le système, l'histoire a tous les sens ; vu par l'histoire, le système a, à la fois, un sens et une infinité.

Voilà ce qui en est, pour dire vite, d'un système dont la valeur exemplaire en ces questions réside dans la haute perfection de son architecture et dans l'accueil exceptionnel et totalisant qu'il réserve à l'histoire. Il est science des sciences, histoire des sciences, mais aussi science de l'histoire et histoire des histoires. En un certain sens, sa valeur de paradigme n'est pas tellement différente de celle qu'on pourrait accorder aux *Eléments* d'Euclide ou à ceux de Bourbaki, qu'on peut aussi considérer comme des architectures idéales quasi parfaites, mais également comme des condensés d'histoire : résumés d'héritage, coupe synchronique des idéalités qu'il associe — coupes en danger permanent de désuétude ou déjà désuètes —, ouverture de sens pour les mathématiciens à venir.

D'où la difficulté, qui tient à la manière que nous devons choisir d'appréhender ces systèmes exemplaires, de les appréhender historiquement. Comment dater, par exemple, un concept mathématique chez Leibniz ? voire chez Bourbaki ? Il a au moins trois âges : *l'âge de son apparition* dans la tradition mathématique, *l'âge de sa réactivation* dans le système qui lui donne un sens nouveau, *l'âge récurrent* de sa puissance de fécondité dont nous pouvons être juges maintenant. Au regard de l'histoire ordinaire, chronologique, c'est le premier qui compte ; au regard de la vérité dans la synchronie du système, c'est le second ; au regard de la diachronie complète des mathématiques, c'est évidemment le troisième. D'où au moins

---

5. La réduction du temps à un ordre permet l'application de la combinatoire à l'histoire.

trois sens historiques d'une idéalité quelconque : son sens de naissance, désormais sédimenté, naturalisé, l'ensemble de ses sens à chaque réactivation qui le reprend en charge pour une valeur nouvelle en naturalisant les réactivations précédentes, son sens récurrent pour le jugement rétrograde de la dernière en date des restructurations de l'édifice mathématique. Ce dernier sens est uniquement sa vérité scientifique.

Alors explosent les normes de la fidélité historique : si j'approche la mathématique de Leibniz, par exemple, muni du jugement récurrent de l'algèbre contemporaine, je lui confère sa *vérité,* autrement dit je filtre sa téléologie, mais je suis infidèle à une certaine histoire, disons l'histoire des idées comme catalogue des résultats du jour ; de surcroît, la vérité téléologique que je lui confère se borne à mon actuelle référence : en recouvrant le sens passé, je risque aussi de recouvrir un inconcevable sens à venir. J'intéresse le savant actuel en lui donnant un *précurseur,* mais je ne suis pas historien au sens consacré. Au contraire, si je l'approche muni seulement des références synchroniques, je suis, certes, un historien fidèle, mais j'ignore l'essentiel, qui est la vérité finalisée des mathématiques : fidèle à l'histoire sédimentée, infidèle à la science comme histoire, infidèle à la vérité qui n'est autre que téléologie. D'où ce principe d'indéterminisme de l'histoire des sciences, si délicat à réduire : si je dis vrai au sens de Leibniz, je ne dis pas forcément « vrai » dans tous les cas ; si je dis vrai, je ne dis pas forcément vrai au sens de Leibniz dans tous les cas. Je suis obligé de heurter de front ou le mathématicien pour qui le concept historique est chargé de sédiment, ou l'historien pour qui le concept vrai n'est parfois que le fossile. Bref : ou *je connais la position du concept et j'ignore sa vitesse,* son mouvement propre qui est sa véridicité, ou *je connais sa vitesse et j'ignore sa position.* Cet indéterminisme a sa limite dans la question de l'erreur, que l'historien s'oblige à réactiver comme vérité situable, que le savant au contraire s'oblige à recouvrir et à oublier. Comme historiens nous nous intéressons aux scories de Galilée ; les savants s'intéressent aux géniales intuitions de Messier qui n'avaient aucun sens à son époque. La vérité historique peut devenir scorie, la scorie être réactivée en vérité. D'où la limite : si je dis vrai au sens de Galilée, je puis éventuellement dire faux ; si je dis vrai, je puis éventuellement dire faux au sens de Galilée. Cet indéterminisme définit en retour l'histoire des sciences non comme une tradition continue mais comme une trame toujours coupée, discontinue.

Il est possible que tout cela tienne à l'exceptionnelle situation de l'histoire des sciences et, nous le savons depuis peu, des sciences elles-mêmes, comme *lieu de contact de l'historicité et de l'idéalité* ou, pour parler en général, de deux modes d'êtres qui répondent à des normes toutes différentes. Le principe d'indéterminisme est le premier pas de *l'exploration de ce lieu de contact*, exploration accomplie, comme nous venons de le suggérer, en rapprochant de ce lieu des références normatives issues l'une de l'historicité, l'autre de l'idéalité, mais en donnant à cette dernière une historicité originale. En fait, il y a tangence parce que la science est elle-même une histoire. Le principe était donc bien un principe pour l'histoire des sciences. Peut-on le retourner, en explorant ce lieu de contact, du point de vue de la science même ? Considérons alors un système d'idéalités à un moment donné (par exemple, les *Eléments* de Bourbaki en 1966) pour que chaque concept qu'il mobilise soit coupé au même instant de réactivation. Le contact ici est bien établi ; je pratique une coupe synchronique dans le système idéal pour le temps actuel de l'histoire, et pour le temps idéal de la réactivation. Considérons cette coupe en historien au sens usuel (non pour la diachronie récurrente, ce qui est impossible [6], mais pour la diachronie sédimentée) : alors se présente *un principe d'indétermination* très remarquable ; en effet, je date des années 1940 les idéalités d'espace fibré, feuilleté, clairsemé, chaotique, compact, des années 1955 l'idéalité de catégorie, celle d'ensemble du XIX° siècle, celle de fonction du XVIII° siècle, celle d'intégration du XVII° siècle, celle de diagonale du V° siècle avant Jésus-Christ, celle d'addition du premier millénaire, et ainsi de suite. La temporalité propre au système est homogène ; la temporalité propre aux atomes du système, si on ne les considère que comme sédiments non réactivés par la restructuration en question, cette *temporalité est indéterminée,* elle est déchirée, chaotique et, vue de l'extérieur, aléatoire.

Le lieu de contact de l'historicité propre aux sciences, comme système d'idéalités, et de l'histoire au sens courant est donc tel que, dans un sens soumis à contradiction, dans l'autre il est indéterminé. La situation est bien exceptionnelle, mais *elle est paradoxale.* Ces paradoxes, et ceux qui vont suivre, forment la raison profonde du *désintérêt manifesté par le savant envers l'histoire des sciences* [7] en tant que catalogue de résul-

---

6. Ce qui devrait supprimer l'indéterminisme précédent, puisque toute la question est présente.
7. Tant que je suis à la question de ce désintérêt, je voudrais noter qu'il est peut-être moins intéressant de se poser la question : *quelle his-*

tats successifs ou en tant qu'évolution des idées ; il habite, en effet, un système dont le catalogue n'est plus qu'une retombée fossilisée, il vit une téléologie originale dont l'évolution historique est un possible définitivement épuisé, en tant que chaîne instituée que seul l'instituteur doit revivifier pour la transmettre comme tradition d'un monde qui, comme dans le *Ménon,* serait, sans lui, oublié. Autrement dit, notre histoire des sciences (celle de Montucla, de Moritz Cantor, etc.) est une *histoire de professeurs de sciences* qui a pour but d'assurer la transmission d'une communication que le savant comme inventeur

---

toire des sciences intéresse ou n'intéresse pas le savant ? que la question : *quel savant* s'intéresse ou ne s'intéresse pas à l'histoire des sciences ? On pourrait alors distinguer au moins grossièrement deux types d'inventeurs :

a) L'inventeur qui poursuit le chemin dans la séquence naturalisée des résultats précédents : celui-là n'a besoin que de réactiver la temporalité propre à la chaîne où il travaille, de l'origine axiomatique particulière aux théorèmes successifs.

b) L'inventeur qui promeut une restructuration globale du système, et qui a besoin de réactiver le tout de la tradition. Celui-là est généralement historien et a besoin d'une énorme culture doxographique ; même s'il écrit une histoire historiquement fausse, il écrit une histoire téléologiquement vraie (Ex. Leibniz, Chasles, Bourbaki).

Dès lors, il y a *autant d'histoires des sciences* (toutes différentes) *qu'il y a d'inventions scientifiques globalisantes.* Autrement dit, *à chaque restructuration du système correspond un type différent de totalisation de la tradition,* un type différent de téléologie réassumée par un jugement récurrent. D'une histoire à l'autre, il y a alors le même rapport que de la nouvelle science à la précédente, c'est-à-dire le *rapport précis de l'histoire à la préhistoire,* à une époque où *la nouvelle langue n'était pas encore inventée ni écrite.* La géométrie d'Euclide est pour nous aussi préhistorique que l'arpentage égyptien est préhistorique par rapport au miracle grec.

Il me paraît donc inexact de parler avec Kant d'une « tentative à partir de laquelle le chemin qu'on devait prendre ne *devait plus être manqué* » (Préface à la 2ᵉ éd. C. R. P.) ou, avec Husserl, d'affirmer que « la Géométrie est née un jour et dès lors est *restée présente* comme tradition millénaire » (*Origine de la Géométrie,* Derrida, p. 176). Ou alors cette tradition est présente comme la couche effacée d'un palimpseste, au même titre que les langues oubliées précédant Thalès. Des origines de la Géométrie demandant l'effort de naissance qu'a accompli le mythique Thalès, il y en a autant que des histoires dont j'ai parlé : Desargues, Galois, Cantor, Hilbert ont assumé des nouveautés radicales dans la linguistique, l'écriture et la promotion d'idéalités.

L'origine est infiniment reculée à gauche, elle est infiniment promue à droite, comme fin et τέλος, mais elle est aussi et surtout en des points quelconques, et situés, de l'histoire ordinaire. *A la limite,* elle serait en tous points (si en mathématiques l'inventeur est toujours du deuxième type) : il y aurait alors autant d'histoires que l'on veut. Cette situation est de nouveau paradoxale, mais elle explique, je crois, beaucoup de choses. Elle retrouve le système de datation du marbre de Paros, par référence fixe-mobile à partir du présent.

a plutôt pour but de réévaluer ; c'est une histoire que nous cherchons à rendre *connexe,* à rendre continue, en remplissant ses coupures, tandis que le savant-inventeur la hache et la rend discontinue : nous tentons d'éviter que la communication ne se rompe, alors que l'activité inventive la rompt de soi. L'union des inventeurs de la preuve n'a pas la même langue que l'union des transmetteurs de la preuve. Ceci est vérifié de nos jours, dans une expérience historique très aiguë. L'histoire des sciences traditionnelle projette sur une *linéarité invariable et irréversible* (sur une tradition) les bouleversements toujours recommencés des ordres antérieurs, les combinaisons toujours nouvelles de séquences réversibles.

En fin de compte, il existerait trois types d'histoire :

1°) l'histoire des sciences conçue comme totalisation accumulative de la tradition, comme rassemblement de la totalité des documents, dont l'idéal serait l'absence de perte, et dans la réunion et dans la communication le long de la diachronie ordinaire. Ce serait l'histoire connexe des professeurs, *une et totalisante ;*

2°) l'histoire récurrente, adossée à la dernière en date des vérités, c'est-à-dire à la vérité. De ces uchronies par sélection, on ne sélectionnerait que la plus récente. C'est l'histoire que traîne derrière elle toute invention restructurante du système. Il y en a une *pluralité,* et leur attribut principal est d'être *filtrantes.* Tout considéré, l'ensemble de ces histoires se présente comme *une succession de filtres posés les uns sur les autres.* Comme l'histoire, le système est ici différent de la totalisation. Il est plus sélectif qu'accumulatif [8] ;

3°) l'histoire qu'est la science elle-même comme mouvement original, comme formation indéfinie d'un système.
Bien entendu, la diversité de ces types d'histoire correspond à des conceptions diverses de la temporalité. D'où la profondeur de la solution leibnizienne : réduire le temps à un ordre et considérer les indéterminations précédentes comme la possibilité d'un éventail de solutions. L'espace systématique restitue toutes les lignes chroniques possibles.

Il est alors nécessaire de prendre la question par l'autre

---

8. L'opposition entre ces deux types d'histoire, entre l'accumulation et la sélection, rend compte naturellement de l'indéterminisme signalé plus haut. C'est l'opposition de la perte nécessaire et de l'absence de perte donnée comme idéal.

bout : au lieu de passer de la description d'un système aux diverses possibilités de projections historiques, passer de descriptions historiques à la possibilité de les projeter dans un système. Essayons donc de raconter une histoire unique et totalisante, essayons ensuite de poser sur elle des filtres successifs, sous-engendrés par des systèmes différents.

Platon demande : où est le carré, où est la diagonale ? Non sur l'arène, non sur le sable où je l'inscris. C'est une forme au ciel des formes. Nous ne nous posons plus la question : où ; nous nous posons la question : quand. A quel moment, à quelle époque, la diagonale du *Ménon* intervient-elle comme la forme pure que Platon envisage ? Que signifie cette question qui nous amène à substituer, au ciel immobile éternel de la cosmologie, le ciel changeant de la cosmogonie ?

Et, donc, il était une fois le carré de Pythagore, blason mythique portant en sautoir les diagonales du Pont-aux-Anes. Vint le carré de la crise et sa diagonale irrationnelle, naufrage dans l'absurde. Euclide le conçut à nouveau dans un univers cohérent. Il y eut les carrés d'Archimède, ceux des quadratures, et le carré imaginatif de ceux qui rêvaient d'en recouvrir le cercle. En ordonnant le plan à des axes de références, Descartes le pavait d'un réseau de parallélogrammes qui, très vite, se transforma en pavage de carrés. Dans le même temps Arnauld, Pascal et d'autres disposaient des carrés arithmétiques, magiques, magico-magiques, bientôt sataniques. Le vieux carré logique de la logique mineure réapparaît avec Leibniz qui répartit les concepts selon cette forme, indéfiniment itérée, nouveau modèle de la dichotomie. Bientôt, l'algèbre va connaître les déterminants carrés dont les diagonales sont parfois remarquables ; elle va manipuler des matrices, parfois carrées. Le calcul des probabilités ne peut plus se passer des carrés latins. Vint un jour où la diagonale redevint, en géométrie, ce qu'elle n'aurait jamais dû cesser d'être, un vecteur. La déjà ancienne topologie combinatoire appelait courbe de Jordan le carré archaïque, homéomorphe à un cercle, à une ellipse, à toute courbe fermée. Les méthodes de Cantor aboutissaient à attribuer à l'ensemble de ses points la puissance du continu, par équipotence à l'ensemble des points sur le segment (0, 1). Dans le même temps, la diagonalisation devenait une méthode classique en géométrie algébrique, en topologie algébrique, voire en théorie des ensembles. Et désormais, diagonale et carré sont des schémas au sens de la nouvelle algèbre, ou des graphes, au sens de la théorie des graphes.

A l'inspection, la variation historique est loin d'être complète mais, pour l'instant, elle suffit à faire voir le devenir quasi chaotique d'une forme idéale ; si chaotique, de surcroît, qu'aucun mathématicien n'accepterait de voir là une histoire ; à ses yeux, c'est-à-dire au regard de la vérité, il ne s'agit jamais ou presque jamais de la même forme ; ou si l'on accepte, grossièrement, d'y voir la même forme, elle n'est jamais le support de la même pensée [9]. Le firmament platonicien est le siège d'un devenir dont le nouveau problème est de savoir quelle est la modalité. Peut-on imaginer un modèle, ou des modèles de l'évolution d'une idéalité pure ? Cette monographie est-elle possible ? Est-ce la monographie d'un même graphe ? L'évolution se complique jusqu'au chaotique. Un atome de forme n'a ni la même situation, ni le même poids, ni le même sens, en aucun système ponctuant la diachronie. Chaque coupe synchronique aménage une telle redistribution, opère une telle restructuration, que la forme suivie est ici un élément principiel, là une scorie abandonnée, là encore un sédiment archaïque repris, réintégré, réactivé par la généralisation. S'agit-il alors d'une *même* forme, ou d'une forme toujours *autre ?* En général, l'historicité de la science est-elle *continue* ou *discontinue ?* Dans les deux cas, quel est son *sens ?*

On connaît l'histoire du *Ménon,* la reconstitution par un ignorant d'une séquence démonstrative dont il est dit qu'elle est une anamnèse. A la faveur de la chaîne géométrique, la communication est rétablie avec un monde oublié. En dehors de la signification autochtone de l'anecdote dans le platonisme, y a-t-il une manière de la prendre au sérieux dans le contexte de nos questions ? C'est qu'elle met en jeu plusieurs types de temporalités : une déchirure, d'abord, dans la tradition, puis une continuité rétablie ; une récurrence, d'abord, un retour, puis une téléologie rétablie, de telle sorte que l'instituteur et l'ignorant sont ensemble dans une temporalité quasi circulaire, itérable indéfiniment.

Or, cette situation platonicienne est une situation mathématique ordinaire. Relisons, par exemple, le chapitre V du *Rationalisme appliqué :* Gaston Bachelard reprend le théorème de Pythagore dans le langage contemporain de la théorie des groupes. C'est encore la situation du *Ménon,* renforcée

---

9. Ou mieux, du même système. Elle est un atome pour un système. De sorte qu'elle change de sens avec le système qui la contient et la rend possible : le mot change de sens dès que change la langue.

par la similitude des problèmes. Le texte bachelardien redonne existence à une imagerie géométrique oubliée par la théorie des structures, il explique la situation historique d'une géométrie perdue au moyen d'une priorité nouvelle, il exhume une origine recouverte grâce à une origine recouvrée, il retrouve un monde archaïque comme conséquence marginale, comme modèle technologique trivial du nouveau monde. Mais l'intérêt de ce texte redouble si l'on s'avise du renversement de la situation du *Ménon* : ici Socrate est l'ignorant, c'est-à-dire le traditionaliste, celui qui connaît Pythagore et ne connaît que lui, celui qui a « oublié » la théorie des groupes. Or, le savant, celui qui connaît les structures, celui-là justement a « oublié » le théorème de Pythagore ; et celui-là demande à l'ignorant d'oublier au plus vite les idéalités traditionnelles. Bachelard s'adresse à l'ignorant-Socrate : « Si quelque sphinx te posait un jour cette énigme, ne te perds pas dans les méandres, dans le noir fouillis des diagonales et, citant Peer Gynt, fais un détour » ; mieux valait citer Galois : « Saute à pieds joints au-dessus des calculs », saute à pieds joints par-dessus le graphe platonicien, oublie le monde dont autrefois il fallait se souvenir, déchire la continuité traditionnelle, et cet oubli t'amènera vers une origine plus lointaine, plus profondément enfouie, vers un monde nouveau et effacé encore par l'oubli. D'où encore plusieurs types de temporalités : la discontinuité de la temporalité inventive est plus profonde que la continuité de la tradition ; l'idée de groupe est antérieure ou postérieure au théorème géométrique, on ne sait ce qui est premier de la téléologie ou du jugement de récurrence. Réactiver un sédiment, c'est le désigner comme tel : voilà ce qu'était le théorème de Pythagore, voilà ce qu'il aurait dû être, voilà ce qu'il n'aurait jamais dû cesser d'être, voilà ce qu'il est, voilà pourquoi il n'est plus rien : Pythagore resurgi explique pourquoi il est mort, pourquoi il n'est plus présent que comme ombre. Du *Ménon* au *Dialogue des morts*.

Il est aisé de multiplier les exemples : d'expliquer comment la théorie des distributions de Schwartz est un Dialogue des morts avec Leibniz et son idée insensée de dérivation d'ordre réel, hier morte, aujourd'hui vivante, au contraire de Pythagore ; d'expliquer comment Hilbert entre en communication avec Euclide, mais comment la mathématique actuelle présente la diachronie Euclide-Hilbert comme archaïque, et redéchire cette connexion. C'est toujours l'aventure de la diagonale : à l'aurore de la géométrie, le triangle est considéré comme la *figura simplex* de l'espace, après le segment et l'angle. D'où la richesse traditionnelle de son analyse, par triangulation ultraélémentaires, au moyen des bissectrices, hauteurs, médianes, médiatrices... Chacun sait comment le *Timée* triangule les éléments cosmiques. D'où encore le théorème de Pythagore, parmi les premières expressions de la métrique, de l'espace métrique. Supposé qu'Euclide et ses prédécesseurs aient considéré le triangle comme une moitié de carré ou, mieux, d'un parallélogramme : ils auraient été immédiatement conduits au vecteur, c'est-à-dire à la *structure de l'espace comme espace vectoriel.* Nous voici de nouveau à l'origine, et nous reprenons le bon bout de l'histoire : le point, le segment, l'angle, puis le triangle ouvert (trois segments à sommet commun, partie de parallélogramme) — et non le trilatère fermé que nous nommons triangle —, d'où l'on tire l'addition vectorielle, par composantes et résultante, ce qui, en retour, fait rejaillir sur la notion de segment la notion à son tour principielle de vecteur, et sur la notion de point celle du vecteur nul, et ainsi de suite : la structure d'espace vectoriel se dévoile peu à peu, dans une simplicité première, et au cours d'une *temporalité spiralée repassant maintes fois par l'origine,* et que je ne puis remettre à jour que par le sens inversé de mon jugement récurrent. Les questions de norme et de produit scalaire venant après ces éléments, le théorème de Pythagore est repoussé fort loin dans la chaîne, comme application triviale. D'où le jugement historique : à procéder ainsi, nous aurions économisé plus de vingt siècles d'hésitations et d'analyse superficielle de l'espace. Tout se passe comme si nous recouvrions la tradition ordinaire pour nous situer en amont de l'origine grecque. La diagonale métrique fut historiquement vécue comme le drame de l'irrationnel et la mort de la pensée pure : elle est vécue par nous comme ce qui aurait pu être le premier pas d'une rationalité plus haute que celle d'Euclide, tellement plus haute que l'ancien pur est impur, mélangé, mal analysé. Le drame, alors, change de camp : c'est la rationalité euclidienne qui devient drame transhistorique, c'est le miracle grec qui devient mauvais hasard ou *infelix culpa ;* la notion d'espace vectoriel m'impose d'oublier, de réduire toute une diachronie, toute une histoire, qui n'est plus pour la pensée lucide que le *drame d'un aveuglement.* Elle me fait sauter à pieds joints par-dessus l'axiomatique d'Euclide-Hilbert, dans quelque sens que je la prenne. Ici encore la récurrence déchire, déconnecte la communication traditionnelle, que je ne saurais plus suivre que comme une couche culturelle sédimentée. L'*histoire de cette science* n'est plus que l'histoire d'un *certain mode de nescience,* d'une certaine modalité de non-savoir, d'un certain type d'impureté. L'inversion de la téléologie est manifeste, aussi haut que reflue la récurrence : la diagonale fut suicide et naufrage, elle aurait dû être une naissance, une résurgence, la renaissance d'une géométrie plus haute et plus profonde, son origine même, par la scissiparité liminaire du métrique et du vectoriel. Cet exemple est ordinaire, il exprime la situation habituelle de la mathématique comme mouvement vivant. Recommençons encore la même histoire : adossons le jugement récurrent non plus aux structures de groupe ou d'espace vectoriel, mais aux structures topologiques. Nous sommes reconduits aux origines : non point à l'origine logique, ou historique, mais aux conditions fondamentales de la constitution des idéalités spatiales. De sorte que les idéalités, que les *Ideen*... *I* dénomment morphologiques, sont découvertes au soubassement de la géométrie, non point dans un style intentionnel ou dans le terrain archaïque de la pré-géométrie, mais dans un cursus déjà thématisé, mais dans la géométrie elle-même. C'est que la pensée mathématique savait déjà investir, à l'époque même où écrivait Husserl, les idéalités de rond, d'entaillé, etc. — courbes de Jordan, surfaces de Riemann, sphères munies de bonnets croisés, etc. —, avant de consentir à se donner les outils pseudo-originels de la métrique pythagoricienne ; c'est qu'elle savait effacer la confusion historique du pur mathématique et du métrique, cette équivocité constitutive de la tradition qui amenait les philosophes à croire s'être délivrés du *mathematon* dès qu'ils parvenaient à se délivrer de la métrique. Par cette rétro-analyse, la pensée géométrique découvre une nouvelle pureté qui ne doit rien à la mesure, antérieure à la mesure, et suspend à nouveau vingt siècles de tradition équivoque, les perçoit comme impurs et confus, technologiques et appliqués, en bref non mathématiques, les recouvre comme *absents et manqués* (à l'inverse de la terminologie de Kant et de Husserl). Elle inverse à nouveau notre vision de l'origine en faisant du miracle un scandale. Comment la tradition a-t-elle pu prendre racine au beau milieu du tronc, en un lieu arbitraire — miraculeux parce qu'arbitraire ? C'est miracle, c'est-à-dire chance et hasard, que les Grecs aient su prendre le train en marche, en un moment où tout était déjà joué, où les concepts étaient mille et mille fois surdéterminés — non point miracle de la pureté ultra-élémentaire, mais miracle d'avoir désigné comme pur un minerai complexe et mélangé. La régression topologique impose l'*oubli* de la tradition et le *souvenir* d'une constitution spatiale recouverte par le miracle grec, recouverte par l'équivoque du miracle grec, elle suspend le langage traditionnel comme ambigu et pratique la dissociation liminaire de la pureté non métrique et de la mesure. De nouveau, toute l'histoire de la science n'est que l'histoire d'une impureté, c'est-à-dire d'un certain type de non-mathématicité [10].

La mathématique est donc en situation de dialogue trans-historique, au sens direct et (ou) inverse du *Ménon*, de dialogue continué avec un savant traditionaliste ignorant, c'est-à-dire avec l'historien de sa propre science, avec un doxographe de ce qui dépasse la doxa, pour un oubli du savoir et un souvenir du non-su préliminaire, pour un choix décisif entre des réactivations et des recouvrements. De même, il est indifférent que Pascal ait réinventé Euclide, comme on le raconte — ce qui est au moins deux fois un mythe d'historien —, mais il ne l'est pas qu'il ait réengendré la géométrie à partir de priorités plus profondes, qui étaient apolliniennes et devaient devenir arguésiennes : d'où le choix entre plusieurs oublis et plusieurs ressouvenirs. Ainsi tout terrain gagné *illumine ou occulte* l'histoire des sciences, à des rythmes quasi aléatoires : l'invention courante invente des précurseurs, ou sédimente des confusions. Il n'est pas étonnant que l'histoire traditionnelle soit indéterministe, puisqu'elle est post-ordonnée à une téléologie imprévisible. Plus encore, elle est post-ordonnée à l'indétermination que je signalais plus haut : car la complexité du *système* qui est la référence *véridique* du jugement de récurrence fait qu'il est difficile de distinguer les traditions et les origines qu'il est vital de recouvrir, des origines et de la tradition dont il est urgent de se souvenir. J'aimerais désigner cette difficulté comme le foyer vivant de l'historicité mathématique en général, comme le lieu où se nouent les connexions, où se tranchent les adhérences impures, destinées à sédimenter, bref, le point lumineux de l'invention [11]. Ici, le mathématicien

---

10. Cette mise entre parenthèses de la tradition comprend bien entendu les géométries non euclidiennes comme accomplissement ultime de la métrique en général.

11. L'invention mathématique est ce qui reste d'un pari de l'imagination et des contre-exemples qu'on lui suscite. C'est le résidu de la conjecture et de la critique, du rêve et de l'erreur. Cette description n'est pas psychologiste : les logiques modales analysent admirablement cet état de choses. La nécessité y est donnée comme une fois la possibilité et deux fois la négation, ce qui ne peut pas ne pas être. Si on étale en genèse la définition logique, il reste à établir le possible, et à détruire les contre-exemples qui détruisent le possible. Reste une fois la conjecture et deux fois la critique. L'imagination joue, bien entendu, le premier possible. Il est curieux de voir Leibniz, par exemple, inventer un art d'inventer dans le noyau d'une métaphysique à support de logique modale, c'est-à-dire dans le carré logico-métaphysique : possible, impossible, nécessaire, contingent. Il y a donc une genèse de la nécessité, qui est art d'inventer dans et par le rigoureux.

ne cesse pas de suspendre la tradition et de revenir à l'origine (à la fois logique et constituante), ou de recouvrir l'origine et de réactiver la tradition, de trancher et (ou) de rendre connexes des diachronies croisées de toutes les manières concevables. Ici, le mathématicien inventeur est *maître du temps et de l'histoire,* il invente le temps de sa science et, par là même, le temps de l'histoire que nous cherchons à reprendre après lui. Comme le dieu de Leibniz, il lit sur une idéalité formelle en formation le passé occulté, le présent actif, et les possibles, il applique la téléologie sur la récurrence au point focal dont je parlais ; dans un système qui est un réseau dont chaque élément est un nœud de diachronies anachroniques, il est libre de trancher ou de renouer : du Dialogue des morts au royaume des Parques. La prise en charge de la mathématicité, la responsabilité assumée de la pureté comme devenir vivant, impliquent une attitude originale, exceptionnelle et libre vis-à-vis de l'historicité. Non seulement toute promotion d'une forme est réforme de la temporalité ou constitution d'un nouveau mode de l'histoire, mais surtout le caractère anhistorique de la forme pure fait qu'elle évolue dans un temps qui est la projection de toutes les modalités imaginables de la temporalité. L'anhistoricité est découverte non point comme l'absence de temps mais comme la fusion de tous les temps possibles : imprévisible, déterminé et surdéterminé, irréversible et réversible, finalisé et récurrent, connexe et toujours déchiré, référé à une, deux, mille origines, mort, oublié, repris, accéléré de manière foudroyante et ainsi de suite [12]. Qu'il y ait une histoire des idéalités anhistoriques ne peut se comprendre que si l'on conçoit une *pan-historicité,* une temporalité complexe, finement fibrée ou feuilletée. D'une certaine manière, les linéaments thématisés par Husserl dans la *Krisis* sont enveloppés par la mathématique, comme un cas particulier ou simplifié : la mathématique est nécessairement toujours en crise, et toujours en train de la résoudre. Je serai sans doute obligé de revenir sur ce point.

Il faut maintenant sauter à pieds joints au-dessus des exemples, et tenter de reconstituer à partir du simple l'enchevêtrement complexe et croisé des divers modes de temporalité qu'ils présentent. Je ne puis m'adonner à cet examen, dont on voudra bien pardonner la naïveté, que par la *méthode des*

---

12. Y compris la possibilité de réécrire nombre de fois l'*Uchronie* des mathématiques : un entretien sur la pluralité des mondes oubliés.

modèles. De même, en présence de la complexité spatio-tem-
porelle de nos informations sur le monde — ce monde que
les Grecs justement considéraient comme éternel —, le cos-
mologiste essaie de forger des modèles qui rendent compte
du maximum de phénomènes.

Nous avons rencontré jusqu'à présent quatre concepts de
base : l'historicité propre aux sciences (mathématiques) pouvait
être connexe et (ou) discontinue ; elle pouvait être lue (réserve
faite de la question : qui la lit ainsi et ainsi ?) dans le sens
direct de la *téléologie* ou dans le sens inverse de la *récurrence.* Il
y aurait, en première approximation, quatre types de modèles
élémentaires : connexes directs et récurrents, non connexes
récurrents et directs. De quels états de choses ces modèles
rendent-ils compte ?

	CONNEXES	NON CONNEXES
DIRECTS	Connexes Directs	Non connexes Directs
RÉCURRENTS	Connexes Récurrents	Non connexes Récurrents

1. *Les modèles connexes directs* sont à la fois les modèles
traditionnels et ceux de la tradition.

Ils ont l'intérêt d'exprimer assez bien :

a) la temporalité de la déduction ou de l'enchaînement rigoureux, à la manière de Descartes.

Sur le chemin linéaire sans coupure, il est impossible de
sauter un maillon ; de quelque manière qu'on s'y prenne,
« ce chemin ne peut plus être manqué ». La vitesse de propagation sur cette chaîne est variable, et peut être foudroyante,
comme on le voit sur le raisonnement par récurrence. Mais ce
n'est pas la forme de cette temporalité qui nous intéresse
directement ici.

b) la forme de la communication institutrice, de la transmission parfaite de l'information.

Le terme mathématique prend ici son sens premier de
μανθάνειν, apprendre, avoir appris. C'est que la mathématique
fournit l'exemple d'une communication quasi parfaite, d'une
information univoque à l'émission et à la réception. Ceci est
si vrai qu'il n'est pas interdit de penser que son origine même

réside dans un dialogue où les deux interlocuteurs disputent ensemble contre les puissances de bruit, que la mathématique est acquise dès le moment où la victoire leur reste entre les mains. Il est donc naturel que le platonisme présente en même temps une philosophie du mathematon pur et une dialectique, ce dernier terme pris au sens de Benoît Mandelbrojt. J'ai essayé de le montrer plus haut, en définissant le rôle d'un troisième homme, ou d'un tiers brouillant le dialogue, dont tout l'effort platonicien vise à pratiquer l'exclusion. La dématérialisation décrite par Mugler se réduirait alors à cette exclusion, qui serait une condition de la pensée pure, dans l'intersubjectivité transcendantale. Que nul n'entre ici s'il n'est géomètre. Cela posé, la mathématique se définit aisément le monde de la communication maximalement purgée de bruit et, par conséquent, de la traditionalité soumise au minimum de pertes : la voie de communication est par essence partout connexe et sans coupure, cas limite, exceptionnel et sans doute paradoxal, de l'historicité au sens ordinaire. Le chemin continu dessiné par le modèle ne peut donc plus être manqué parce qu'il est essentiel que l'information se conserve dans sa totalité signifiante, parce qu'il est impossible que la communication soit brouillée ou rompue, sauf chute dans la non-mathématicité. Autrement dit, la mathématique se transmet tout entière ou pas du tout. La réminiscence du *Ménon* est une reconnexion ou prise en charge intégrale par l'héritier, par l'enseigné, d'une tradition non susceptible de contre-sens, d'équivoque ou de lacune. Inversement, une conception de l'histoire courante qui aurait pour support un modèle connexe est une illusion de la raison pure, issue de la forme exceptionnelle ou limite de la traditionalité mathématique.

c) il suit de là que le modèle exprime une forme d'historicité continue, polarisée de manière irréversible par une fin, et délaissant à tout jamais son origine : l'acte de naissance ou de constitution à partir des archaïsmes préhistoriques serait un point de non-retour.

Naturellement, l'extension progressive du champ mathématique, la purification continuée de ses concepts, la puissance toujours renforcée de ses méthodes, le mouvement en avant vers une mathématique conçue comme horizon, donnent à penser une forme évolutive connexe, ponctuée de stades ou d'étapes, pour parler comme Brunschvicg, ou mieux de crises, pour parler comme les ensemblistes du début du xxᵉ siècle. Ces stades ou crises ne seraient que des réorganisations globales d'un savoir transmis sans pertes, donc incessamment *accumulé*. Le chemin, une fois encore, ne saurait plus être manqué, parce qu'il est accumulatif, parce que chaque étape comme point d'accumulation remarquable ne serait qu'une réorganisation d'un agrégat trop dispersé, une systématisation d'éléments épars. Le chemin s'infléchit parce qu'on fait porter la mathématisation non plus sur les atomes mais sur la totalité distributive des disciplines. Chaque point d'inflexion est un point d'inflation et de reconstruction. Ainsi Euclide, Leibniz, Cauchy, etc., récupèrent la totalité de l'histoire dans un système totalisant, condensation et consistance. Un bon système mathématique, c'est-à-dire un système universel, serait donné comme une coupe synchronique à un moment d'inflexion de la diachronie. Bachelard avait bien vu cet état de fait : « C'est au moment où un concept change de sens qu'il a le plus de sens. » La vérité de ces éclats historiques de sens est donnée, d'une certaine manière, par la philosophie elle-même : Platon et les irrationnelles, Descartes et la géométrie algébrique, Leibniz et le calcul infinitésimal, ... Husserl et la crise des fondements.

Le modèle de départ s'affine : il n'est plus linéaire, mais il schématise une diachronie par paliers, intervalles ou diastèmes, réunis par des moments de système, de réorganisation globale. Une coupe synchronique quelconque dans les intervalles révèle le système précédent, plus des couches nouvelles qui n'en font pas partie et qui ne lui sont pas intégrables. C'est la tour de Babel indéfiniment à reconstruire, qu'il est urgent de reconstruire dès que les promotions nouvelles ne peuvent plus utiliser entre elles le même langage, ni avec le système précédent. Il est alors nécessaire de réunifier au moyen d'un système, qui n'est alors qu'un dictionnaire forgé pour une nouvelle communication parfaite. Travaillant sur un socle systématique commun, Gergonne, Cauchy, Abel, Galois, Cantor, etc., le dépassent, créent une confusion de langues telle qu'on peut penser un moment que la mathématique est morte, telle qu'on est amené à reconstituer un nouveau socle *qui ramasse l'étymologie commune de leur langage,* qui fait donc renaître la mathématicité, et ainsi de suite, jusqu'à la réunification de Groethendyck, etc. Ainsi Platon, Leibniz, les contemporains ont créé des langues, des caractéristiques universelles nouvelles. Nous nous sommes trouvés au début du siècle dans une situation leibnizienne.

2. *Modèles connexes à récurrence.* Cette analyse tend à montrer que la mathématique n'a pas été une fois, et ceci à tout jamais, en situation d'origine. L'édification d'un langage nouveau pour une nouvelle communication parfaite, la constitution de nouvelles idéalités, la prise en charge de la tota-

lité de l'édifice amènent le savant, au moment des grandes entreprises systématiques, à reprendre l'intégralité du chemin parcouru. C'est pourquoi le jugement de récurrence n'est pas seulement de pratique historique, mais surtout de pratique épistémologique. La question en retour, la mise en question des fondements et l'analyse fine des idéalités élémentaires primitives, perçues rétroactivement comme des notions feuilletées, stratifiées, comme des cas particuliers complexes d'idéalités plus primitives encore, sont des attitudes ordinaires de mathématicien. On a vu plus haut le triple retour sur des formes spatiales euclidiennes pseudo-élémentaires ou pseudo-primitives. On n'en finirait pas de redire combien de fois la question est repassée sur la droite réelle, sur le zéro, sur les nombres entiers, sur l'égalité, sur la diagonale, et sur le cercle, combien de fois la réponse à cette question s'est trouvée être une idéalité *fondant effectivement* l'idéalité questionnée, non seulement par sa structure axiomatiquement définie, mais dans sa constitution même ; — exemple de droite R dont on s'est demandé longtemps si elle avait une topologie naturelle ou si on la munissait de certaines topologies.

Tout se passe comme s'il fallait conjuguer le mouvement direct de la téléologie et le mouvement inversé de la récurrence en un diagramme circulaire ou, mieux, spiralé, comme si l'amplification de la théorie ne tirait son efficace que de l'itération indéfinie des passages par l'origine, elle-même reconsidérée au moyen des armes méthodiques forgées au cours de l'extension. Il y aurait là une manière de modèle en *feed-back,* d'alimentation en retour de l'amplification par la source et de la source par l'amplification. On retrouve, sinon Antée qui ne reprenait sa force qu'en reposant. son pied sur la Terre, du moins l'anecdote du *Ménon ;* et celle-ci au moins trois fois : par la conjugaison du progrès direct et de l'anamnèse ; par l'exemplarité mathématique dont on découvre qu'elle est essentielle, puisque seule la mathématique fournit le chemin d'une communication foudroyante et sans équivoque avec l'origine, communication dont nulle autre expérience historique ne peut donner idée ; enfin par l'itération indéfiniment possible du processus : comme Leibniz l'indique, il serait possible de pratiquer sur un esclave du monde oublié l'anamnèse d'un monde deux fois oublié, *et ita porro.* L'origine des mathématiques est mise à nu à chaque grand moment de reconstitution (historiquement, cela est visible de l'extérieur) et par chaque reconstitution (le mouvement est perceptible de l'intérieur).

Je le répète, la récurrence n'est pas d'abord un mouvement historiographique ; il ne suffit pas de dire que chaque bond en avant impose de réécrire l'uchronie de ce qui précède, de redresser toute la perspective en amont en termes de « ce qu'on aurait dû penser ». Il ne suffit pas de dire que l'histoire des mathématiques a une échelle de datation analogue à celle du marbre de Paros. Elle est d'abord un mouvement propre à la temporalité mathématique comme telle, en tant qu'elle se présente comme restructuration systématique continuée. La récurrence proprement historique n'est que la conséquence seconde de ce mouvement intérieur et original. Les *Eléments d'histoire* de Bourbaki sont le portrait dans un miroir des *Eléments de mathématiques,* la projection dans une diachronie de ce qui se passe en fait dans le système, l'étalement dans une genèse historique de la genèse systématique. Telles promotions — celle du calcul infinitésimal, de la théorie des groupes, des ensembles, des catégories — ont un retentissement global dans l'édifice tout entier, et se propagent de manière foudroyante jusqu'à ses soubassements primitifs, tout comme si l'ultime constitué remettait en question l'ensemble de la constitution. Et de nouveau il ne s'agit pas seulement de conditions logico-axiomatiques, il s'agit aussi de conditions de constitution : à l'aurore du calcul infinitésimal, ce qui était mis en cause n'était pas seulement le vrai ou le faux, et la rigueur de l'enchaînement, c'était la mathématicité tout entière, et plus encore sa fondation sur un monde ; ce qui était en question, c'était la Terre et les étoiles fixes. Ce mouvement récurrent, propagé verticalement dans le système à partir de ces promotions, montre qu'il existe une *archéologie contemporaine* des progrès décisifs, mieux encore, qu'un progrès n'est décisif que lorsqu'il met à nu, au moment même où il est promu, les archaïsmes primitifs. Il y a *simultanéité de l'accélération téléologique et de la récurrence archéologique.* D'où l'originalité de la temporalité mathématique qui en un même moment se dirige vers son τέλος et son commencement. Il suit de là, pratiquement,. que si je veux étudier la question historique, ou logique, ou gnoséologique, ou transcendantale, de l'origine des mathématiques, je puis aussi bien interroger Thalès ou Pythagore dans le mythe, Desargues ou Descartes dans l'histoire, Bourbaki, Serre ou Groethendyck dans le présent vivant. Une origine quelconque est l'origine même[13]. Mieux encore, cette étude met en évidence des structures communes à chacune d'elles, structures qui répondent à la question.

---

13. D'où la question : l'origine mythique de Thalès et de Pythagore est-elle vraiment (historiquement) la première ? Rien n'est moins sûr.

D'où le modèle naïf suivant : j'observe que le premier schéma n'est pas différent d'un cône — modèle qui n'est pas nouveau depuis Bergson ou Einstein —, que chaque coupe synchronique ou systématique est une coupe de ce cône, comme dirait Desargues, que dans l'intervalle entre ces coupes se dessinent toutes les géodésiques convenables, tracées en hélice sur sa nappe. L'intérêt de ce modèle réside en ce que ces géodésiques progressent indifféremment d'avant en arrière, ou d'arrière en avant : ce qui conjugue la téléologie et la récurrence. De surcroît, l'ensemble de la figure se projette en deux nouveaux schémas, selon le point de vue. On peut dire sur eux l'amplification progressive de la théorie, sa fermeture et la conjonction de l'extension et du passage indéfiniment itérée par l'origine. Le deuxième point de vue est peut-être plus intéressant dans la mesure où il montre qu'à toute amplification correspond un approfondissement archéologique continué : on a vu, par exemple, comment la géométrie nouvelle avait fondé les idéalités spatiales d'Euclide par des idéalités constitutivement plus profondes, structure de groupe, d'espace vectoriel, variété topologique. On peut d'ailleurs se demander s'il faut lire le schéma en progression ou en régression, tant l'analyse précise des conditions suffit à élargir immédiatement le champ. C'est que la méthode axiomatique ne quitte plus guère certaines origines.

L'origine des mathématiques est donc présente dans tout le parcours de son histoire, c'est une origine *percurrente*. Le retour aux conditions originaires est historique (récurrence), logique (axiomatique), transcendantal (constitution) [14].

3. *Modèles non connexes.* Les modèles précédents ne tiennent pas compte d'un phénomène essentiel. Le mouvement téléologique est un mouvement vers les spécifications élémentaires de la mathématique en général, conçue comme horizon : vers la rigueur, la pureté, l'affinement analytique, etc. Alors, toute coupe synchronique-systématique est plus mathématique que la, précédente ; à la limite, celle-ci est non mathématique pour le jugement récurrent, qui est un jugement de vérité :

---

14. Comme nous le verrons, le modèle qu'on peut instaurer de la science se rapproche du modèle que la science se fait du monde. Ce n'est pas ici le ciel impérissable qui est en question, mais l'incorruptibilité des atomes. Infiniment durs et insécables, ils échappaient à l'histoire, à l'usure de l'usage. Nous savons désormais qu'ils peuvent se briser, mais surtout qu'ils sont régénérables en cas de retour aux conditions initiales. De sorte que le modèle d'une « première création », relativement stable d'Epicure à Newton, ne peut qu'être abandonné au profit d'un modèle où la constitution originaire est un événement courant, percurrent, ayant « lieu » partout et à tout moment du « temps ».

elle est impure, confuse, peu rigoureuse — confuse en tant qu'elle confond en une seule des structures à dissocier. Le jugement récurrent devient alors *jugement d'application.* Pour nous, la géométrie de Thalès est une métrique de maître-maçon, celle de Desargues est d'un expert en taille de pierres, en trompes et escaliers, la géométrie cartésienne est celle d'un ingénieur, celle de Monge est d'architecte à son lavis (elle fut dite descriptive), les géométries dites non euclidiennes sont des métriques de physicien, la mathématique de Lorentz et d'Einstein est une mathématique appliquée au monde cosmique ou électronique. Les mathématiciens disent parfois, par plaisanterie, qu'elles sont des *géographies* — terme qui a du sens pour nous autres philosophes. Cela signifie qu'il s'agit de mathématiques sédimentées, réduites à la technologie par le mouvement de purification : on remarque qu'elles sont d'autant plus des artefacts que la sédimentation est plus ancienne[15]. En ce sens, elles sont *oubliées :* on retrouve le *Ménon,* et une manière de recouvrement nécessaire, la coupure, la discontinuité du temps mathématique. De sorte que l'histoire de la diagonale et du carré, que je racontais plus haut, est une histoire *fausse* et infidèle, dénuée de signification pour le mathématicien : c'est un catalogue projeté à plat, où il est impossible de voir la superposition des feuillets de sens, la stratification des couches d'âges différents, le relief exaspéré des mondes oubliés. Il faudrait la lire comme une surface complexe, comportant des « cheminées » d'accélération forte, des « cols » d'arrêt d'une ascension, des zones de valeurs stationnaires, des déchirures et ainsi de suite, comme les surfaces que concevaient Euler ou Riemann[16]. C'est qu'un système donné ne récupère pas *tous* les sédiments anciens, il ne présentifie pas l'intégralité de la tradition : au contraire, il opère un choix, une sélection dans son mouvement récurrent, il laisse fossiliser des concepts comme des gangues technologiques. Dans le modèle précédent, il y a des géodésiques absentes, des ruptures de connexion, des adhérences définitivement tranchées : le système fonctionne comme un *filtre ;* le filtrage téléologique

---

15. Il faudrait poser la question : l'origine technologique des mathématiques est-elle une illusion de la récurrence, ou une découverte par la récurrence ?

16. Il serait même intéressant de prendre pour modèles des *surfaces non orientables,* dans la mesure où nous avons besoin d'évoquer une historicité se développant indifféremment dans deux sens, et parfois connexe et parfois déchirée. La topologie la plus élémentaire en offre, comme chacun le sait, en surabondance.

de la pureté, de la rigueur, etc., élimine les fossiles. Le fleuve est d'autant plus transparent qu'il s'est déchargé d'alluvions de plus en plus fines. Dès qu'on effeuille l'espace euclidien en espace topologique, espace vectoriel, espace métrique, groupe de déplacements, etc., il ne reste de lui que le trièdre des murs et du plafond qui me protège dans ma maison. Je ne connais point de technique si lumineuse pour désigner les archaïsmes que le filtrage de pureté réalisé par le mouvement mathématique propre. En tout point de son cours, il est facile de trouver des témoins de l'origine charriés jusque-là et délaissés par le filtrage contemporain, des témoins de la préhistoire : la situation est la même qu'en astronomie où l'on peut recevoir des informations de mondes qui n'existent plus.

Cela désigne deux archéologies distinctes : celle qui est propre au mouvement mathématique comme tel, qui ne cesse pas de réactiver ses origines et d'approfondir ses fondations, par l'itération de sa récurrence intérieure, celle qui dégage des idéalités primitives qui n'étaient pas mathématiques et qui le deviennent, celle qui historicise peu à peu la préhistoire et donne un langage à ce qui en était dépourvu : ainsi la topologie investit et thématise ladite morphologie. D'autre part, celle qui consiste à lire la préhistoire sur les concepts délaissés qui furent mathématiques et qui ne le sont plus, à lire la préhistoire morte sur les fossiles charriés par l'histoire et abandonnés par elle. La première est l'archéologie intrinsèque à la science, la deuxième est extrinsèque ; elle reconstitue la genèse perdue d'une idéalité perdue : ainsi de l'espace euclidien. La première est à la fois régressive et progressive, parce qu'elle épouse le double mouvement de la téléologie et de la récurrence ; la deuxième ne peut être que régressive : c'est pourquoi elle a pouvoir de découvrir des sols antérieurs, tout en étant frappée d'impuissance à rendre raison du fondement *effectif*, c'est-à-dire à revenir sur elle-même en épousant le mouvement progressif ; ce mouvement lui est interdit, ce chemin lui est coupé puisque l'idéalité dont elle traite n'est plus mathématique. Comme, au contraire, la première conjugue les deux mouvements, il est aisé de définir la *mathématique elle-même comme une technique autochtone de recherche archéologique,* comme il est déjà dit, quoique involontairement, dans le *Ménon.* D'une certaine manière, il y a une solution continuée au vieux problème de l'origine des mathématiques, et cette solution est indéfiniment lisible à l'intérieur du processus mathématique : j'entends par là qu'une formation culturelle n'*est accessible comme pré-mathématique* que dans et par le processus *autochtone* de la mathématique. Lorsque la théorie topologique des graphes a mathématisé les nœuds, les labyrinthes et les chemins, alors, *et alors seulement,* j'ai pu comprendre que le tisserand était un technicien pré-mathématique plus ancien encore que l'arpenteur, comme le fil à plomb tendu n'est qu'une modalité métrique du fil ployé de mille manières quelconques ; alors et alors seulement j'ai pu comprendre Gordium et Minos comme des schémas mythiques pré-mathématiques, plus profondément enfouis que les mythes de constructeurs. Nulle autre technique archéologique n'aurait eu puissance de m'amener en deçà de l'arpentage traditionnel. D'où il vient que le carré tremblé dessiné sur l'arène, que le graphe hésitant et *anexact* que Platon refusait de voir est à la fois de statut sensible, et *purement* mathématique. D'où il vient que le monde du graphe tremblé est le monde *oublié* par Platon même, antérieur à la métrétique intelligible, et dont, vingt-cinq siècles après lui, nous finissons par nous souvenir. D'où il vient que la mathématisation de l'anexact me fait découvrir tout graphisme en général comme la manipulation pré-mathématique de variétés topologiques en général. La mathématisation me conduit au pré-mathématique. Le problème de l'origine des mathématiques est un problème indéfiniment résolu et reposé par la mathématicité en général, conçue comme temporalité récurrente et téléologique. C'est en étudiant la dynamique du fleuve que je comprends les processus de sédimentation et l'existence de méandres oubliés. *Je viens directement du carré de l'arène à la variété topologique, en délaissant le méandre euclidien : court-circuit foudroyant avec un petit esclave fils de la terre.* Et, de nouveau, la situation est la même qu'en astronomie, où je sais indéfiniment attendre de l'avenir des informations issues des mondes les plus reculés.

Leibniz et plus tard Engels, parmi d'autres, ont émis la crainte que l'accumulation du savoir conduise aussi fatalement à la barbarie que son absence même. La science s'écroulerait sous sa propre prolifération. Cela revient à croire que l'avancée progressive des connaissances est une récupération recommencée de la totalité distributive du savoir antérieur : processus accumulatif d'une encyclopédie qui ferait boule de neige sur elle-même ; cela revient à faire confiance aux modèles connexes de l'histoire. Pour ce qui concerne les mathématiques, il est clair que les choses ne se passent pas ainsi [17] :

---

17. Bien entendu, la crainte leibnizienne doit encore nous hanter, s'il est vrai — et c'est vrai — que la cité savante est constituée maintenant, pour retourner la phrase d'Auguste Comte, de plus de vivants que de morts.

elles filtrent plutôt leur héritage qu'elles ne l'assument dans l'intégralité ; ou mieux, elles l'assument en le filtrant. Par cela même, les mathématiques *s'abrègent en augmentant, elles se résorbent en s'accumulant.* Tel théorème sur le triangle arithmétique rend inutiles trois volumes de calcul sur *l'Harmonie* du R. P. Mersenne, une page du *De Arte Combinatoria* supprime les diverses techniques du type de Lulle, *telle ou telle structure assume d'un coup toute une galerie de modèles.* Alors, l'histoire des mathématiques est une histoire de la *théorie de la théorie :* la science de la science se substitue indéfiniment à la science même, comme si la synthèse succédait à l'éparpillement pour l'anéantir d'un trait de plume, comme si l'on accédait à la possibilité de dire en un mot tout un travail de Sisyphe. Le jugement récurrent découvre alors une science de la répétition, l'itération ici et là d'un mot qu'on ne savait pas dire et qui, dès qu'il est dit, arrête l'aventure. C'est en ce sens que Descartes disait de Desargues qu'il avait posé « la métaphysique de la géométrie », que Leibniz reprochait aux savants de son temps de « rouler toujours la même pierre », que Gallois recommandait de « sauter à pieds joints au-dessus des calculs », que Bachelard conseillait de ne point errer dans le noir fouillis du graphisme. C'est dire qu'une *grande invention scientifique est tout autant annulation, suppression d'un champ du savoir, que promotion du savoir :* elle ferme de son sésame tout un domaine qui n'est guère compris, après elle, que comme l'enfer où s'évertuent les filles de Danaos. Par elle, il arrive que tout corpus soit mis *en court-circuit* et demeure dans l'histoire *comme une ganse oubliée :* assumée pourtant par le court-circuit, mais oubliée pour tout le pourtour de la ganse. Le progrès redevient possible par suppression de certaines répétitions, et le jugement récurrent indique des piétinements. L'histoire des sciences paraît alors une suite de mises en court-circuit, une série de mises hors circuit. D'où la communication foudroyante avec l'origine à l'heure même où l'invention amène l'ἐποχή de son héritage. D'où les points de rupture, d'arrêt et de reprise pour un modèle non connexe.

D'où les ruptures de connexion, et le chemin toujours manqué : d'une part, je dispose d'informations traditionnelles issues de mondes disparus, de l'autre je découvre des informations nouvelles issues de mondes étrangers à la tradition, à moi parvenus par le chemin le plus court. La mathématique est archéologie, mais archéologie par le plus court chemin, par abandon continué des méandres traditionnels. Cette situation définit les limites extrêmes du filtre : ce que le présent laisse et trouve, ce que l'archéologie retrouve et délaisse, le tout d'un même mouvement, de naissance et de renaissance, et de mort sans retour. Cela dit, il faut examiner le filtre à l'intérieur de ces limites. Soit donc deux coupes synchroniques : la langue mathématique A est antérieure à la langue B, dans la diachronie ordinaire. Il est presque toujours possible de traduire A en B ; inversement, il est rare de pouvoir traduire B en A. Par exemple, l'espace euclidien peut être traduit dans le langage topologique, métrique, vectoriel : il est un modèle de telles et telles structures ; inversement, il n'y a pas, dans le *répertoire* euclidien de terme correspondant à « variété topologique »... En tant que le chemin de la récurrence n'est considéré que comme l'inverse de la diachronie, *ce chemin est coupé* — le plus souvent ; la communication est coupée parce que l'intersection des deux répertoires peut être vide [18]. Et puisque le chemin est ponctué de points de non-retour, on mesure l'inanité d'une archéologie régressive qui s'en tiendrait à inverser la diachronie, d'une archéologie qui ne tiendrait pas compte du mouvement original de la science. Celui-ci, au contraire, désignant des couches plus profondes, réinterprète en retour les idéalités dépassées ou, mieux encore, définit un système de traductions. Chaque coupe synchronique comporte ses conditions de traductibilité. Le jugement de récurrence ne va pas de l'espace topologique à l'espace euclidien, il va des présupposés topologiques de l'espace euclidien à la réinterprétation globale du corpus d'Euclide. La nouvelle langue est à la fois antérieure et postérieure à la précédente, elle la fait exploser, elle la découpe, la filtre, élimine l'impur, ne garde d'elle que l'or de la mathématicité. Chaque restructuration est une sorte de tremblement de terre qui découvre brusquement des couches archaïques et enfouit les sédiments récents. Si je suis en communication foudroyante avec l'origine, ce n'est pas par le canal historique traditionnel, c'est par l'effort de fondation de la mathématique même. Ma régression ne suit pas le chemin de la tradition, indéfiniment hors circuit, mais le chemin vertical de l'approfondissement mathé-

---

18. Ceci est aggravé dès le moment où l'on itère le raisonnement : c'est que l'intersection n'est pas transitive. Que l'intersection des répertoires A et B soit non vide, de même que celle des répertoires B et C, n'implique pas que l'intersection des répertoires A et C soit non vide.

matique : c'est à partir de là que je réinterprète la tradition historique.

Nous avons observé que le système de Leibniz était susceptible d'une auto-explication, par application de lui-même sur lui-même. Nous venons d'évoquer les possibilités de traduire une langue mathématique dans une autre, de sorte que le développement de cette science puisse être envisagé comme une suite d'échecs et de succès dans une telle entreprise de traduction : le succès le plus fort s'y définirait naturellement comme l'instauration d'une langue commune à une pluralité de dialectes antérieurement différenciés et désormais référés à une langue-mère, dont l'exemple le plus récent est le langage mathématique contemporain, à dominante algébrique. L'invention serait alors une application réussie d'une région sur une ou plusieurs autres et, à la limite, une auto-application du système sur lui-même.

Au contraire, la mathématique serait en état de crise lorsque échouerait une application de cet ordre. Cela conduit à l'idée réciproque que tout système mathématique — comme celui de Leibniz — est, pris globalement, un *ars inveniendi,* et ceci indéfiniment. Leur histoire est une tra-duction, à tout instant reprise, histoire des découvertes ou des recouvrements.

Cela dit, revenons à ce miracle grec, qui n'est plus décidément qu'une parole échappée à Renan dans un moment d'allégresse. Ne sommes-nous point en présence, ici comme ailleurs, c'est-à-dire comme en tout moment d'origine, d'une application d'une certaine langue mathématique sur une autre, d'un certain procédé graphique sur un autre ? Les formes géométriques — carré, triangle, cercle, tétraèdre... —, dont nous savons désormais que la « perfection » métrique n'est point une condition nécessaire de mathématicité, ces formes sont connues et pratiquées bien avant Thalès, comme en témoignent en surabondance les arts décoratifs et les technologies — poterie, vannerie, transport, construction — des civilisations précédentes, de l'Egypte à Sumer. Nul monument ne saurait nous renseigner sur l'attitude gnoséologique des contemporains à l'égard de ces formes. Mais, ce dont nous sommes assurés, c'est que les Grecs se sont mis à parler d'elles, en les prenant comme objets de leur discours, qu'ils ont inventé un logos approprié à leur analyse (à un certain type d'analyse), qu'ils se sont mis à les traduire dans une langue dicible, et universellement communicable, qu'ils ont commencé à les décoder, à les déchiffrer, qu'ils sont passés du schématisme spatial involué sur lui-même, immobile et communicable dans le secret du tour de main, à une langue qui désignait partie de son sens ; en d'autres termes, qu'ils ont substitué à l'écriture idéographique des formes géométriques une écriture signalétique, par lettres et signes, qui s'appliquait au mieux à la première : la rigueur étant la rigueur de cette application, de cette traduction. Le miracle grec est ce miracle, si ordinaire en mathématiques, qui consiste à reconnaître dans une forme une idéographie, un sens ou plusieurs dans un symbole, à savoir les traduire dans un graphisme signalétique et communicable, de sorte que les deux langues, les deux écritures soient dans le rapport le plus exact. Ce faisant, on invente une correspondance entre un schématisme symbolique et une caractéristique analytique — comme, dans la première arithmétique, entre les choses et les nombres, c'est-à-dire les lettres de l'alphabet. Mais comme l'analyse par caractères ne parvient pas, à terme, à épuiser le sens compact du schéma, comme, inversement, l'écriture par signes révèle d'absurdes secrets que l'idéographie géométrique n'exhibe pas directement — contre-épreuve bientôt infligée à la conscience pythagoricienne par la crise des irrationnelles —, la correspondance traductrice est manquée sitôt que réussie : il devient urgent de poursuivre vers l'horizon toujours repoussé des applications parfaites. Le miracle grec ne désigne plus l'origine de la géométrie, mais un point de départ pour l'*histoire* d'une certaine mathématique : il ouvre l'historicité de la science. L'idée — ici régionale — de traduire un schéma en caractères inaugure une suite indéfinie d'applications du même ordre, semée d'échecs et de triomphes, désenclave les idéogrammes de leur immobilité préhistorique (et non anhistorique ou transhistorique, comme tente de l'enseigner certain platonisme), les désenchante de la fermeture de leur sens, de la communication par transport invariant dont ils étaient l'objet dans l'art et la technique ; désormais, l'histoire est ouverte, où la caractéristique va pouvoir indéfiniment monnayer, à travers mille et mille langues, les sens enchaînés dans le schéma carré. Dès que Socrate donne à l'ignorant la possibilité d'en parler, celui-ci se souvient de sa préhistoire muette comme d'un monde oublié : l'anamnèse est le souvenir, à travers un langage communicable, *de ce qui n'est structuré que comme un schéma* [19] et qui se transmettait,

19. Cette structuration en schéma de la préhistoire en général — scientifique en particulier — ou de l'inconscient non conscient de son savoir ou de son logos — de sa science, en particulier — rend compte, en retournant des aphorismes à la mode, de bien des travaux contemporains de l'ordre de l'interprétation ou de l'archéologie (Leroy-Gourhan).

dans la préhistoire, comme un symbole hiératique, invariant, inaudible, manuel. Ainsi recommence l'origine de l'histoire, à chaque traduction dans une langue nouvelle : instauration, par exemple, d'une caractéristique qui a puissance de traduire, de déchiffrer, nœuds, chemins, entrelacs ou labyrinthes, qui délivre le sens de schémas transmis, de main en main, par les tisserands, les décorateurs, les scribes et les timoniers, dans la préhistoire du logos. Bien entendu, l'application inverse est tout aussi familière au mathématicien, lorsqu'il enveloppe dans un schéma une pluralité de sens issue de la caractéristique. Le miracle grec est celui de l'histoire des sciences, sans que les philosophes géomètres en aient eu une conscience autre que mythique : le monde oublié n'y est qu'une image du ciel, alors que le ciel n'est que le mythe de la préhistoire. L'histoire des mathématiques est celle des miracles du même ordre.

Il paraît donc indispensable de rectifier les modèles connexes — qui resteraient valables dans les cas exceptionnels où il y aurait toujours un répertoire commun. Il faudrait alors lire la dernière projection comme une série de coupes géologiques dont la dernière est toujours plus profonde, donnant à comprendre les précédentes, mais par cela même désignant leur manque d'intérêt, leur caractère superficiel et problématique, leur nature préhistorique et prémathématique. D'où vient un résultat considérable : s'il n'y a pas de continuité entre les coupes proprement mathématiques, puisque *chacune met la précédente en court-circuit,* combien moins y a-t-il de continuité entre les formations culturelles comme telles et les formations qui se différencient des premières en ce qu'elles emportent avec elles la vérité [20] ?

Et de nouveau c'est à partir des secondes qu'on est obligé de réinterpréter les premières. Jusqu'à présent, je ne ' vois d'espoir de dégager les *soubassements chtoniques de la mathématique* que de *suivre le mouvement autochtone* de la mathématique même, puisque justement la *mise hors circuit de la science s'effectue rigoureusement à l'intérieur même de son historicité.* Il y a une recherche de type transcendantal qui est

---

20. Dans la *Krisis* (IIIe partie, paragraphe 31), Husserl parle de « formations spirituelles d'une certaine espèce qu'on appelle théoriques » : une strate théorique serait une espèce singulière du genre formation. Cela suppose que le mouvement de la science a indéfiniment distendu le lien de la pensée théorique et du vécu, mais ne l'a pas rompu. Toute la question est là : l'a-t-il rompu ou non ?

propre à l'historicité mathématique ou, mieux encore, *l'historicité mathématique est aussi transcendantale*. La mathématique comme *organon systématique formel et en formation* est un *champ transcendantal objectif et intersubjectif*. La mathématique est à la fois une ontologie formelle et une logique transcendantale.

Cette mise hors circuit incessante rend compte en profondeur du principe d'indéterminisme signalé plus haut : ou on rentre par les formations culturelles et on ne rencontre jamais la science comme mouvement original et véridique, ou on rentre par la science même et on réinterprète sans cesse les formations culturelles, en repoussant toujours plus loin dans le processus de creusement le culturel comme tel. En se dirigeant indéfiniment vers la mathématicité, la mathématique (et la science en général) se dirige en arrière vers un autre τέλος, celui de la préhistoire des préhistoires.

D'une certaine manière, la science tend *à supprimer* les caractéristiques traditionnelles du modèle du temps : son caractère directionnel, irréversible, la flèche et l'empennage de son vecteur [21], son caractère continu, ses oublis et son accumulation mnémonique ; par son choix itéré entre une communication foudroyante et une mise hors circuit, elle joue tantôt le jeu de Socrate, tantôt le jeu du petit esclave. D'un mot, elle est maîtresse d'un nouveau temps, elle invente un nouveau temps, en le constituant historiquement à partir des éléments épars de l'éclatement de l'ancien modèle. Il ne s'agit plus de temps ou d'éternité, de tangence entre le temps et ce qui est hors du temps, il s'agit de la constitution d'une historicité qui recompose à loisir ses anciennes caractéristiques : c'est pourquoi j'ai parlé de panchronisme et d'uchronie, ou de non-orientabilité.

Est-il possible de déterminer un principe de choix parmi les modèles envisagés ? Observons, en premier lieu, que le processus de sédimentation *propre* au cours des mathématiques ne laisse pas derrière lui des formations assez concrètes pour que seul un savoir autre que mathématique soit apte à en ressauver le sens : leçon inaugurale de l'anamnèse du *Ménon*. Cependant, la sédimentation se poursuit, par concrétion de l'abstrait. Dans ces concrétions, une certaine mathématicité se

---

21. Les plus récents modèles de la physique tentent d'expliquer, par des symétries, les cas de retour aux conditions initiales, comme si la première création avait lieu à chaque moment du temps.

conserve et demeure invariante, de sorte que l'historicité garde
son point de référence, à l'intérieur de l'organon en général,
de sorte que l'expérience historique reste, pour partie inté-
grante, expérience mathématique et, parfois, réciproquement.
En d'autres termes, l'histoire des mathématiques présente un
mode original de sédimentation du *clair* — sans doute pas du
distinct — et du *vrai*. Le vrai demeure invariant par les
transformations diachroniques ; ce qui change, c'est le *concept
de la vérité*. La vérité mathématique, *index sui et falsi,* l'essence automatique de ce vrai reste stable — et stable parce
qu'automatique — et la mathématique est stable, ou mieux,
la mathématicité ; ce qui varie, osons le mot, c'est la philosophie des mathématiques, c'est-à-dire le mode d'être de ce
vrai : mais, comme cette philosophie est autochtone, de nouveau la mathématique se transforme. Elle est donc l'invariance
du vrai dans une diachronie toujours connexe, et la variance
de la modalité du vrai dans un parcours toujours brisé.

Voyez le champ des histoires mortes : la géométrie grecque,
l'analyse classique, la mathématique moderne, qui a cessé
d'être contemporaine. Mortes et non pas fausses : quelle est
cette mort du vrai qui ne vire jamais à l'erreur ? Mort singulière de surrectibles, clarté devenue noire ou froide d'une
lumière inextinguible, les concepts sédimentés ne cessent d'être
clairs et restent véridiques : du fond des âges, le soi-disant
Pythagore parle toujours rigueur et ne saurait ni se tromper
ni nous tromper, en une langue encore audible ; et, de naguère,
le soi-disant Bourbaki professe le vrai inusable. Mais les concepts
clairs sont sédimentés, semi-concrets, involués dans une gangue
que seule la nouvelle vérité sait dissoudre pour révéler le
nouveau vrai de l'ancien. La seule historicité recevable est
alors celle des systèmes (et, dans les intervalles, celle de leur
constitution) : le mode d'être du vrai réside précisément dans
son rapport au système. C'est lui qui vit et meurt, comme
ouverture féconde, puis comme gangue étouffante. L'historicité brisée est celle des aléthologies, l'historicité connexe est
celle d'une aléthique.

Il me semble que je trouve à ce carrefour la plus ancienne
et la plus recommencée des traditions philosophiques, selon
laquelle le plus rigoureux des paradigmes de la pensée théorique réside dans la contemplation du ciel. Tout se passe
comme si les modèles que la philosophie peut se faire de la
science étaient *isomorphes* aux modèles que la science se fait

du monde. Je n'insiste pas sur cet héritage qui, des Ioniens au *Timée* ou au *De Caelo*, de Ptolémée à Bruno, de Tycho-Brahe à Pascal et Leibniz, de Copernic à Newton et Kant, de Laplace à Comte, de William Thompson à Nietzsche, jusqu'au grand texte de Husserl sur l'immobilité de la Terre, ne s'est jamais démenti. Qu'en est-il aujourd'hui de ce philosophème ? Il s'est conservé invariant, par les variations de la théorie du monde et de la théorie de la théorie.

D'abord, nous avons porté l'histoire dans le domaine du modèle idéal en même temps que dans le modèle de l'Univers. Si les objets du ciel paraissaient à nos précurseurs aussi stables et purs que les idéalités de la pensée théorique, nous savons désormais que la rigueur et la pureté sont en devenir au même titre que les étoiles qui naissent, vieillissent et meurent à leur nova, laissant des résidus qui peuplent les univers-poubelles. La théorie est une histoire, la pureté a un temps propre, comme la cosmologie a désormais sa cosmogonie : non point repos, mouvement, déplacements réglés, mais origine, évolution et disparition. C'est une révolution astro-physique qui amène la rigueur à variance sans variation de rigueur, comme autrefois la révolution copernicienne avait changé les références de la pensée.

Ensuite et surtout, j'observe le ciel comme j'observe le système du savoir. Ici et maintenant, les ondes visibles ou hertziennes me donnent à lire des informations incohérentes ou aléatoires au regard de mon temps, du temps de mon histoire. Telle m'informe d'un événement récent, telle autre d'un événement antérieur de quelques millénaires, telle autre enfin d'un événement qui n'a aucun sens à l'échelle historique. Ce n'est plus l'éternité que je découvre ici, mais le brouillage infini des pistes chronologiques ; je tiens simultanément, je réactive en une même pensée deux, trois, n éléments anachroniques. Ce ciel d'aujourd'hui, constitué présentement sous mes yeux, cette pensée pure dont je veux faire l'histoire, ces deux systèmes, du monde et du savoir, me mettent simultanément en communication foudroyante avec des événements dont la date est dispersée de toutes les manières imaginables. Et cependant, si je veux comprendre, il me faut comprendre le lieu de contact entre mon présent vivant et ce spectacle théorique-concret qui déchire, brouille et complique de manière quasi aléatoire toutes les séquences temporelles, le lieu de contact entre un chronème et un nombre énorme d'anachronèmes, entre un temps et une pan-chronie distributive. On sait qu'au regard de cette indétermination on propose un certain nombre de modèles du monde. Il y a sans doute autant de modèles

111

de l'histoire des sciences : cela, Leibniz l'avait aperçu et avait justement eu la théorie relativiste du temps comme ordre. Il y a donc ici aussi une révolution relativiste à accomplir pour ce qui concerne notre vision de l'univers théorique. Que si Bachelard avait analysé comme telle l'essentielle complexité de la science — au lieu de se servir de ce concept comme attribut descriptif —, il en serait venu nécessairement à l'idée de *Révolution astro-physique*.

Contre Husserl, je dirai donc volontiers que ce n'est pas la terre qui est le sol originaire où puise sa constitution la pensée théorique ; ce n'est pas la terre qui donne sens au mouvement et au repos, puisque ces concepts sont déjà superficiels et résiduels, c'est la totalité de l'univers comme à la fois en évolution et en anachronie qui donne son sens au temps et à l'absence de temps, au temps et à la multitude des temps. Le monde comme toujours anachronique et uchronique (achronique et panchronique) est de nouveau le paradigme de la philosophie, le modèle qui fonde la possibilité du lieu de tangence entre notre temps et l'absence de temps, entre notre temps et la totalité des temps possibles.

Kant décrivait une histoire des sciences qui était une histoire de la pureté, et trouvait dans cette histoire la révolution copernicienne comme événement à répéter pour la métaphysique désormais rigoureuse ; Husserl décrit une histoire vide de sciences, au risque de confondre une couche pré-scientifique et une couche scientifique, erreur accomplie dans sa théorie des idéalités morphologiques, et découvre la terre comme point fixe originaire et référence transcendantale. Il faut désormais écrire l'histoire qu'est la science comme telle, c'est-à-dire des temporalités brouillées et compliquées dans une temporalité unique-totalisante ; et pour cela pratiquer une Révolution qui n'a pas d'éponyme. C'est le *retour au monde même,* c'est-à-dire au *Nouveau Monde.*

Et de nouveau nous sommes à l'origine, *in quodam mundi infantia.* Nous avons, comme en chaque moment de l'histoire, à assumer un savoir nouveau, à découvrir un nouveau monde dont l'histoire inchoative renvoie notre culture non plus à l'histoire mais à la préhistoire. Tout se passe comme si nous étions au plus proche voisinage de couches archaïques à oublier, et d'idéalités nouvelles à comprendre. Sous l'apparence des mathématiciens contemporains, des astrophysiciens et des biochimistes, Thalès est de nouveau parmi nous, pour nous inviter à de nouvelles traductions, à de nouvelles anamnèses.

Avril-mai 1966.

chapitre 2
philosophie

DESCARTES : LA CHAÎNE SANS CHAÎNONS

Chacun connaît la troisième *Règle pour la direction de l'esprit* : Descartes y recense deux opérations de l'entendement, l'intuition et la déduction ; ces deux actes seuls permettent de parvenir à la connaissance des choses, sans qu'il y ait crainte de se tromper [1]. Après avoir posé une définition de l'intuition, sur laquelle nous aurons à revenir, il donne de cette dernière quatre exemples : « *Ita unusquisque animo potest intueri, se existere, se cogitare, triangulum terminari tribus lineis tantum, globum unica superficie, et similia* [2] : ainsi chacun peut voir d'intuition intellectuelle qu'il existe, qu'il pense, qu'un triangle est limité par trois lignes seulement, un corps sphérique par une surface unique, et choses semblables. » Nous nous proposons d'expliquer ces quelques mots.

Première hypothèse : les exemples en question sont quelconques et donnés arbitrairement et sans ordre. Parmi les choses que j'intuitionne immédiatement, il en existe de telles et telles, en particulier ceci ou cela. Au sein de cet ensemble de paradigmes figurent les éléments du cogito à côté d'éléments géométriques ; dans cette hypothèse, les premiers perdent leur caractère de préexcellence, ils sont alignés sur d'autres cogitata. D'une certaine manière, nous sommes ici en plein leibnizianisme : « *varia a me cogitantur.* » Il n'y a pas, chez Descartes, de telles variétés sans ordre ni de telles variétés d'ordre, et cette hypothèse doit être rejetée.

A considérer attentivement ces quatre exemples, ils se distinguent deux à deux ; d'une part j'existe, je pense, de l'autre, le triangle et la sphère. Examinons tout d'abord ces deux

---

1. Au début de cette *Règle,* Descartes prononce par deux fois le terme *mélange* (*admiscendas, permiscentes*), terme qui est repris par la *Première Méditation.* Nous publierons une étude sur le Malin Génie, organisée autour de ce thème : on sait que la physique contemporaine a retrouvé à la fois l'idée de Démon et celle de mélange.
2. *Regulae...,* édition Gouhier, Vrin, 1959, p. 43.

derniers. Il est dit du triangle qu'il est limité, terminé par trois lignes seulement : qu'est-ce à dire ? Que le triangle est une *figure* limitée, terminée par des *bords,* et que ces bords sont des lignes. Mais encore : que le triangle est une superficie, une surface, arrêtée par des limites linéaires. Et enfin : que le triangle est un être à *deux* dimensions [3] bordé par des êtres à *une* dimension. C'est dire que *le triangle se comporte à l'égard de la ligne comme deux se comporte à l'égard de l'unité.* Certes, et nous le verrons abondamment, ces nombres n'ont aucun caractère arithmétique ou métrique ; cependant, ils caractérisent parfaitement les figures évoquées, et ceci de telle manière que leur liaison est *nécessaire et suffisante,* ce qu'indique l'emploi de *tantum :* le triangle a besoin de lignes et n'a besoin que de lignes pour être *déterminé* à être la figure que nous intuitionnons sous ce vocable. Il y a, par conséquent, le même rapport de nécessité et de suffisance entre les nombres deux et un.

Poursuivons : un corps sphérique, une boule (*globum*) est limitée, terminée par une superficie unique ; qu'est-ce à dire ? Que la boule est une *figure* de l'espace, limitée, terminée par une surface seulement, par un *bord unique.* Mais encore : que la boule est un volume arrêté par une limite superficielle. Et enfin : que la boule est un être à *trois* dimensions bordé par un être à *deux* dimensions. C'est dire à nouveau (avec la même restriction que tout à l'heure au sujet de la métrique) que la *boule se comporte à l'égard de la superficie comme trois se comporte à l'égard de deux.* Et ce « comportement » est du même ordre de nécessité et de suffisance que le précédent, car au terme *tantum* correspond le terme *unica.* La boule a besoin d'une superficie et n'a besoin que d'une superficie pour être *dé-terminée* à être la figure que nous intuitionnons sous ce vocable.

Or, la considération exclusive des bords ou des limites — et la forme même de la phrase qui n'utilise qu'un seul verbe, *terminari,* pour les deux exemples — nous autorise à réunir les deux paradigmes en un seul ordre : la ligne se comporte à l'égard du triangle *comme* la superficie à l'égard de la boule. En d'autres termes, *l'être à une dimension est à l'être à deux dimensions ce que ce dernier est à l'être à trois dimensions, chacun est le bord du suivant dans l'ordre.* Il ne faut pas se tromper sur ces rapports successifs : ils ne sont aucunement

---

3. La Règle XIV (*Ibid.,* p. 126) définit la dimension comme la condition préalable à la mesure.

métriques, *ils ne sont pas des proportions ; ils sont des rapports de nécessité et de suffisance dans l'ordre exclusif de l'intuition spatiale.* D'ailleurs, la Règle XIV définit la dimension comme « le rapport sous lequel un sujet est considéré comme mesurable » : elle échappe donc à la juridiction de la mesure, elle est plutôt *sa condition.* Par conséquent, les deux exemples donnés dans la Règle III sont *ordonnables comme 1, 2, 3,* en insistant sur le fait patent que 1, 2, 3 ne sont qu'un *ordre sans mesure, ordre pourtant rigoureux en nécessité et suffisance,* bref, que 1, 2, 3 ne sont pas des nombres au sens arithmétique.

Nous étonnerons peut-être le lecteur en affirmant que les dits exemples ne sont pas mathématiques *stricto sensu.* En effet, aucun théorème de la Géométrie contemporaine de Descartes, ou antérieure à lui, ne *démontre* de tels faits. Cela signifie simplement que les considérations de limites, de terminaisons et de bords ne sont pas plongées dans un organon démonstratif établi, mais sont au contraire des *préalables* à cet organon théorique. D'une certaine manière, ce sont des *exemples pré-mathématiques, pré-géométriques,* de même que la dimension est un préalable à la mesure. Et donc, elles appartiennent à un *domaine extérieur aux enchaînements déductifs de la théorie* qui, eux, sont assujettis à la mesure. Elles appartiennent par conséquent au *domaine exclusif de l'intuition.* C'est l'intuition qui a à connaître de ces phénomènes spatiaux. Or, et c'est là le point capital, il est possible de découvrir un *ordre dans l'intuition pure,* et un ordre rigoureux, qui compose progressivement les variétés spatiales de plus en plus étendues à partir de variétés inférieures qui forment leur terminaison, composition qui elle-même s'établit en nécessité et suffisance, à partir d'une unité, la ligne, qui joue le rôle d'intuitionnable irréductible, du moins ici. Nous obtenons alors, dans l'intuition spatiale, un ordre dont la rigueur se moque de la mesure, de la proportion métrique, de toutes les déterminations qui, traditionnellement, forment le modèle de l'ordre cartésien : il s'agit là d'un modèle pré-mathématique, *d'un modèle pré-géométrique d'ordre* [4].

---

4. Pour parler de manière moderne, nous voulons bien admettre que Descartes est un précurseur de l'intuitionnisme, dans la mesure où il fait jouer à l'intuition un certain rôle régulateur général dans le fonctionnement de la pensée ; mais il ne s'agit pas ici de cela : lorsqu'il découvre un ordre rigoureux dans l'intuition spatiale privée de mesure en tant qu'elle est préalable aux enchaînements déductifs de la géométrie, il serait plutôt le plus lointain précurseur de l'*Analysis Situs.* Un

Et ceci est d'autant plus précieux qu'on établit une chaîne où les maillons successifs ne doivent rien qu'à l'intuition. Lorsque, quelques lignes plus bas, Descartes veut donner un modèle, alors réellement mathématique, de l'ordre discursif, il choisit les mêmes nombres 1, 2, 3, en leur faisant jouer un rôle arithmétique, profondément différent de celui que nous analysons. Ici 1, 2, et 3 ne s'additionnent ni ne se composent quantitativement. Ils forment un ordre qualitatif.

Dès lors, le chemin est ouvert pour considérer les deux premiers exemples, qui sont les éléments même du cogito : *j'existe, je pense,* éléments irréductiblement intuitionnables. Nous disons : *de même qu'il y a un ordre dans les deux derniers, il y a un ordre dans les deux premiers.* Et ceci pour deux raisons, tirées du texte même :

1) l'ordre traditionnel *je pense, j'existe* est inversé. Ceci ne s'explique — ne peut s'expliquer — que par l'inversion des exemples pré-géométriques eux-mêmes. En effet, le triangle y est énoncé avant la ligne, et la boule avant la superficie. Si on rétablit les énonciations selon l'ordre 1, 2, 3, il faudrait énoncer ligne, superficie, boule ; alors on énoncerait : je pense, j'existe. L'inversion est, peut-être, utilisée sciemment, dans la mesure où Descartes distingue, plus bas, l'*enunciatio* et le *discursus.*

2) évoquant d'autres exemples possibles, Descartes ne dit pas *et caetera,* il dit *et similia.* Cette nuance signifie, d'une part, des exemples aussi facilement intuitionnables que les quatre expressément indiqués ; mais, lorsqu'on examine le sens précis que ce terme recouvre en mathématiques, on est irrésistiblement amené à penser qu'il existe un lien de similitude entre les deux paradigmes prégéométriques, les deux éléments du cogito et d'autres exemples possibles.

Dès lors, le *je pense* et le *j'existe* sont liés, dans les deux sens, c'est-à-dire en nécessité et suffisance, par un ordre qui n'emprunte rien aux déterminations traditionnelles de la déduction, à la mesure ou à la quantité, mais qui s'instaure dans

---

autre exemple serait donné par son fameux théorème sur les polyèdres, où le nombre joue plutôt un rôle d'invariant topologique qu'il n'est investi d'une fonction de mesure. De fait, Descartes, dans ce texte, ne dit pas droite mais ligne, ne dit pas sphère mais globe, ce que nous avons traduit par boule. A notre sens, il faut donc rectifier les traductions usuelles (cf. *Géométrie,* livre II, p. 35 de l'édition d'Auguste Comte et Leibniz : « Définitions mathématiques », in Couturat, *Opuscules,* pp. 439-440).

le domaine exclusif de l'intuition pure, *de la même manière que* l'ordre prégéométrique 1, 2, 3 s'instaurait dans le domaine exclusif de l'intuition spatiale. Il faut et il suffit que le *je pense* et le *j'existe* soient intuitionnés pour que leur liaison rigoureuse soit intuitionnée tout aussitôt, et ceci avec la même certitude que sont intuitionnés les bords de la boule ou les

Tableau I

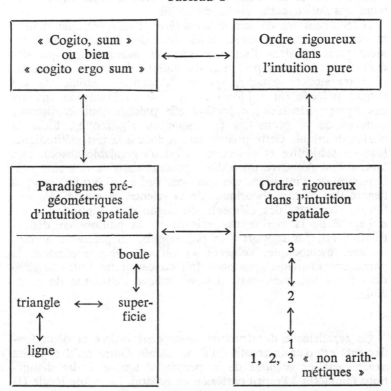

La ligne du bas est la ligne des modèles prémathématiques : à gauche, du contenu intuitif, à droite, de l'ordre dans l'intuition. De gauche à droite on passe de l'exemple à l'ordre. La colonne de droite est la colonne des ordres : du modèle d'ordre en bas, de la structure générale d'ordre en haut. De bas en haut, on passe des modèles à la philosophie.

limites du triangle. Ou, si l'on veut, le cogito est à l'intuition de mon existence ce que l'intuition de la ligne est à celle du triangle, celle de la superficie à celle de la boule, *et similia.* Il est entendu, à nouveau, qu'il n'y a point ici de proportion, au sens métrique, mais une analogie de comportement sur la nécessité et la suffisance. L'*ergo* du *cogito* n'appartient donc pas à la chaîne déductive proprement dite, il est une liaison intra-intuitive. Il est, par conséquent, équivalent de dire « je pense, donc je suis » et « je pense, je suis », et Descartes utilise, de fait, ces deux énonciations comme si elles étaient équivalentes. Seule l'appréhension des deux derniers exemples comme modèles des deux premiers pouvait amener rigoureusement à solution cette vieille difficulté.

Nous avons insisté sur le caractère pré-géométrique desdits modèles : ligne, superficie, boule sont des formes immédiatement présentes dans l'intuition spatiale, *avant* même que des définitions métriques précisent les notions de droite ou courbe, plan ou surface gauche, sphère. L'intuition spatiale de ces formes précède (*in subjecto* et *in objecto*) l'intuition spatiale des figures métrisées ; *a fortiori* elle précède tout le discours déductif de la géométrie (métrique ou algébrique), toute la chaîne théorique. Cette précession est donc à la fois méthodique, logique, subjective et objective : c'est un préalable absolu. Dès lors, si l'on découvre un ordre rigoureux dans ce domaine préliminaire de l'intuition spatiale, cet ordre *in intuitu* joue, à l'égard des chaînes théoriques de la science, le même rôle que l'ordre rigoureux des éléments du cogito dans l'intuition pure, à l'égard de la chaîne des raisons de la philosophie déductive : il est, par rapport à la philosophie, un préalable absolu, logique, méthodique, subjectif et objectif. Non seulement le paradigme mathématique nous fait concevoir un ordre original dans l'intuition pure, mais il nous indique l'absoluité du préalable.

Ce parallélisme de structure entre deux ordres et deux fondements est plus instructif qu'il ne paraît. Outre qu'il organise exactement les origines de la pensée, il touche à des distinctions familières à l'esprit cartésien en général. La même Règle III donne en effet comme critère de distinction entre l'intuition et la déduction le *mouvement* continu et sans interruption le long d'une chaîne et, plus loin, *motus sive successio quaedam*. Il n'y a pas de mouvement dans l'intuition ; subjectivement, il y a, ou non, mémoire.

Or, l'examen du modèle pré-géométrique de l'intuition nous a amené à la considération de *formes,* de figures non métrisées. Dès lors, tout se passe comme si le doublet *intuition-déduction était réductible au fameux doublet figure-mouvement.* Cela est parfaitement confirmé par le modèle géométrique en général :

d'une part, il existe un préalable consistant en intuition de formes, d'autre part s'établit progressivement un *discursus* théorique consistant en transformations métriques. Ces transformations sont, en général, exprimées par des *suites de proportions*, elles sont des *suites de similitudes*[5] : la géométrie cartésienne — comme celle des Grecs — peut être caractérisée ainsi sans risque d'erreur. Au niveau du modèle géométrique, la distinction en question peut s'énoncer *intuition de formes-suites continues de similitudes*. Ce dernier doublet est une clef de la réduction du doublet intuition-déduction à figure-mouvement. L'exemple arithmétique donné par la Règle III consiste, d'autre part, à dire $2 + 2 = 4$ et $3 + 1 = 4$, donc $2 + 2 = 3 + 1$. Il y a effectivement ici un mouvement de pensée, mouvement que nous appelons *transitivité* : ce mot, que n'utilise pas Descartes, est le plus propre à caractériser sa pensée. La mathématique contemporaine connaît des relations non transitives (la relation d'intersection, par exemple) ; mais l'exemple « prémathématique », analysé plus haut, est *également non transitif* : 1 est limite de 2, 2 de 3, mais non pas 1 de 3 (du moins en suffisance). Descartes est donc rigoureusement fondé à dire qu'il y a *mouvement* dans le discursus déductif (*transitivité*), qu'il n'y a pas de mouvement dans l'ordre rigoureux intraintuitif (*non-transitivité*), il n'y a que *figure*. D'où la réduction proposée, dont l'idée de transitivité est une deuxième clef, plus puissante que la première.

Mais ce n'est pas tout : il faut prendre au sérieux l'exemple de la chaîne, puisqu'on a ainsi fait pour les autres exemples. Grâce à elle, nous définissons un *modèle mécanique*. Une machine simple et, *a fortiori,* une machine cartésienne, peut se définir comme une *topographie* (description de formes d'organes) sur laquelle on applique une *suite de transmissions mécaniques*. Le doublet figure-mouvement se transpose dans une machinerie à la cartésienne en topographie-transmission. Et, de nouveau, la géométrie ne dédaignerait pas une telle distinction, les équerres mobiles en particulier, distinction réductible à son tour en formes-suites de similitudes. Ceci posé, à la limite, la machine la plus simple[6] serait celle où *la forme*

---

5. Il est facile de généraliser au rang n le théorème cartésien des équerres mobiles. Ce théorème donne un *excellent modèle de telles suites* (cf. Vuillemin, *Mathématiques et métaphysique chez Descartes,* note XIII, p. 182-183).

6. Dans la deuxième partie du *Discours,* Descartes invoque « ces longues chaînes de raisons, toutes simples et faciles... » Ce sont évidemment les chaînes qui sont simples et faciles, et non les raisons.

serait toujours la même, où *la transmission se ferait sans perte,* où *la similitude serait identité :* la chaîne est donc la machine limite, la plus simple et la plus facile en figure-mouvement. On comprend alors parfaitement l'invocation de cet exemple, à l'occasion de l'analyse de l'intuition et de la déduction : la première envisage la forme pure des maillons, la deuxième transmet un mouvement le long de la concaténation. Il s'agit bien de la *machine analogique* de la méthode décrite par les *Regulae,* et reprise plus tard [7]. Il y a évidence intuitive et transport d'évidence, d'où le parallélisme structural résumé par le Tableau II.

Tableau II

Méthode	Intuition Ordre préalable intra-intuitif (non-transitivité)	Déduction Ordre discursif *Transitivité*
Modèle mécanique, la chaîne (machine la plus simple)	Topographie maillon	*Transmission* enchaînement
Modèle géométrique	Intuition spatiale Ex. : Ordre rigoureux et préalable des formes « topologiques. »	Suites de similitudes Ex. : théorème des équerres mobiles. (*Transformations*)
Modèle général	Figure	Mouvement (*Transport*)
Philosophie	Ordre rigoureux et préalable dans l'intuition pure. Cogito, sum.	Ordre des raisons.

---

7. Dans la théorie de la manœuvre des vaisseaux, on dit qu'une chaîne a la force équivalente à celle *du plus faible de ses maillons.* Ce principe pourrait servir de critique pour la chaîne des *Méditations,* dans laquelle on se proposerait de découvrir le plus faible maillon. Michel Foucault l'a trouvé dans son *Histoire de la folie* (p. 54-57).

Les quatre exemples d'intuition donnés par la Règle III ne sont pas quelconques. Ils forment au contraire une famille strictement organisée d'éléments dont la structure commune est la notion d'*ordre in intuitu*. Des formes géométriques, non plongées dans le discursus démonstratif, mais préalables à la chaîne, présentent un type d'ordre comme 1, 2, 3 dont le lien n'est pas de déduction, mais de nécessité et de suffisance dans la seule intuition : lien contraignant dans l'évidence. Ces nombres sont aussi peu arithmétiques que ligne et boule ne sont pas droite et sphère. Cette structure d'ordre se retrouve, pour le domaine métaphysique, dans l'*ergo* du *cogito*.

Au contraire, les mêmes nombres 1, 2, 3, réellement arithmétiques et plongés dans le processus additif, présentent un type *d'ordre transitif*. Cette nouvelle structure se retrouve, pour le domaine métaphysique, dans l'ordre des raisons. On observe au passage que le modèle mécanique peut se réduire formellement au même doublet, ce que montre le cas limite de la chaîne, machine simple de transport (transitivité ou transmission) d'évidence.

Ainsi procède une analyse structurale : elle examine un ou plusieurs modèles particuliers, qu'elle réduit à une forme (ou à plusieurs) : ordre préalable, ordre transitif. Elle retrouve ensuite, analogiquement, cette forme ou structure, en d'autres domaines, *et similia tam facilia*. D'où sa puissance de compréhension, de classification et d'explication : géométrie, arithmétique, mécanique, méthode, philosophie.

⁂

Dans la neuvième *Régle pour la direction de l'esprit* [1], Descartes reprend l'ancienne comparaison du connaître et du voir. Déjà, la Première Règle [2] avait utilisé cette image, avec des différences sensibles par rapport à la tradition, issue de Platon, saint Augustin ou Plotin ; et la Troisième [3] avait souligné que le vocable intuition devait être pris dans son pur sens latin. Précisément, l'analogie du voir et du connaître sert, dans la Neuvième, à faire pivoter le couple *intuition-déduction*

---

1. Adam-Tannery X, 400-404. Alquié-Brunschwig I, 123-126. (Nous dirons AT, AB).
2. AT. X, 360 — AB. I, 78.
3. AT. K, 369 — AB. I, 88.

sur le couple *perspicacité-sagacité,* c'est-à-dire à nous faire passer des opérations de l'entendement à ses *aptitudes.* Le passage de la déduction à la sagacité étant réservé à la Règle suivante, celle-ci nous indique comment il est possible d'améliorer sa capacité intuitive de la même manière qu'on entraîne sa vue. Chez Descartes, on le sait, l'intelligence n'est pas coextensive au savoir : il y a un sujet connaissant pur ; par conséquent, l'éducation de la première, son hygiène et sa gymnastique, ne dépendent point des objets du second, elles peuvent consister en un exercice portant sur des termes faciles, voire insignifiants (*minimas res*). L'intelligence n'est point liée à des recettes, elle se délie dans une activité disciplinée se donnant à loisir le corrélat minimum pour s'assurer au mieux de prendre le pli du succès. D'où le modèle de concentration et de discernement réalisé par l'artisan au travail de précision, qui dirige son regard sur chaque point respectivement pour éviter la dispersion et la confusion ; ces travers, peu de gens les évitent, par ce défaut commun à l'humanité de « préférer les ténèbres à la lumière ». Lorsqu'on a l'œil mauvais, on est plus à l'aise dans la demi-obscurité qu'au grand jour qui le blesse. Au contraire, l'œil éduqué, c'est-à-dire perspicace, a, dans la lumière, son milieu naturel [4].

Toutes ces choses demeureraient banales, qui filent à loisir la métaphore du regard, si Descartes ne proposait après coup, comme programme d'exercice, deux problèmes, en apparence inextricables et de fait simplement résolubles, dont le premier est celui de la *puissance naturelle qui se propage en un instant.* Cette puissance est la lumière, chacun le sait ; mais comme il n'a jusqu'ici été question que d'elle, peut-être y a-t-il un lien entre les premières recommandations de la Règle et les paradigmes qui la terminent. Soit à examiner le sens de ces derniers, plongés dans leur contexte.

Intueri, c'est voir. L'intuition est une opération de l'esprit « qui naît de la seule *lumière* de la raison » [5], et qui s'effectue immédiatement — c'est-à-dire qui est simple et où est

---

4. Leibniz distingue, quant à lui, les myopes et les presbytes (Couturat, *Opuscules* p. 562) à propos de la même question que celle de la 9ᵉ Règle : peut-on *voir multa simul* ? Les myopes, dit Leibniz, sont les Analystes (les artisans minutieux de Descartes), les presbytes sont les Combinateurs. On sait que le *De Arte combinatoria* résout en rigueur tous problèmes posés par le *multa simul.*
5. Règle III, AT. X, 368, AB. I, 87.

supprimée la *distance* de l'inférence déductive. La vision, qui
lui sert de modèle, est une opération sensorielle qui suppose,
elle aussi, la *lumière*, et qui règle, elle aussi, une question de
distance : l'objet que je vois est toujours, peu ou prou, éloigné
de l'œil, et pourtant je le vois dans l'instant et immédiatement.
Comment est-il concevable que la vision *supprime cet éloi-*
gnement ? Cette question est justement posée et résolue par
le problème de la Neuvième Règle, qui se trouve ainsi parfaitement isomorphe à l'ensemble de son développement.

La Règle précédente [6] avait chaudement recommandé, à
l'occasion du problème de l'anaclastique, la méthode *per imita-*
tionem, c'est-à-dire par analogie ou par modèle. Ce procédé
de résolution est utilisé dans la *Dioptrique* [7], où les lois de
réflexion et de réfraction sont dégagées de schémas qui transposent la propagation du rayon lumineux en trajectoire d'une
balle : il s'agit d'un *modèle mécanique.* Les problèmes de la
lumière sont susceptibles d'une solution par figures et mouvements, c'est-à-dire d'une solution mécaniste (et, par là, géométrique, puisque le mouvement est instantané), par la vertu
de la transposition *per imitationem.*

Or, la vision est le modèle *per imitationem* de l'intuition.
L'analogie a pour éléments analytiques de correspondance :
lumière-lumière naturelle, distance œil-objet — immédiateté
de l'évidence. Le deuxième élément fait question. Pour le
résoudre, il faut supprimer la distance œil-objet ; si on y parvient, l'analogie est une imitation adéquate. Pour y parvenir,
Descartes transpose à nouveau le problème et propose *le modèle*
du modèle : le toucher est le modèle de la vision qui est le
modèle de l'intuition. En effet, pour faire évanouir l'éloignement, il faut que la lumière se propage instantanément ; or, cela
est compréhensible si on analyse ce qui se passe lorsque je
tente de sentir des objets autour de moi par l'entremise d'un
bâton [8]. Il y a là *communication sans transport, propagation*
sans transitivité ; mon toucher se place immédiatement à l'extrémité du bâton et distingue arbres et pierres, eau et sable,

---

6. Règle VIII, AT. X, 395 ; AB. I, 117.
7. *Dioptrique. Discours Premier.* AT. VI, 88-93 ; Alquié I, 658-
664 (Réflexion) et *Discours Second.* AT. VI, 93 sqq ; A. I, 664 sqq.
(Réfraction).
8. Règle IX : AT. X, 402 ; AB. I, 125.
Dioptrique : Discours I, AT. VI, 84 ; A. I, 654. Cf. Leibniz *Phil.* IV,
305. « L'explication de la lumière par la comparaison d'un bâton qui
touche ce qui est éloigné était déjà des anciens rapportée par Sim-
plicius ».

herbe et boue. Le phénomène n'est pas du tout comparable à la *trajectoire cinématique* d'une pierre ou d'une balle, qui occupe successivement les lieux intermédiaires d'un point à un autre : ce mouvement local est en quelque sorte partitif, c'est une propagation transitive, un transport qui réclame du temps. Au contraire, le mouvement du bâton est tel que toutes ses parties sont *concentrées* en un seul et même instant. La vue est transposée dans le tact et ceci de telle manière que celui-ci sert de *substitut complet* à celle-là dans le cas des aveugles-nés : « cette sorte de sentiment est un peu confuse et obscure, en ceux qui n'en ont pas un long usage ; mais... en ceux qui, étant nés aveugles, s'en sont servis toute leur vie... (elle) est si parfaite et exacte, qu'on pourrait quasi dire qu'ils voient des mains, ou que leur bâton est l'organe de quelque sixième sens, qui leur a été donné au défaut de la vue » [9]. Là aussi, l'exercice aiguise la perspicacité ; mais là surtout, le modèle du tact remplace complètement la vision, puisque la *lumière y est transposée dans l'absence de lumière* [10]. Il y a bien deux analogies successives complètes : vision-lumière-distance, toucher-obscurité-proximité, et la deuxième est résolutive de la première. L'opération intellectuelle est transposée en une opération sensorielle qui s'explique par une deuxième opération sensorielle.

La vision est le modèle de l'intuition, et le toucher *indistant* est le modèle de la vision. Par ce double mouvement, Descartes parvient à donner un *modèle mécanique* de l'intuition. Cette expression ne laisse pas de surprendre qui est au fait de la distinction radicale de la pensée et de l'étendue. Mais, justement, la vision pose des questions que le mécanisme ne sait pas résoudre : communication à distance sans transport, propagation sans intermédiaire. Et donc il faut supprimer dans le modèle mécanique tout *mouvement,* c'est-à-dire toute tran-

---

9. *Dioptrique,* ibid.

10. Il est piquant de constater que *per imitationem* on passe de l'intuition au contact, c'est-à-dire de *l'évidence à l'aveuglement.* Leibniz (*volens nolens* ?) prend au sérieux ce passage, et dépasse la métaphore en définissant une *cogitatio caeca.* Que l'aveugle s'aidant du bâton serve de modèle au clairvoyant est une remarque assez riche, car elle enveloppe la théorie cartésienne du temps : les intuitions se constituent en chaîne lacunaire, par éléments séparés, comme le bâton tâtonne et se déplace d'objet en objet ; l'intuition ne peut supporter *multa simul,* la vue le saurait, non le tact qui explore *partes extra partes.* Le temps se décompose *comme* l'espace tactile. Bergson n'aura plus qu'à inverser l'ensemble de l'argumentation (et non à l'inventer).

sitivité selon un éloignement, pour ne conserver que la *figure*. Nous avons montré comment la Règle III se donnait, du couple intuition-déduction, le modèle figure-mouvement. Il faut trouver maintenant une figuration qui *supprime la distance comme telle* pour ne plus laisser concevoir que l'*immédiateté*. Supprimer le mouvement suppose la propagation instantanée de la lumière ; supprimer la distance, c'est remplacer la vision par le toucher, et le rayon visuel par le bâton ; le tact, c'est le contact. La double analogie amène à un modèle mécanique : ce bâton, qui communique immédiatement une puissance naturelle de la main à la pierre, est une *machine simple,* en tout point comparable à un levier qui communique immédiatement une autre puissance naturelle d'un point à un autre [11] ; modèle mécanique, non au sens de la théorie, mais au sens pratique et artisanal des machines simples. Dans l'exemple du bâton, la propagation immédiate porte une puissance, identiquement ou proportionnellement à elle-même ; mais il peut exister un autre type de levier par quoi la communication instantanée renverse ladite puissance de l'identique à l'opposé : c'est la *balance,* dont l'exemple est amené à la fin de la Règle, et qui pourrait servir de modèle mécanique au renversement des images au fond de l'œil [12]. Ainsi, *intueri,* c'est voir, mais c'est voir comme on touche, dans l'abolition de la distance et du mouvement, selon un modèle mécanique où la figure abolit le mouvement et le contact la figure ou la figure la distance [13]. Et le contact est, mécaniquement, aisé à concevoir.

Le bâton est donc l'image mécanique de la communication sans transport intermédiaire : il symbolise l'immédiateté de la vision intuitive. La déduction, quant à elle, est une propagation transitive par chaînons distants : elle est médiate. Or,

---

11. *Explication des engins par l'aide desquels on peut avec une petite force lever un fardeau fort pesant :* AT. I, 435-447. *Le levier, ibid.* 443 et A. pp. 810-814.

12. *Dioptrique. Discours Cinquième :* AT. VI, 123-124 ; A. I, 694 (figure p. 696) et surtout *Discours Sixième :* AT. VI, 135-136 ; A. I, 704-705. Et la figure de la page 136, là et 704, ici. Autour du point E de la figure se répartissent « les effets opposés », AC dans un sens, DB dans l'autre.

13. On voit, chez Berkeley, la suite de cette prééminence donnée au toucher : *Essai d'une nouvelle théorie de la vision,* in *Œuvres,* Aubier, 1944 ; tome I, pp. 163 sqq. (avec le paradigme de l'aveugle-né opéré, p. 161) ; cf. la théorie du rapprochement par le microscope, in *Dialogue entre Hylas et Philonous, ibid.* tome II, p. 37.

lorsque nous avons parcouru assez souvent et assez vite une chaîne déductive, notre mouvement de pensée tend vers une vision simple et unifiée. Alors la déduction tend vers l'intuition, la sagacité vers la perspicacité, le médiat vers l'immédiat, *la chaîne vers le bâton.* L'ordre des raisons symbolisé par la chaîne n'est que préparatoire ; il conduit finalement à l'évidence globale immédiate, symbolisée par une machine simple. *Le bâton est une chaîne sans chaînons.*

Le levier étant découvert, il suffit désormais de trouver un *point fixe* sur quoi l'appuyer : « Archimède, pour tirer le globe terrestre de sa place et le transporter en un autre lieu, ne demandait rien qu'un point qui fût fixe et assuré. Ainsi j'aurai droit de concevoir de hautes espérances, si je suis assez heureux pour trouver seulement une chose qui soit certaine et indubitable. » (*Méditation Seconde.*) De ce point fixe, nous parlons ailleurs.

TABLEAU III

Intuition	Vision	Toucher
Lumière naturelle	Lumière	Abolition du mouvement Propagation instantanée Bâton
Immédiateté	Distance	Abolition de la distance Contact

Janvier 1965.

126

Comprendre la philosophie cartésienne ; reconstruire le système de Leibniz ; analyser la réfraction de celle-là dans celui-ci ; placer cette compréhension, cette construction et cette analyse dans l'esprit du xviie siècle, et dans une méditation sur l'histoire de la science et des idées ; ce programme d'érudit, de savant et de philosophe est exécuté par M. Belaval dans son *Leibniz, critique de Descartes*, avec rigueur, cohérence et clarté [1].

I

1. Ce livre est, en effet, d'abord l'ouvrage d'un érudit qui a parfaitement défini sa vision de l'histoire. L'information n'y est jamais en défaut, et toujours replacée dans le contexte précis du temps. M. Belaval a le souci constant de ne point parler de Descartes comme un post-kantien le ferait, et de Leibniz comme un successeur de Hegel en parlerait. Aussi de ne jamais traduire une thèse ou une démonstration scientifique dans le langage de ce que M. Bachelard appelle l'histoire récurrente. Car il y a deux histoires des sciences. Celle qui nous aide à comprendre la science actuelle, et qui refuse de considérer les scories qu'elle abandonne dans son évolution. C'est l'histoire des savants. Celle qui nous fait comprendre la pensée profonde des auteurs et des époques, par la justification interne et des succès et des erreurs ; on n'enchaîne pas là seulement une longue suite de triomphes. C'est l'histoire des philosophes. Ainsi, l'aveuglement de Descartes devant les nombres imaginaires n'a aucune importance dans la première perspective, elle s'explique par la seconde. On oublie une erreur, ou on la justifie comme telle, justification instructive en science, mais qui seule rend cohérente une pensée philosophique. M. Belaval choisit la deuxième voie. Outre que cela lui permet de considérer Descartes comme Leibniz lui-même le considérait, de nombreux avantages lui sont acquis, par exemple, de pouvoir brillamment réfuter Auguste Comte et son jugement récurrent sur la *Géométrie* (p. 300) ou d'analyser avec bonheur les contresens commis sur l'œuvre de Cavalieri (p. 313 ss.).

Mais, de la même manière, il y a deux histoires de la philosophie. Ou l'on tient compte, sans toujours en avoir conscience,

---

1. Gallimard,, 1960.

des sédiments récents dans l'analyse des sédiments anciens, et alors on comprend une genèse en remontant l'histoire — après tout, Descartes a un sens après Kant et par lui — mais on ne comprend plus l'ensemble d'une pensée, ou cette pensée toute pure. Dans la deuxième perspective, qui est à nouveau celle de notre auteur, l'œuvre cartésienne n'est plus centrée sur le *Cogito* et les *Méditations,* mais sur les *Principes.* Cela a une importance considérable ; M. Belaval nous en avertit : nous sommes tous des post-kantiens ; l'effort de l'historien du XVIIe siècle doit porter sur la levée de cette hypothèque. Descartes contre Leibniz, cela risque de vouloir dire, pour nous, Kant contre Aristote. Notre point de vue est alors doublement altéré ; il est récurrent au sens indiqué, mais il est inversé en un nouveau sens : nous avons coutume de considérer qu'un philosophe de la conscience est plus « moderne » et plus profond qu'un philosophe de l'être, que donc celui-là est fondé à critiquer celui-ci. Cette double altération nous gêne pour comprendre les critiques que Leibniz adresse à Descartes, et nous pensons que, après tout, il ne dit pas autre chose que lui ; plus même, elle nous gêne dans notre compréhension du cartésianisme. Or celui-ci, dit l'historien, n'est pas, comme il peut nous sembler, le premier pas d'une philosophie transcendantale ; il est, pour son temps — et pour Leibniz —, une méthode d'abord, une physique surtout ; les préceptes, le mécanisme, les météores, la dioptrique, les tourbillons, Descartes est un pré-newtonien avant d'être un pré-kantien ; le malheur veut que nous soyons plus post-kantiens que post-newtoniens.

Inversement, il ne faut pas transformer Descartes en un positiviste ; les interprétations de Liard èt d'Adam sont récurrentes, elles aussi, et post-comtiennes. La coupure n'est pas établie par Descartes entre la science et la métaphysique, mais entre une science à fondement métaphysique et la théologie. M. Belaval dégage un cartésianisme historiquement vrai, équilibré, où le philosophe ne dévore pas le savant (ni réciproquement).

2. Œuvre d'érudit, œuvre d'historien, ce livre est aussi un livre de savant. On y aborde avec beaucoup d'aisance les techniques mathématiques, et l'architectonique du monde. Je pense en particulier à l'excellent chapitre où l'on compare la géométrie algébrique et le calcul infinitésimal. L'exposé y est conduit avec le maximum de clarté et parfois avec un rare bonheur, comme dans le brillant exemple du calcul de la sous-tangente et de la sous-normale chez Fermat et Descartes, ou dans tout ce qui est dit du calcul des séries et de l'arithmétique des infinis. Là, la compétence technique s'allie à la vision historique : et l'on saura gré à M. Belaval de nommer la Géométrie de Descartes, géomé-

trie algébrique et non analytique comme la tradition fait ;
le terme analytique impose l'idée d'une géométrie instruite du
calcul infinitésimal, bref, qui a opéré une synthèse avec l'analyse ; idée moderne, du moins fort postérieure à Descartes.
Double avantage du terme utilisé : il s'agit bien d'une synthèse
de l'algèbre, et non de l'analyse (à moins qu'on ne dise, comme
Fontenelle, « l'analyse ordinaire »), avec la géométrie, mais bien
plus. Descartes ne dépasse pas ici la description des courbes
représentant une équation algébrique. Ceci posé, on conçoit sans
peine que l'auteur n'ait pas fait grand cas de sa découverte : elle
exprime mieux ce qu'en un sens les Grecs savaient déjà.
    La compétence technique ne s'allie pas seulement à la vision
historique ; elle s'allie aussi à l'investigation historique ; qu'on
relise à ce propos les pages où l'on comprendra enfin en toute
clarté la difficile question de la genèse historique et épistémologique de la notion d'infinitésimale (j'y reviendrai plus loin avec
quelque longueur, car l'exposé de M. Belaval est, là-dessus, définitif). Enfin et plus généralement, la compétence du savant éclate
dans la pensée, diffuse à travers tout le livre, selon laquelle la
notion d'ordre est mathématiquement plus profonde que la notion
de mesure ; que si Leibniz l'emporte ici sur Descartes, ce n'est
pas tellement parce que le calcul infinitésimal est plus « fort »
que la géométrie algébrique, mais parce que les notions qualitatives sont une essence dont le quantitatif est l'accident. Peut-
être, direz-vous, les mathématiques modernes aident beaucoup
à comprendre cela, comme notre logique nous engage à concevoir
avec perfection le dialogue intuitionisme-formalisme. Sans doute
mais, dans ce cas, on peut penser de manière récurrente ; Descartes et Leibniz s'opposent sur ces deux questions en les annon-
çant réellement et non seulement en puissance. Peut-être expri-
ment-ils deux structures primordiales de la *Mathesis perennis,*
deux manières fondamentales de concevoir les mathématiques
dans leur ensemble. Par là même, M. Belaval s'élève de la
technique à l'idée générale de la science mathématique, et du
dialogue d'une époque à une opposition intemporelle.

    3. Cette double analyse dégage deux systèmes de récurrences.
Le premier est critiqué et refusé ; ce refus et cette critique
revivifient le cartésianisme, lui redonnent son authentique visage
historique. C'était nécessaire dans la mesure où l'on cherchait un
Descartes tel que Leibniz le voyait et, par conséquent, tel qu'il
se présentait à son époque. L'éclairement progressif d'une philosophie par les pensées postérieures est catégoriquement suppri-
mé, et l'histoire de la philosophie y retrouve son compte.
    Au contraire, le deuxième système de récurrence est accepté et

analysé. Pour le mieux définir, il convient de s'élever à la leçon la plus générale que nous donne, sur le savoir scientifique, chacun des deux philosophes. Or, cette leçon, l'histoire, en se développant, la découvre peu à peu. Prenons un exemple : le xviiie et le xixe siècles centrent les mathématiques sur l'analyse ; le leibnizianisme se trouve alors centré de la même façon, puisqu'il contient de cette science et l'invention technique et l'élaboration philosophique : l'interprétation de Brunschvicg est, en un sens, « contemporaine » de cette idée. Faisons maintenant varier ce centre et approfondissons l'idée générale des mathématiques ; alors que le leibnizianisme s'approfondira conjointement à cette variation, dans la mesure, évidemment, où il l'enveloppe. Couturat et Russel découvrent alors un Leibniz logiciste. M. Belaval suit attentivement ce mouvement rétrograde, cette récurrence. Couturat va plus loin que Brunschvicg, parce que le logicisme est plus profond que la conception analyste ; M. Belaval va plus profond dès lors qu'il découvre en Leibniz le premier formaliste, le premier mathématicien de l'ordre et de la qualité. Même mouvement en ce qui concerne le cartésianisme ; il est à coup sûr un géométrisme mais, mieux, il est un intuitionisme. On comprend alors comment M. Belaval dépasse ses devanciers en les enveloppant. Leibniz est analyste ; plus encore, il est logiciste ; plus, il est formaliste. Descartes est un géomètre grec ; plus encore, il est algébriste (au sens classique), plus, il est intuitioniste. En se développant, l'histoire confère aux mathématiques une dimension réflexive qui, *a parte post,* éclaire d'un jour nouveau et toujours plus lumineux les réflexions des deux auteurs sur cette science. On notera la même double récurrence dans le chapitre sur la physique ; comprendre la cosmologie du xviie siècle impose d'oublier l'esprit positif, mais la juger et montrer de quelle manière elle prépare l'esprit moderne implique la référence aux *Principia* de Newton.

Le refus s'explique donc par le souci de replacer le dialogue considéré dans sa vraie lumière historique, et celui de ne pas être infidèle aux pensées des auteurs ; l'acceptation, par le projet de retrouver en elles des structures intemporelles et des fécondités enveloppées.

II

1. Reconstruire le système leibnizien... L'auteur nous en avertit, cela demeure un idéal inaccessible, une tâche infinie. Brunschvicg le dit, Mahnke le montre. Il existe trop de points de vue sous lesquels il peut être exhaustivement recomposé ; cela même

est systématique : d'une certaine façon, nous sommes en présence du système de tous les systèmes possibles. Selon les commentateurs, on a pu successivement voir le rôle joué par la logique, la dynamique, l'histoire, la jurisprudence... Un fil tiré, dans ce labyrinthe, rend tout l'écheveau. Rendre compte synthétiquement de l'ensemble de ces compossibilités de recomposition est l'un des beaux problèmes du leibnizianisme. Voilà l'idéal inaccessible. Mais le programme de M. Belaval n'impose aucunement ni ce trop long labeur ni l'exhaustivité. Il lui suffit, en effet, de définir l'aire précise de ce système où les thèses cartésiennes trouvent un écho. Cette aire est limitée ; la philosophie leibnizienne est plus large et plus générale qu'elle. D'où l'on voit déjà que Descartes borne Leibniz ; l'ombre du premier définit sur le second une région spécifiée.

2. Ceci posé, il faut entrer dans le détail d'une telle spécification. Si la compréhension globale du leibnizianisme n'est pas requise en droit, elle l'est, au contraire, pour le cartésianisme. D'où l'obligation : comprendre la philosophie cartésienne. Descartes fait œuvre d'émancipation, il libère la philosophie de la théologie ; il fait œuvre de méthode, et de physique. Les *Regulae*, le *Discours*, les *Principes*, avant les *Méditations ;* ainsi le XVIIᵉ siècle le verra, ainsi Leibniz, qui cite rarement ces dernières. Que Newton publie ses *Principia*, et il n'y aura plus de cartésiens. Réciproquement, la lecture de Leibniz éclaire singulièrement cette idée du cartésianisme et la confirme.

3. Voilà l'ensemble de la réfraction ; et voici sa décomposition. Chaque siècle a son idéal encyclopédique. Si le nôtre n'en a point, et semble désespérer d'en former jamais un, le XVIIᵉ au contraire est sûr du sien : la méthode, l'idéal mathématique ; son encyclopédie, c'est la *Mathesis universalis :* mais une Mathesis où la technique scientifique est fille de la doctrine métaphysique. D'où il suit que la philosophie ordonne, mais qu'elle suit une *méthode*, elle-même épousant un *modèle mathématique*, et que, de là, elle déduit, sans trop voir et sans trop entendre son spectacle, une vision *physique* de l'univers.

Ainsi l'intersection de deux philosophies sera examinée au cours de trois enquêtes dont la distinction est indice de l'esprit du temps. Temps pré-kantien, certes, où l'on prend l'orgueilleuse naïveté de construire un monde à partir des certitudes rationnelles, au lieu de rechercher les fondements de ces dernières, mais surtout temps pré-newtonien où le monde rêvé porte plus d'évidence et de réalité que le monde senti.

III

La vision philosophique ordonne. Ainsi dans la construction même du livre. En effet, le long de ces trois analyses, vont jouer des principes directeurs qu'il convient de considérer d'abord. Le dialogue Leibniz-Descartes se réfère sans cesse à eux, et ils dominent ces analyses. Il y en a au moins trois, de trois ordres différents. Ils concernent la métaphysique, la méthode, l'histoire. Différents, mais concourants et consentants ; si bien qu'on les retrouve, diffus ou explicités en toutes places. Pour mieux montrer ce concours, je donnerai chaque fois, d'un principe donné, une conséquence relevant d'un domaine voisin.

1. Qu'est-ce que le cartésianisme, encore un coup ? C'est la *suppression du monde intelligible.* C'est Dieu seul, omnipotent, dont la volonté détient tout empire, maître du Styx et des destinées. Il crée le monde, mais aussi bien la logique, les vérités éternelles, les théorèmes et axiomes. A sa décision, il eût pu faire que deux et deux fissent cinq et que notre espace vécu eût quatre dimensions, enlevant ainsi à l'évidence la géométrie euclidienne. Face à cette révolution philosophique, Leibniz — et, avec lui, tous les cartésiens — n'auront de cesse que de rétablir ce monde. Face à la volonté divine, l'entendement divin reprend d'imprescriptibles droits. Ainsi, pour Dieu comme pour nous, le tout est plus grand que la partie, il n'y a pas de plus grand nombre, deux et deux font quatre. *Deus calculat,* soumis au principe de contradiction, et aux axiomes de l'arithmétique. D'un côté, la volonté précède le jugement, de l'autre, le jugement préordonne la volonté. Volontarisme ou intellectualisme ; au regard de Dieu et au regard de l'homme. Bref, à la création des vérités éternelles, s'oppose l'existence d'une *logique incréée.* La création concerne ou les essences *et* les existences, ou les existences seules. Premier principe, d'ordre métaphysique, qui, sans cesse, sous-tend les répliques du dialogue ; je ne puis énumérer toutes les conséquences que M. Belaval en tire, aussi bien dans la comparaison des méthodes, des sciences ou des cosmologies que dans celle des réflexions philosophiques des deux auteurs. Un exemple cependant, très particulier, et d'ordre épistémologique. On sait que, pour Leibniz, il ne peut y avoir de plus grand nombre, ni de plus grand espace, ni de plus grande vitesse ; un terme actuel, infini quantitativement, contredit aux lois de la logique. Cela suit d'une démonstration en forme, toujours possible, nous verrons pourquoi. Aux yeux de Descartes, c'est le problème même et sa

démonstration qui sont en question : mon entendement est fini et je ne puis conclure qu'à l'impossibilité pour lui de décider s'il existe ou non un terme plus grand que tous les termes ; parlons dès lors d'indéfini. Pour l'un, la démonstration conclut, pour l'autre, elle est, disons, indécidable. Pourquoi ? C'est que l'entendement, chez Leibniz, atteint cette logique incréée, et que nous convenons avec Dieu dans les mêmes rapports. C'est que, chez Descartes, Dieu étant créateur des vérités éternelles et supérieur à elles, je ne puis appliquer à l'infini le principe de contradiction ; réciproquement, si je ne le peux faire, Dieu crée les vérités éternelles (p. 227). La critique leibnizienne est centrée sur ce scandale qu'un principe logique puisse avoir valeur de fait, non de droit.

2. Deuxième plan de clivage, celui-ci de type méthodologique. Descartes est intuitioniste, Leibniz formaliste. On a dit tout à l'heure « indécidable » pour désigner *a parte ante* que le même exemple se pouvait déduire de cette deuxième distinction. La démonstration leibnizienne est déjà d'esprit formaliste. Et la décision cartésienne sur ce problème est déjà d'esprit intuitioniste ; comme Brouwer, Weyl et Lebesgue, Descartes refuse l'intervention du tiers exclu pour l'infini (p. 221). Le dialogue moderne, qui exprime deux conceptions fondamentales et irréductibles de la pensée mathématique, se trouve avoir de profondes racines dans le dialogue ici analysé [2].

Qu'on ne s'y trompe pas ; intuitionisme et formalisme n'ont pas ici le sens spécifié et technique qu'ils reçoivent de nos jours ; ils *recoupent* ce sens, en diverses rencontres, comme sur les exemples brillants de l'infini et du continu. En général, ils en ont un plus large et plus traditionnel. D'une part, la *vision,* comme dirait Jean Laporte, d'autre part, la confiance, sous certaines conditions, en la *cogitatio caeca.* La chose même, et le signe de la chose. On partira de là, et cette distinction est si importante

---

2. Les lecteurs de *Critique* pourront se rapporter au N° 67 de cette revue, décembre 1952, p. 1 061 s. où, à propos de l'œuvre de J. Cavaillès, M. R. Campbell définit rapidement les écoles en question, et oppose Bolzano à Descartes-Leibniz. L'ouvrage de M. Belaval met au point l'introduction historique de la thèse de Cavaillès. On notera des divergences considérables entre les auteurs : Cavaillès parle de la « tendance arithmétiste » de Descartes et de sa physique « relativiste » (p. 23) et dit de Leibniz que sa mathématique reste « au niveau de l'intuition » (p. 25). On tranchera ici pour M. Belaval comme Cavaillès qui, bien sûr, traite d'un autre problème dans une optique toute différente. Pour ce dernier, il s'agit de la *préhistoire* de la pensée mathématique pour M. Belaval il s'agit de son *histoire.*

aux yeux de M. Belaval, qu'il en place l'analyse en tête de son livre. De fait, elle le domine, et l'on pourra sans cesse en recueillir les fruits. Par exemple, dans l'ordre métaphysique, on déduira d'elle rigoureusement et l'existence d'une logique incréée et la création des vérités éternelles (p. 66 et 71).

a) Intuitionisme ? Qu'est-ce à dire ? D'abord, qu'il ne peut y avoir d'autre critère et d'autre fondement de la vérité que l'évidence, que tout autre se ramène à lui. Cette évidence actuelle est non formalisable, non enseignable, réclame donc une réforme, une conversion de l'esprit : le premier précepte de la méthode donne son sens aux trois autres. (A ce propos, on pourra comparer avec fruit la présente étude et le livre de M. Vuillemin, *Mathématiques et métaphysique chez Descartes* ; ils s'opposent sur ce point précis ; l'un éclaire les trois derniers préceptes par le premier, l'autre isole le quatrième, en lui donnant une portée réflexive, p. 135 ss.). Ce qui est intuitionné est connu dans sa vérité et sa réalité, mais cela seul est connu sans confusion, association intime et exclusive de la certitude et de l'évidence. De là, un dogmatisme restreint et critique, et MM. Belaval et Vuillemin se retrouvent sur ce point. (On comparera M. Belaval p. 62 ss. et M. Vuillemin p. 93 à 97, qui énoncent la même loi : connaître clairement et distinctement où s'arrête la juridiction des idées claires et distinctes.) L'intuitionisme est par essence restrictif ; et dans son sens large : tout ce qui échappe à la juridiction de l'évidence est exclu ; et dans son sens spécifié : ici, nous recoupons les thèses de l'école brouwérienne ; comme le dit Heyting, la possibilité de la connaissance ne se manifeste que par l'acte de connaître. L'association de ces deux sens se trouve ainsi justifiée : si la tentative de Brouwer nous aide à comprendre *a parte post* l'étrange décision cartésienne d'exclure des mathématiques des procédés et des méthodes dont la rigueur nous paraît suffisante, réciproquement, le style de dogmatisme imposé par le critère intuitif de l'évidence amène du fond de l'histoire l'explication profonde de la décision brouwérienne. Fidèle à son critère du certain, Descartes ne conclut pas sur les transcendantes et les infiniment petits, ne passe pas le mécanisme, évite les probabilités. L'intuitionisme est le secret profond des bornes du cartésianisme ; mais aussi celui de sa force. Tournant le dos au non-intuitionné de fait et au non-intuitionnable de droit, Descartes ne peut pas être absolument certain d'un domaine aussi distinctement circonscrit, et traversé de part en part des lumières de l'évidence. Il exclut beaucoup et ainsi se limite, mais ce qui se trouve conservé est fondé et inattaquable ; il ne peut y avoir de relativisme. Par là, l'intuitionisme fonde et éclaire le géométrisme. Leibniz aura de tout cela une conscience aiguë et ne cessera pas d'attaquer justement cette aire centrale. On serait donc infidèle à l'esprit profond du cartésianisme si l'on cherchait dans la Méthode ce qui ne peut s'y trouver, une voie toute tracée pour parvenir aux démonstrations, une technique opératoire, un *ars inveniendi* composé de recettes, de critères, de marques, de raisonnements en forme typique, bref, un inventaire de procédés : à chacun de les forger.

b) Voilà bien l'opposition à Leibniz. Conversion de l'esprit, doute ? Clauses de style, rhétorique d'ornement. Intuition, évidence ? Vision subjective, qui fait les visionnaires. La Méthode ? Il convient de la comparer à l'ironique précepte de je ne sais plus quel chimiste : prends ce qu'il faut, opère comme il faut, tu obtiendras ce que tu souhaites ; un « discours de circonstance », la « moindre des politesses », dira-t-on plus tard, et, de fait, une lettre à Mersenne nous en avertit : « ...je ne mets point Traité de la Méthode, mais seulement Discours... pour montrer que je n'ai dessein de l'enseigner, mais seulement d'en parler, car, comme on peut voir de ce que j'en dis, elle consiste plus en pratique qu'en théorie. » Au contraire de Descartes, chez Leibniz, la certitude, dissociée de l'évidence, ne se conquiert que par la force probatoire de raisonnements en forme réglée ; ceux-ci s'enseignent et s'apprennent. Pour supprimer la subjectivité de l'appréciation, il faut trouver des formules indépendantes de celui qui pense, de sa manière personnelle de raisonner, de son système ; plus même, indépendantes de leur contenu. Le calcul doit remplacer l'évaluation, l'opinion, la discussion passionnée. Une démonstration indépendante de sa matière se développant selon des normes préétablies, est *a fortiori* autonome par rapport à ceux qui la pensent. Analogiquement, la logique incréée est indépendante de la volonté divine. De là, l'excellente définition, imitée de Gonseth par M. Belaval : le formalisme, c'est la logique de l'objet *quelconque*.

Il convient de s'arrêter ici un instant, et de souligner la fidélité de Leibniz à cette idée générale de la méthode, fidélité qui est peut-être un des secrets de son systématisme, dont on va disant que les clés en sont cachées. Il y a en effet chez lui des formes de démonstration quelconques qu'il applique toujours et toujours, quel que soit le problème qu'il envisage. Des structures opératoires isolables courent analogiquement tout au long de son système. C'est pourquoi celui-ci est indépendant des problèmes ; c'est pourquoi l'un donné parmi ceux-ci entraîne tous les autres, par l'intermédiaire du formalisme dont il se revêt. M. Belaval a fort bien aperçu ce mathématisme profond, qui fournit à Leibniz des structures vides, à l'intérieur desquelles le contenu des notions peut varier d'une manière réglée. Voilà le formalisme dans sa pureté, et au sens large (confiance en la *cogitatio caeca*) et au sens spécifié qu'il peut avoir chez les modernes. Très importante est cette idée générale des mathématiques et de l'art de penser selon laquelle l'analogie des relations fait oublier la nature des notions. C'est sans doute parce que, aux yeux de Leibniz, l'objet mathématique est une abstraction qu'il en considère systématiquement les rapports ; au contraire, si cet objet est une réalité, comme pour Descartes, l'intuitionisme est de règle : nous sommes ainsi renvoyés au dialogue Platon-Aristote (p. 492). Mais aussi, d'un penseur du XVIIe siècle nous parvient la première idée des tentatives modernes ; celles-ci se trouvent alors insérées dans une tradition, et en retour éclairent cette tradition. Nous nous trouvons en présence de deux visions profondes de la science et de la pensée en général, profondes et sans nul doute irréductibles. Le philosophe a tout à gagner à méditer cette irréductibilité. Deux méthodes, deux dogmatismes ; l'un va à l'évidence et se ferme volontairement toute autre voie, le second se prémunit *vi formae* contre les pièges de cette évidence ; l'un éclaire une vérité première et fondamentale, et dans l'ordre et dans le contenu, à partir de laquelle il construira une chaîne irréversible de raisons, l'autre peuple de symboles rationnels qui s'entredéterminent, architecte d'une totalité d'enchaînements réversibles dont le maillon central est le principe d'identité. A l'origine de l'un, une vérité simple et transparente, au centre de l'autre, un principe formel. Si le dogmatisme cartésien est restrictif et extensif, le dogmatisme leibnizien est intensif et généralisateur. A la confiance en un domaine fermé et borné, confiance qui exclut les régions où parfois un élément nous échappe, il substitue la confiance en des domaines où la vérité s'involue sans nous être apparente actuellement. L'idéal formel d'une part, le virtuel de l'autre, remplacent l'actuel. Entre le vrai et l'incompréhensible, Descartes pose une sorte de barrière naturelle, Leibniz un voile qui peut graduellement se lever. De là, une valorisation du confus, virtuellement clair, et dans l'analyse duquel je puis indéfiniment progresser (il faut comparer cette analyse au chapitre sur l'épistémologie du sensible (ch. VII, par. VII), qui est son application dans l'ordre de la connaissance du monde). Ce dont Descartes se détourne, Leibniz en fait son profit : plus je saurai de confus, plus je serai réellement savant : optimisme sur le pouvoir de connaître, qui donne au leibnizianisme une autre aptitude motrice à l'universalité. Finalement, une méthode conduit à l'évidence, l'autre, à l'ensemble virtuel des conclusions symboliques. Il est naturel dès lors qu'un dogmatisme souligne et notre finitude et la notion d'indéfini, que l'autre recule indéfiniment notre juridiction intellectuelle, formant ainsi la notion d'infini virtuel et rendant contradictoire celle d'infini actuel. Interdits définitifs en matière gnoséologique, ou possibilité de progrès sans fin.

3. Nouveau principe de distinction ; celui-ci concerne l'histoire. D'abord les hommes : un solitaire en exil volontaire, ombrageux et hautain, rejetant par tempérament et par décision méthodique les livres des autres, fermant ses yeux et bouchant ses oreilles pour n'être attentif qu'à sa propre pensée ; de l'autre côté, une âme aux mille voix, écho de son époque, qui court les grands de l'esprit et ceux de ce monde, plein d'entregent et de palinodies. Ensuite, les œuvres : un héros occupé à se libérer, à rejeter toute tradition, toute scolastique, l'érudition, de même que sa culture et son enfance ; au contraire, un conciliateur encyclopédique, avide de tout savoir, de tout consulter : frénésie de l'inventaire, quels que soient l'idée et le fait inventoriés, qui est encore l'histoire au sens baconien, ou déjà au sens de l'histoire naturelle ; mais ce sera aussi l'histoire en un sens plus moderne, lorsque Leibniz se fera philologue, juriste, politique, généalogiste, géologue. Cette attention portée à la critique érudite et historique, fréquente dans les années où fleurit l'anticartésianisme de Bayle, est si importante que certains commentateurs n'ont pas hésité à y trouver un nouveau « germe d'où se développe l'ensemble du leibnizianisme », un nouveau point de vue sous lequel le système s'ordonne. Un révolutionnaire et un traditionaliste.

Cependant, des critiques — dont Leibniz — n'ont pas trouvé de difficultés à recomposer les textes cartésiens d'éléments d'inspiration ancienne ; d'autres ont pensé qu'il renouvelait la critique historique, et que Bayle en ce sens était cartésien ; on a montré, au contraire, par exemple Dilthey, que le monde de l'histoire était absent du système leibnizien. M. Belaval se tire de la difficulté en définissant et distinguant. De fait, que rejette Descartes ? Précisément, l'histoire au sens baconien, recueil de faits pittoresques et d'opinions piquantes, compilation à la Diogène Laërce. Pourquoi ? Parce qu'elle est privée d'ordre, de pouvoir démonstratif et de fécondité, parce qu'elle s'appuie sur la mémoire et non sur l'intuition, sur le *consensus* et l'autorité. Leibniz recommande au contraire l'érudition, la description des vérités de fait, naturelles et humaines. Elevé dans le style libéral de la Réforme, il revient à la tradition, alors que l'élève des Jésuites la renie. Cela tient à l'idée que les deux philosophes se font du probable. Pour l'un, le

137

probable c'est le douteux, c'est le faux, ce que l'on doit exclure :
il n'y a qu'un type de certitude ; pour l'autre, il y a plusieurs
types de certitudes, plusieurs types gradués ; on pourra donc
faire une science du vraisemblable, sous la règle de la caractéristique : il y aura un calcul des vérisimilitudes, une logique
du probable, qui doit permettre d'intégrer à la vraie science
une foule de connaissances, de la linguistique à la jurisprudence
(on comparera cette analyse au texte, ch. VII, par. X, où elle
est appliquée à la connaissance du monde physique, avec le
bénéfice de la distinction entre le probable et le vraisemblable).
On retrouve ici l'idéal encyclopédiste qui embrasse les vérités
de fait et, en regard, les restrictions critiques qui enjoignent
de ne point aller au-delà de la certitude mathématique. Ou
le savoir est intuition et il exclut la mémoire, ou cette dernière sous-tend continûment les activités rationnelles. Ces fondements établis, Leibniz se pose des problèmes réellement historiques, comme celui du progrès, celui de l'allure des lois
de développement ou d'involution : il en donne des modèles
géométriques (n. 6, de la p. 114) ou des images algébriques :
séries de séries qui constituent l'intelligibilité du monde. Il
faut ici noter deux choses : d'abord que la méthode de compréhension du fait historique est de type mathématique, ce
qui montre que le modèle leibnizien permet des applications
plus larges que celui qu'utilise Descartes ; deuxièmement, que
si, chez Leibniz, ce monde et son histoire ont un sens, c'est
parce que, conformément à la théorie de l'expression, ils expli-
citent peu à peu dans le temps les vérités éternelles (la théorie
de l'expression mathématisant le rapport de la logique incréée
et de la création) : le monde créé est le miroir du monde
intelligible, l'histoire, le miroir de la *Philosophia perennis,*
comme les langues, variables, expriment des notions immuables
(p. 183-189), dont la langue universelle, dans sa constitution
progressive, serait la meilleure traduction. Ainsi l'historicisme
leibnizien verse à l'éclectisme : cherchons dans le monde et
l'histoire les mille éclats de la vérité ; il verse aussi au pré-
formationisme puisque, dans l'éternité, les lois de séries et la
logique incréée sont posées une fois pour toutes. Au contraire,
l'antihistoricisme cartésien verse au dogmatisme : il se présente comme le commencement absolu, la règle et l'autorité
définitives en matière de vérité (comme il présuppose l'achèvement de la science pour constituer la langue universelle). On
retrouve l'opposition de l'expression progressive dans un domaine
ouvert, et de la clarté définitive dans une région fermée, qui
a un commencement et une fin. Mais, parce que le domaine
leibnizien est en continuité avec un monde intelligible immuable,

c'est, contre toute attente, Descartes qui informera l'histoire future de la philosophie, désormais déliée de tout *impedimentum* étranger : coupure, définition, indépendance du monde humain. Le solipsisme cartésien annonce une philosophie autonome, que Leibniz appellera sectaire et partielle, que Hegel saluera comme libre enfin de tout despotisme. Au contraire, la vision universaliste — « catholique » — de Leibniz donnera la République des Esprits comme le sujet objectif de la connaissance, se développant dans l'immanence de l'histoire : il y aura des « cartésiens », non des leibniziens. Il est encore possible de déduire, des principes précédents, ces deux positions irréductibles : le monde historique est la projection temporelle du monde intelligible, l'intuitionisme implique une théorie du temps et de la connaissance qui interdit de poser le problème de l'histoire.

La conclusion de M. Belaval est, dès lors, rigoureuse. Une philosophie révolutionnaire aboutit à l'indépendance absolue de la philosophie ; avec Descartes commence l'histoire de la philosophie comme telle ; le dogme du commencement entraîne le commencement de l'histoire. Parti de la conscience et non de l'être, Descartes libère la conscience philosophique, le cogito n'exprime plus un monde intelligible, la philosophie n'aura plus pour objet que les essences existantes ; que vienne le xviiie siècle et les idées ne seront plus qu'humaines ; la théorie du progrès exprimée par l'*Aufklärung* renverra sans cesse à la source cartésienne. Au contraire, malgré l'érudition minutieuse avec laquelle Leibniz replace chaque problème au milieu de ses antécédents historiques, il ne donnera aucune impulsion particulière à l'histoire de la philosophie. Est-il au moins le précurseur de la philosophie de l'histoire ? Précurseur, peut-être, non fondateur ; de fait, il est plutôt théologien de l'histoire. Il faut donc encore passer par la révolution cartésienne pour rendre à cette discipline toute sa pureté. C'est dire qu'il nous faut, dans les deux cas, payer notre dette au philosophe et à ses disciples, qui, en rejetant toute antériorité, théologique, culturelle, historique, ont finalement donné à toute question un statut humain autonome. La critique universelle s'épanouit en humanisme.

4. Supprimer le monde intelligible, mépriser la scolastique et son formalisme, et, au-delà de ce mépris, toute tradition et tout ordre différent de celui qu'il instaure, cela signifie, pour Descartes, ouvrir sa route *du connaître à l'être*. Là est la nouveauté profonde et la raison des révolutions. Alors, en ce sens Descartes annonce Kant et fonde la philosophie moderne. Réta-

blir par la suite la chaîne de la tradition, la logique incréée et
le monde des signes, Leibniz veut, ce faisant, refaire les chemins aristotéliciens *de l'être au connaître,* et ouvre, d'une certaine manière, la voie hégelienne. L'ordre des raisons ici ne se
découvre dans sa simplicité qu'en fin d'encyclopédie, ou du
moins pendant que celle-ci se développe, et non dans un commencement absolu où il est connu d'abord. Distinction majeure
que M. Belaval enlace au filigrane de son texte et qui permet
aux trois premières de ne faire qu'un.

IV

Le modèle mathématique chez Descartes est restreint (et,
en cela, il est aussi modèle de restriction) ; chez Leibniz, au
contraire, il se trouve largement généralisé et permet une
saisie plus ample de problèmes plus nombreux. L'analyse de
ce modèle nous conduit au centre de l'ouvrage.

1. Révolutionnaire, Descartes l'est pour ce qui concerne la
situation des mathématiques : leur fécondité est indépendante
de la logique stérile de l'Ecole. Le modèle est autonome par
rapport à une discipline qu'on rejette, de même que l'ordre
philosophique se libère d'une théodicée d'où a disparu le monde
intelligible, ou que la démarche du sujet connaissant est déliée
d'un système du savoir, formel et préétabli. Mais la révolution
n'a pas lieu pour le *contenu* de ce modèle : la mathématique
cartésienne reste hellénique, c'est-à-dire, métrique et réductible, en un sens, à une théorie des proportions. Elle est, en
effet, composée d'une arithmétique (qui n'intéresse pas son
auteur) et d'une géométrie métrique généralisée de type grec,
reliées par l'accolade d'une algèbre qui, loin de former un
algorithme indépendant, se résume à une théorie des équations.
Le style critique et restrictif de l'effort cartésien est visible dans
les deux cas ; le révolutionnaire cache un sévère conservateur.
De ces deux points de vue, le modèle leibnizien s'oppose en
chiasme à celui-là. En effet, les mathématiques resteront ici une
promotion de la logique aristotélicienne, et son développement
restera analytique ; un certain logicisme reprendra la tradition
rompue par Descartes. Mais d'autre part, et bien que Leibniz
se réclame de la tradition archimédienne, le contenu se généralise et atteint des domaines interdits ou inédits. Le novateur
transparaît sous le traditionaliste.
Cette opposition peut tenir en un mot : on sait que Descartes, après Aristote, définit la mathématique, science de l'ordre

et de la mesure. En fait, elle est surtout pour lui science de la mesure ; et pour Leibniz de l'ordre (*passim*). On tirera de cela toutes les conséquences qu'on voudra. Par exemple, que Descartes la considère du point de vue quantitatif, de l'égal et de l'inégal ; qu'il privilégie donc la géométrie et la notion d'équation. Inversement, que Leibniz adopte la considération qualitative, du semblable et du dissemblable (p. 202), et donc qu'il donne privilège à l'arithmétique et à la notion de fonction ; il y a chez le dernier une véritable analyse en formation (calcul infinitésimal et théorie des fonctions) ; et cette analyse s'appuie sur un formalisme arithmétique déjà élaboré (puisqu'il connaît la combinatoire et devine la congruence et les déterminants), qui, à son tour, trouve son fondement dans une science générale et abstraite des formes et de l'ordre, presque une algèbre, au sens moderne de ce mot, et qui prévoit l'*Analysis situs* (p. 137, 236). Il était difficile de mieux centrer la comparaison.

1 *bis*. Cependant, avant d'entrer dans le détail de celle-ci, disons un mot de cette notion d'ordre qui la soutient.

On s'étonnera peut-être de ce que M. Belaval donne à Leibniz contre Descartes le privilège d'avoir centré sa pensée sur la notion d'ordre. Mais, outre que cela est incontestable du point de vue purement épistémologique, on le vérifie d'une manière plus générale.

En effet, il y a certainement chez Descartes une philosophie de l'ordre ; ou plutôt, il y a une pratique de l'ordre. D'abord, de l'ordre mathématique comme tel, au sein duquel deux idées successives A et B le sont parce qu'elles sont liées par un troisième terme, leur rapport de grandeur. D'où l'on voit que l'ordre mathématique est asservi à la mesure, c'est-à-dire à la proportion (p. 282-283).

Ensuite, l'ordre mathématique est le modèle de l'ordre philosophique. Mais ils ne se réduisent nullement l'un à l'autre. Ils sont différents en ce que, entre les pensées A et B, Descartes n'introduit jamais un troisième terme, il les considère seulement en elles-mêmes (p. 220-221 ; on comparera la page 220 à la note XIII de l'appendice de l'ouvrage cité de M. Vuillemin, et à l'introduction du livre de M. Gueroult sur Descartes). Mais ils sont comparables en ce que l'un donne l'occasion de s'imaginer qu'un tel mouvement réglé de la pensée mènerait en philosophie, à la certitude. Ainsi, aux yeux de M. Gueroult, la force probatoire de l'ordre adopté dans les *Méditations* est due à l'*irréversibilité* de la déduction, irréversibilité qui serait le lien profond qui unit le modèle à son application. Il m'est impossible de comprendre B sans auparavant avoir compris A et, réciproquement, je puis me passer de B et la suite pour comprendre A. Mais il faut s'entendre ici, car, à strictement parler, l'irréversibilité n'est nullement d'essence mathématique. Ou plutôt, il y a deux ordres mathématiques ; celui qui découvre une solution et qui donc est irréversible, puisqu'on va du connu à l'inconnu, et qu'on tisse peu à peu le complexe à partir du simple, le difficile à partir du facile : c'est ici la voie de l'invention ; ce n'est pas l'ordre *des* mathématiques, c'est celui de l'exercice du mathématicien. Mais celui *des* mathématiques est, en fait, indéfiniment réversible ; beaucoup de chemins, pour ne pas dire tous, mènent à une notion, à une idée donnée. Leibniz le sait, lui le philosophe des points de vue et du systématisme plurivoque. De manière plus restreinte, c'est aussi la considération, et du noyau d'où je pars, et de l'élément constant qui est le rapport encore deux termes successifs quelconques. L'homogénéité totale introduite dans l'ordre par cette double considération affaiblit la notion d'irréversibilité jusqu'à la rendre inutile. Leibniz le sait également, lui le philosophe des lois de séries. Ainsi, en accord avec les interprètes cités, l'irréversibilité de l'ordre cartésien est celui de la *ratio cognoscendi,* non de la *ratio essendi.* Cela confirme à nouveau les distinctions principielles de M. Belaval concernant la voie du connaître à l'être, ou son inverse, d'une part, le monde intelligible, d'autre part. Mais aussi ses actuelles conclusions : Descartes se sert de l'ordre mathématique et assujettit sa pensée à un ordre analogue, quoique différent ; Leibniz pense cette notion et la généralise comme telle. Pour l'un, elle est instrument, fil d'Ariane, méthode ; pour l'autre, elle est un objet fondamental de la pensée formelle. Descartes ainsi est le philosophe *selon* l'ordre irréversible du sujet connaissant, Leibniz celui *de* l'ordre infiniment restructurable des choses. L'irréversibilité cartésienne de la chaîne gnoséologique deviendra chez Leibniz le *situs* qualitatif et irréductible de chaque être.

Mais, pour ce qui concerne le modèle. mathématique strictement, la distinction de naguère — ordre et mesure — demeure et suffit.

2. Arrivé à ce point, M. Belaval précise la comparaison en deux temps : il décrit d'abord les *doctrines,* il en vient ensuite aux *techniques.* Pour les doctrines, l'auteur choisit un index privilégié, l'idée de nombre (on voit, p. 253, comment ce paradigme réfléchit les conceptions d'ensemble). Tout au long de l'analyse, nous allons retrouver, en effet, les principaux critères de la différenciation : intuition, extension spatiale, mesure, discontinuité, toutes caractéristiques qui confèrent son

style propre à la mathématique cartésienne, et qui vont ensemble concourir à la solution (dont j'ai dit un mot) du problème final du plus grand nombre. Suivant le même index et aboutissant au même problème, la doctrine leibniziénne apparaît plus complexe et plus fouillée, pour la simple raison qu'ici l'idée du nombre est fondamentale, alors que, là, elle était, disons, marginale. Comme l'ordre précède la mesure, l'arithmétisme remplace le géométrisme, la *multitudo* fonde la *magnitudo*, le continu sous-tend le contigu, qui n'en est plus que la limite ; de même, l'intensif est plus profond que l'extension, et le *situs* qualitatif que la *materia sive quantitas*. Le nombre cartésien était instrument de mesure, il devient opération ; il était spatial, il devient élément idéal ; il avait le caractère extrinsèque d'un signe, il a maintenant un rapport intrinsèque, et avec le nombré, et avec l'opération intellectuelle du nombrement, deux rapports qu'il exprime en un ; c'est cette identité entre l'opération et son résultat qui est le privilège le plus considérable de l'arithmétique, sa profondeur et sa fécondité. Ainsi Descartes se sert du nombre, Leibniz l'analyse et le généralise : alors peuvent entrer dans la caractéristique, au même titre que les entiers, les rompus, les sourds, les transcendants, les qualifiés, les algébriques et les imaginaires ; cela n'est possible que parce que le nombre, formalisé, est à la fois une collection et une opération. Double profit : on étend ainsi le domaine des nombres, mais on admet des opérations que Descartes aurait refusées, par exemple le passage à la limite.

Il convient ici de s'arrêter, car ces idées sont de première importance (p. 256-266). En effet, si le nombre est opération, peut-être en pourrons-nous trouver qui fondent le passage du discret au continu. Nous sommes sans doute à la source de la solution d'un problème important du leibnizianisme. M. Belaval lui-même signalait, non sans profondeur, dans son *Pour comprendre la pensée de Leibniz* (p. 207), que la difficulté ' centrale du système était l'emploi simultané du principe des indiscernables et du principe de continuité. Or, au niveau du formalisme arithmétique, nous allons découvrir ce passage du discret au continu, qui doit justifier logiquement cette simultanéité : le principe de similitude ou de même raison, l'itération virtuellement interminable d'une opération, va être à la source de l'infini (p. 260). On comprend là de manière très précise comment s'opèrent : l'arithmétisation de l'analyse, la distinction entre opération terminable et interminable, entre vérité de raison et vérité de fait, entre nécessité et liberté... On pourrait dire que l'ensemble du leibnizianisme se réfère à deux principes, ou à deux notions qui, au premier abord, ne semblent pas conciliables : la notion de similitude et la notion d'infini. Or, ces remarques tendent à montrer que la première est la source de l'autre, à l'image du formalisme arithmétique. Le monde leibnizien reprend alors sa cohérence, et ne forme plus tout à fait un système dont la synthèse est inaccessible. On aura intérêt à méditer ces pages qui sont, à mon sens, parmi les plus fortes de l'ouvrage, et parmi les plus profondes que l'on ait écrites sur Leibniz.

On comprendra, enfin, comment la solution du problème du plus grand nombre devra utiliser la virtualité de l'itération intellectuelle, source de l'infini potentiel du calcul, et finalement interdiction de l'infini quantitatif actuel (p. 271).

3. L'ensemble des problèmes doctrinaux liés à l'idée du nombre débouche, à l'occasion des difficultés présentées par le plus grand d'entre eux, sur la question de l'infini. Sur celle-ci, Descartes ne conclut pas et refuse d'aborder ce domaine ; que Leibniz conclue, même négativement, nous fait voir qu'il consent du moins à l'explorer. Nous ne pouvions être mieux conduits à l'examen des techniques algébriques du premier et des audaces infinitésimales du second. On me permettra d'attirer ici l'attention du lecteur sur cet examen ; il apporte en effet des lumières définitives sur beaucoup de questions.

D'abord, le cadre général de la comparaison ; le dialogue mathématique ici décrit répète, en un sens, l'antique opposition des méthodes d'Archimède et de celles d'Apollonius. On sait que le premier est surtout connu pour s'être avancé aux rectifications et quadratures qui supposent déjà l'esprit infinitésimal, le second pour avoir pensé la synthèse spatiale des problèmes du deuxième ordre. Que la ressemblance soit forte, nul ne le peut contester, et Leibniz lui-même, qui aimait les héritages, ne manque pas à recueillir celui-ci (p. 362). Mais M. Belaval, citant un texte de Chasles (p. 279), nous avertit que ce parallèle est insuffisant. Bien sûr, Leibniz est ouvert à des méthodes archimédiennes que récuse Descartes ; mais si l'esprit de ces méthodes l'emporte sur la tradition apollinienne, eu égard à ce que deviendra plus tard l'analyse, le style d'Apollonius dépasse à son tour la problématique archimédienne, en ce qu'une géométrie de la forme et de la position fonde elle-même l'analyse. Alors, il n'y a plus parallèle mais chiasme ; Leibniz bénéficie à la fois de la force des deux traditions, il est mathématicien de l'infini et de la qualité ; Descartes hérite des deux restrictions, il est celui du fini et de la quantité.

De toute façon, le génie propre de l'esprit mathématique les habite tous deux ; et ce génie est toujours celui de la *généralisation*. Voilà le lien entre ces deux dialogues historiques ; dans chaque cas, il y a généralisation algorithmique de la tradition hellénique : les notations algébrique et différentielle dont s'enorgueillissent nos deux auteurs en sont l'expression « linguistique ». D'où l'amour de Descartes pour l'algèbre et son mépris pour l'arithmétique ; il ne soupçonne pas en celle-ci de puissance formelle, il n'y perçoit qu'un outil de mesure, comme on a vu ; sa relation à l'algèbre est donc le lien du général au particulier. Par ce lien, l'algèbre clarifie des idées que les nombres renfermaient, confuses ; la théorie des proportions abrège, simplifie, ordonne et place en évidence des liaisons que l'arithmétique n'aperçoit pas. Ce travail d'unification et d'éclaircissement, l'algèbre va l'accomplir aussi pour la géométrie ; elle doit parvenir à faire pour les figures ce qu'elle a réussi pour les nombres : deux généralisations des problèmes helléniques en une seule discipline (p. 285) ; et la dernière n'est possible que lorsqu'est généralisée la notion de dimension. Mais il se trouve que les extensions cartésiennes ne vont pas au-delà d'une certaine limite ; sans doute parce que le projet général reste celui d'un géomètre ; alors les racines négatives sont reçues, parce qu'elles ont un sens sur un axe, non les imaginaires, puisque leurs propriétés spatiales (paradoxales) ne sont pas reconnues ; l'invention algébrique se trouve limitée par l'intuition ; bornée, l'algèbre ne s'avancera point aux exposants quelconques ; par conséquent, et en retour, on refusera l'analyse des transcendantes. La restriction est double et réciproque, chaque discipline limite sa voisine.

4. Ceci posé, la critique leibnizienne est des plus aisément compréhensibles. L'esprit de la généralisation doit supprimer les limites ainsi définies. Alors, l'arithmétique trouve la dignité d'un algorithme formel : le nombre utilisé dans ce qui est déjà une théorie des déterminants reçoit une valeur abstraite d'ordre et de position ; ensuite, l'algèbre s'avance à l'étude des exposants quelconques, et en particulier irrationnels ou variables ; enfin, la géométrie doit présenter un calcul direct des formes, et dépasser ainsi l'exclusive considération de l'égal et de l'inégal. Toutes les extensions possibles sont systématiquement pensées par Leibniz, dont l'*Ars combinatoria* représente l'ultime et fondamentale expression : il sera science des formes et des qualités *in universum*. Généralisations pensées, pas toutes réalisées, mais dont l'histoire des mathématiques jusqu'à nos jours se souviendra fidèlement et de bien des manières. Il est

certain que, comparé à ces sublimes préfigurations, le calcul infinitésimal est une découverte d'une importance relative. La richesse de la mathématique leibnizienne justifie le jugement récurrent dont nous avons parlé.

Et pourtant, dans une perspective strictement historique — c'est-à-dire celle qui refuse ce jugement —, c'est bien le calcul qui oppose les deux philosophes. Ailleurs, dans ce qui fait l'originalité profonde de Leibniz, celui-ci se place *en dehors* de l'optique cartésienne et anticipe l'esprit général des mathématiques du XVIIᵉ siècle. Ici, au contraire, et quoiqu'il s'oppose à son devancier, il découvre des résultats (p. 301) qui complètent l'œuvre de Descartes et lui donnent une force et un sens nouveaux : la géométrie n'est réellement analytique qu'après la mise en place de la notation infinitésimale. Là est le centre de la comparaison, au regard des œuvres et dans l'esprit du temps.

On retrouve alors le problème de l'infini, et ses spécifications : séries, convergence, passage à la limite, fonction. M. Belaval donne des exemples très brillants du traitement de problèmes identiques par des méthodes qui utilisent ou refusent l'outil infinitésimal : détermination des tangentes et calcul de la sous-normale, aire de la roulette, problème de Florimond de Beaune. Je ne puis les analyser dans le détail ; qu'il me suffise de dire l'admiration qu'on ne pourra manquer d'éprouver pour le génie mathématique de Descartes qui, en cela comparable aux Grecs, se privant ou manquant de méthodes « fortes », parvient cependant aux solutions (p. 309) ; il évite, par exemple, la considération de l'infini par la découverte de correspondances réciproques. C'est une excellente manière de discerner ce génie particulier que de comparer la faiblesse des méthodes et la force des problèmes résolus par elles [2]. Quoi qu'il en soit, une question va désormais se poser, qui ne concerne plus les opérations ou les méthodes, mais l'être même dont on parle dans le calcul. Qu'est-ce qu'une infinitésimale ?

5. En réponse à cette difficile question, M. Belaval décrit l'évolution historique et la genèse épistémologique au cours desquelles la notion s'est élaborée. Quatre étapes doivent être parcourues, qui sont : indivisibles, incomparables, homogones, différentielles.

Il faut commencer par Cavalieri, et par les erreurs commises à son sujet. En effet, ses *indivisibles* ne sont pas des différen-

---

2. Cette remarque peut d'ailleurs avoir une portée plus profonde ; elle ne s'applique pas seulement à une psychologie de l'invention.

tielles : ce sont des éléments assignables, finis, invariables, trois caractères contraires à l'esprit du calcul. C'est pourquoi Descartes s'en tient à Cavalieri qui le libère du passage à la limite, opération qu'il récuse ; l'admettre au contraire, c'est se libérer des indivisibles. Le contresens est patent de ceux qui les interprètent comme des êtres évanouissants, cas de Pascal et de Roberval ; mais, à la faveur de ce contresens, l'esprit du calcul commence de triompher. Alors Leibniz range Descartes du côté de Cavalieri et, par l'étude des sommations de séries, parvient à penser l'évanouissement d'une quantité inassignable. Notons ici que la tradition archimédienne passe, comme il est normal, par la mécanique : l'élément considéré a un statut dynamique.

Il était aussi normal qu'elle passât par l'étude des quadratures. Celle-ci engage des calculs de progressions et d'approximations ; ici, Leibniz va substituer au désordre de l'approximation des décimales, l'exactitude de la loi d'ordre sériel ; et la sommation de ces séries nous introduit tout naturellement à la doctrine des *incomparables*. Il faut, pour la comprendre, admettre une échelle d'ordres où un élément quelconque est infiniment petit ou infiniment grand par rapport à l'élément qui le précède ou le suit ; à l'intérieur d'un même ordre joue le principe de continuité ou axiome d'Archimède : les éléments de cet ordre, tous homogènes, se peuvent surpasser l'un l'autre par des multiplications convenables, ce qui n'est évidemment pas le cas pour les éléments de deux ordres différents. Alors, et rigoureusement, on peut éliminer sans erreur tout élément du second ordre dans un calcul linéaire et ainsi de suite. Mais l'incomparable n'est pas encore l'infinitésimale car, en toute exactitude le grain de sable par rapport à la sphère des fixes a son poids et son sérieux, fussent-ils dérisoires.

C'est pourquoi il faut penser une nouvelle fois l'opération du passage à la limite. C'est encore l'étude des séries et de leur convergence qui nous fournit un type de passage dégagé de toute intuition spatiale. Ainsi, la somme d'une série va tendre vers une limite sans que jamais soit impossible l'intercalation d'un terme entre la somme et la limite. Il n'y a pas homogénéité, au sens archimédien, entre la borne et ce qui est borné : ce sont, dit Leibniz, des *homogones* (p. 333-334). Ce terme permet de comprendre comment l'égalité est limite d'inégalités, le repos du mouvement, etc. Il est bien évident que cette doctrine du passage à la limite, d'une part suspend la juridiction du principe du tiers exclu, mais de l'autre introduit en mathématique des considérations échappant d'une certaine manière à la métrique.

147

Ces trois premières étapes parcourues, faisons le bilan : nos infinitésimales sont des quantités évanouissantes, inassignables, qui peuvent être rangées selon des ordres incomparables et auxquelles on peut appliquer l'opération du passage à la limite.

6. Mais ces trois analyses ont également montré le rôle capital de l'étude des séries dans la genèse des notions du nouveau calcul. Aussi bien P. Boutroux déclarait-il dans son *Idéal scientifique des mathématiciens* (p. 117) que la théorie des développements en série était la partie la plus importante et la plus féconde de cette nouvelle mathématique. Il est vrai que ceux que nous appelons maintenant les « classiques » considéraient la Théorie des fonctions comme l'essentiel de leur science. Alors le calcul et les développements, sur lesquels s'appuie cette théorie, prennent une importance considérable et, chez Leibniz, on est tenté de privilégier et l'un et l'autre. A notre époque, comme j'ai dit, nous minimiserions cet apport, et valoriserions d'autres aspects de son œuvre ; de même ont fait Russell et Couturat, quand naissait le logicisme. Le mérite de l'ouvrage de M. Belaval est de tenir un compte rigoureux de ces tendances : il montre parfaitement ce qui fait de Leibniz le premier « classique » (et de Descartes le dernier Grec) et, par touches habiles et pénétrantes, ce qui fait de lui l'ancêtre des modernes.

Mais revenons à nos séries. Souligner leur importance, c'est dire que la notion de différentielle, si elle a une évidente origine géométrique, doit aussi beaucoup à l'arithmétique ; et, précisément, Leibniz atteint l'idée de fonction par-delà les résultats remarquables obtenus par Wallis sur les séries numériques ; et cette dernière idée est désormais fondamentale en analyse, comme on vient de le voir. La nouvelle mathématique s'organise autour de trois notions concourantes : la loi de *série,* qui dépasse Wallis, la *fonction,* qui dépasse l'équation cartésienne, enfin l'*infinitésimale,* qui dépasse Cavalieri. Ainsi est formé le noyau de l'organisation dite « classique » ; qu'il soit fondé sur des rapports d'ordre et de situation, il faudra deux siècles pour éclairer parfaitement cette anticipation leibnizienne.

La genèse achevée et le tableau décrit, quelques difficultés subsistent cependant ; et la querelle sur l'infinitésimale longtemps se prolongera. Il s'agit d'une quantité évanouissante : convergence arithmétique et transition continue en géométrie, passage à la limite dans les deux cas ; d'autre part, le langage fonctionnel impose la réciprocité de l'intégration et de la différenciation, et dépasse par conséquent l'idée d'incom-

parable. Mais, si ce langage est concevable formellement, l'évanouissement reste une inexactitude ; d'où la querelle sur la
réalité d'un être qui n'est ni intuitionnable ni représentable,
et que Leibniz lui-même n'admet que comme un être idéal et
auxiliaire. Je ne puis reprendre le détail de la discussion, ni
cette fameuse théorie de l'erreur compensée, où Poincaré lui-
même confirme Berkeley, Carnot et Comte (p. 349 sq.). Disons
simplement que deux tendances profondes expliquent l'accueil
fait à la différentielle dans le leibnizianisme : premièrement
le formalisme et la confiance en la *cogitatio caeca*, qui en font
un symbole opératoire ; deuxièmement, la conception de l'infini comme activité de l'esprit, pouvoir dynamique de l'intelligence. La notion est « objectivement » fondée au sein d'un
algorithme qui réussit, et subjectivement, dans une conception
générale de la connaissance (p. 361).

V

1. Nous voici munis des outils convenables à la construction du monde. Différents sont les outils, autres seront les
mondes.

Cette partie de l'ouvrage est certainement la plus difficile : car, si la mathématique de ces auteurs est, pour nous,
toujours vivante, leur physique nous est, en un sens, étrangère ; prénewtonienne, elle fait partie, si l'on peut dire, de la
préhistoire de la science. C'est aussi le lieu où M. Belaval
déploie la plus grande virtuosité architectonique, pour être
obligé d'entrelacer tous les thèmes précédents qui concourent
chacun à ces cosmologies.

Il nous sera impossible de suivre avec fidélité tous les linéaments de la démonstration. Mais exprimons au moins l'étrange
paradoxe de cette physique. Comment a-t-on pu délaisser,
au moment de construire, les outils élaborés en vue de cette
construction, ou plutôt ceux d'entre eux qui nous semblent,
à nous modernes, les mieux adaptés à cette fin ? Comment
l'a-t-on pu faire, alors que semblaient résolues les principales questions *doctrinales* et *méthodologiques* de la connaissance du monde ?

La première question engage une étude de la notion d'expérience, ce qui est naturel, et de ses implications métaphysiques ;
en effet — et ceci est capital —, l'expérience est d'abord une
notion qui ne conquiert son autonomie et ne s'impose comme
nécessaire que par des voies de cet ordre (p. 371). Ces impli-

cations sont : le possible, le contingent, le probable, l'hypothétique. Que l'expérience soit une exigence des deux philosophies résulte de l'analyse de la première de ces implications. D'un côté, la généralité possible est plus large que le réel, de l'autre, la singularité du réel est plus large que nos possibles ; dès lors, le recours expérimental est indispensable pour combler l'intervalle qui, chez Descartes, est le signe de l'échec de la déduction universelle dans un sens, et, chez Leibniz, celui de l'induction encyclopédique dans l'autre. D'une certaine manière, cette exigence s'impose *par défaut*. Supposé que nous fussions Dieu, ce recours serait inutile ; mais nous sommes créatures, au même titre que le monde sur lequel nous allons devoir expérimenter. Créatures, c'est-à-dire contingents. La physique prénewtonienne est celle d'un monde contingent, celle d'un monde *créé*. Il faut donc rapporter le dialogue cosmologique aux principes des « créationismes » qui le rendent possibles. Chez Descartes, l'acte créateur fera intervenir la volonté divine toute pure ; celle-ci, l'entendement divin et leur rapport réglé concourront chez Leibniz à composer un monde déterminé, organisé, finalisé, où est infinie l'analyse des éléments, et qui s'oppose au monde cartésien de l'indéfini et de l'extension. On retrouve alors comme constitutifs de l'univers tous les éléments antérieurement analysés : mécanisme et finalisme, quantité et qualité, homogénéité et altérité, discontinuité et variations continues parvenant à une simplicité sans symétrique, machine et nature, temps ouvert et ordre de rapports logiques, tous éléments qui sont les indices d'un monde créé soit par une toute-puissance et sans modèle, soit par une puissance qui choisit parmi d'autres l'organisation architectonique parfaite que lui propose l'entendement (je renvoie ici aux excellentes pages 423-428).

On se rappellera à ce propos la toute première distinction : logique incréée et suppression du monde intelligible. Distinction que l'on retrouve quand on se pose la question de la rationalité du réel, que M. Belaval résout en choisissant comme référence le thème de la causalité. Pour Descartes, en effet, Dieu institue notre raison et en garantit la portée par sa véracité. Que si sa toute-puissance avait voulu des montagnes sans vallées, notre raison, différente, aurait compris ce spectacle par la garantie de cette véracité. Le réel a donc, chez lui, une rationalité hypothétique. Elle est absolue chez Leibniz, où la *causa* est identique à la *ratio*. D'un côté, la matière est irrationnelle quoique intelligible, elle s'animise de l'autre, où l'irrationnel n'est plus que la limitation inhérente à toute créature, et l'interminabilité de l'analyse.

2. Ces fondements doctrinaux acquis, il nous faut passer aux principes méthodologiques. On saura gré à M. Belaval d'avoir soigneusement distingué les problèmes de cosmologie générale et les questions de méthode. Cela lui permet de replacer avec exactitude la physique prénewtonienne. En effet, on voit par là comment elle reste ontologique et apriorique, voire théologique ; mais, d'autre part, on aperçoit de quelle manière elle prépare les voies à la science moderne. Par exemple, assimiler contingence et indéterminisme, déterminisme et nécessité, revient à la même confusion que de réunir cause et loi. Si la pensée moderne ne peut plus (en droit) faire ces confusions, il était naturel que cette physique la commît, où la méthodologie est fondée sur la métaphysique et non séparée d'elle. Parfois, pourtant, le sens « positiviste » de ces termes est préparé ; jamais il n'est acquis. Le thème de la création est toujours présent : les principes physiques sont ce que Dieu maintient, les lois sont ce que Dieu laisse faire. La distinction de M. Belaval recouvre une liaison profonde dont il ne cesse de nous avertir : loin que les fondements doctrinaux soient posés en vue des méthodes, celles-ci sont tournées vers ceux-là ; quelles que soient donc les méthodes qui permettent de parvenir aux principes et aux lois, quels que soient les domaines auxquels ils s'appliquent (matière inerte, psychologie, histoire), ils ne sont jamais établis sur l'exclusive pratique de la *mesure* expérimentale, mais selon la cohérence doctrinale.

Et cependant, fidèles aux exigences de leur théorie, Descartes et Leibniz ont le souci commun de cette pratique. Sans doute, elle est insuffisante chez le premier et entièrement subordonnée à la déduction. Mais la critique du second porte beaucoup moins sur cette insuffisance que sur la faiblesse des inférences théoriques ; il montre par là que, comme son devancier, il n'est pas parvenu au retournement newtonien, qui annonce la pensée moderne et qui consiste à ne plus aller de la doctrine à la méthode, mais de l'expérience à sa législation hypothétique. Au contraire, cette critique est en tous points parallèle à celle qui a porté sur les mathématiques : il s'agit de dépasser Descartes dans l'universel.

Eloignés en cela des *Principia* de Newton, ils le sont également pour deux autres raisons : leur épistémologie du sensible, différente, et leur mathématisation de la physique, semblable. Ici se placent, à mon sens, les pages les plus brillantes et les plus fortes de cette dernière partie (p. 480-496). Leur densité rend impossible un résumé rapide. Disons simplement que l'analyse de la première de ces raisons confirme les récentes acquisitions : pour Descartes, le rationnel est réel, mais je ne puis savoir si le réel est rationnel ; pour Leibniz, au contraire, tout réel est rationnel, et l'expérience ne peut donc prendre en défaut la théorie. Que, d'autre part, l'analyse de la deuxième raison confirme et consolide l'apriorisme des deux auteurs : leur physique est générale, universelle et ne prend au modèle mathématique que ce qui fait la certitude de sa méthode ; elle ne lui prend pas la précision. En effet, ce modèle offre d'une part la rigueur déductive des chaînes de raisons universelles, et d'autre part la précision perfectible des approximations inductives ; les prénewtoniens choisissent la rigueur et déduisent, les newtoniens choisiront la précision et mesureront. Ainsi Descartes et Leibniz ont manqué la physique mathématique, si l'on peut dire, par excès, par excès de rigueur et d'universalité. La dernière démonstration de ce résultat se trouve dans le refus leibnizien d'appliquer le calcul des probabilités, solution considérée comme scientifiquement imparfaite, et qui n'a de valeur que pratique.

La vraie science consiste à se placer du point de vue de Dieu. Comme on a vu, l'expérience est alors inutile. Au regard de l'homme, elle est indispensable, par défaut. Mais, pour que la physique soit une vraie science, il la faut rigoureuse, non précise. Alors la chaîne déductive sera suivie et le retournement newtonien impossible. Le démon de la généralité, qui a fait triompher Descartes et Leibniz dans le domaine mathématique, leur a fait oublier ou mépriser les singularités approximatives et probables, les inductions et les mesures particulières.

L'ouvrage de M. Belaval revêt une importance considérable, en ce qu'il réunit des avantages qu'il est difficile de concilier.

D'abord, il nous apprend la rigueur et la précision historiques. Il évite toute partialité par la profondeur de l'information, par une intelligence aiguë du XVII° siècle, de son style propre de démonstration, de son traitement particulier des problèmes scientifiques et philosophiques, de sa manière originale de les composer. C'est sa première vertu, qui est de *fidélité* sans concessions. Par là l'histoire des idées échappe aux catégories scolastiques, aux querelles académiques, aux termes en -isme.

Ensuite, et par cette vertu même, M. Belaval dépasse la seule description historique. Il découvre, dans un dialogue prénewtonien qui peut parfois nous sembler étranger, une opposition immortelle. Ce livre qui se donne modestement comme un livre d'histoire est beaucoup plus que cela. En effet, voici que cette opposition se projette en tous temps et en tous lieux ; Apollonius et Archimède se répondent, comme Platon et Aristote, Comte et Cournot, Brouwer et Hilbert, sur l'esprit, la conception, la méthode et la nature des sciences mathématiques ; de même qu'Anaxagore et Platon, Epicure et Aristote, sur son application à la construction de l'Univers ; enfin Kant et Hegel, sur la vision philosophique des choses... La fidélité historique réfléchit une *philosophie générale de l'histoire*. M. Belaval croit, au fond, à une *Philosophia perennis,* et sans doute aussi à une *Mathesis perennis,* dont les problèmes, parfois indépendants, mais ici profondément liés, prennent des visages nouveaux, mais toujours recommencés.

Et de le démontrer, en référence à notre temps. Car, qui, de ces deux héros, est, de nous, le plus proche ? Est moderne, à coup sûr, l'homme du logicisme ; et les instaurateurs de ce mouvement n'ont pas hésité à payer leur dû à Leibniz, comme M. Belaval en paie un autre tout aussi capital en saluant en lui le mathématicien du formalisme, de l'ordre et de la situation. Mais bien des résultats récents critiquent et restreignent les premières ambitions ; on voudra bien écouter alors l'écho des lointains impératifs cartésiens. Ainsi puise-t-on indéfiniment dans un héritage qui, tous les jours, reprend une valeur présente. Du même coup, ce livre qui exprime des conceptions fondamentales de la *Mathesis* éternelle devient un livre *vivant* qui éclaire des difficultés majeures du savoir actuel. Précieux à l'historien, au philosophe de l'histoire, il devient de première importance pour l'épistémologue.

Mais aussi pour le philosophe de notre temps. Que si, depuis naguère, le vent s'est établi pour Descartes contre Leibniz, je veux dire pour une philosophie de la conscience contre un encyclopédisme, il était bon qu'on dise que ce dernier n'est pas dépourvu d'arguments capables de critiquer une philosophie du *cogito,* du moins si elle abandonne le domaine des connaissances en acte. Nous voilà désormais prémunis contre l'oubli de deux sagesses.

Janvier 1961.

La monade n'a point de « fenêtres par lesquelles quelque
chose y puisse entrer ou sortir » [1]. Elle est seule au monde,
forclose et isolée, seule avec Dieu, qui entre avec elle « en
conversation et même en société en (lui) communiquant ses
pensées et ses volontés d'une manière particulière » [2]. Miroir
de Dieu, « région des vérités éternelles » [3], elle l'est aussi de
l'univers, région du consentement et de la connexion. Car,
tout ici conspire, est lié, s'entr'exprime et congrue. Ces relations, multipliées jusqu'à l'infini, des atomes de la nature ou
points métaphysiques entre eux, ne s'entendent que dans et
par leur relation simple et solitaire à la *Monas monadum*. Nul
ne voit en effet comment une substance pourrait communiquer
avec une autre substance créée ; comment, selon la rigueur
métaphysique, s'établirait une influence réelle de l'une sur
l'autre : chacune est comme un monde à part et s'efforce
spontanément, comme s'il n'existait qu'elle et Dieu, pour
reprendre le mot de Thérèse d'Avila. Par cette liaison unique,
établie par avance depuis l'éternité et pour l'éternité, se constitue un parfait accord et rapport mutuel qui produit ce que
nous appelons leur communication [4].

L'indépendance réciproque des monades, plus leur dépen-
dance respective vis-à-vis de Dieu établit leur communication
mutuelle [5].

Dire que le rapport entre substances se résout en leur isolement plus leur dialogue mystique est une *exposition* de
l'état des choses dans leur réalité métaphysique. Or, si cette
exposition est véridique, l'état des choses correspondant doit
être *explicable,* voire soumis à *démonstration,* selon la nécessité qui régit la constitution du monde, à savoir la nécessité
minimale du meilleur, ou nécessité morale. Il convient donc
d'établir cette démonstration en n'utilisant que les principes
admis dans la logique leibnizienne du mécanisme métaphy-

---

1. *Monadologie,* 7.

2. *Disc. de Métaphysique,* 35 ; Phil., IV, 460-461.

3. *Monad.,* 43 ; cf. Phil., VII, 311.

4. *Système nouveau de la nature et de la communication des substances (Journal des Savants,* 27 juin 1695 ; Janet, I, pp. 640, 41, 42, 43).

5. Cela explique, en particulier, comme on le sait, l'union de l'âme
et du corps.

sique [6]. Certes, ce projet n'ôte pas le droit de remarquer la profondeur existentielle de cette pensée qui tente d'expliquer par une référence extérieure la solidarité objective des choses et des destins, en assumant l'expérience douloureuse de leur surdité, de leur opacité, de leur étrangeté mutuelles ; de fait, il faut au minimum un Dieu pour que les monades s'écoutent et s'entendent. Démontrer n'exclut pas la vision des choses mêmes, l'expérience vécue ne dispense pas de raisonner.

A première vue, la solution du préétablissement harmonique heurte les spécifications les plus connues du principe de raison déterminante et de la nécessité du meilleur :
Premièrement, pour rendre compte d'une *relation unique* entre deux monades — sans s'interroger sur la possibilité ou l'impossibilité ontologiques de leur influence —, on éprouve le besoin d'en poser *deux,* celle de chaque substance respectivement avec la *Monas monadum.* Il semble que l'on contredise au principe de la moindre dépense qui recommande de ne pas multiplier les relations sans nécessité. Le monde paraît construit, pourrait-on dire, selon un faisceau constitué de beaucoup plus de liaisons qu'il n'en faudrait pour établir le réseau de l'entr'expression monadique, en l'espèce *deux pour une.* Le principe d'économie paraît contredit quantitativement, ce qui est une première imperfection.
Si l'on considère, deuxièmement, les deux points métaphysiques entre lesquels on s'efforce de penser la communication, la solution du préétablissement paraît à l'évidence *celle du plus long chemin possible* [7] — répétons au passage que nous parlons logique et mécanique, et non point métaphysique

---

6. *De Rerum originatione radicali,* Phil. VII, 304. La nécessité mathématique ou métaphysique est telle que le contraire y implique contradiction ; la nécessité morale qui préside à la création est telle que le contraire y implique imperfection. A propos du mécanisme métaphysique, on remarque trop peu la continuité qui existe entre la loi de soumission de la mécanique physique aux principes métaphysiques et la loi d'organisation mécanique des êtres métaphysiques : cela signifie que la voie qui mène de la mécanique à la métaphysique n'est pas irréversible ; elle est, au contraire, inversable, point par point ; s'il y a une métaphysique du mécanisme et du dynamisme, il y a aussi un mécanisme et un dynamisme métaphysiques. Il est donc aisé de réécrire l'ouvrage classique de M. Gueroult dans l'autre sens.
7. Les meilleures définitions (abstraites) du chemin parcouru se trouvent dans les *Nouveaux Essais,* II, XIII, 3, Phil., V, 133-134 ou dans les *Initia rerum mathematicarum metaphysica,* Math., VII, 18 : « Deux

à la rigueur, de la même façon que le *De Rerum* parle, pour la création, d'aménagement optimal de l'espace. En effet, « intercaler » Dieu entre les deux points revient à reconnaître entre eux le chemin maximum, et peut-être le moins simple : en d'autres termes, on obtient un résultat local et singulier par la plus grande dépense. Ou encore, si on consulte la critique la plus clairvoyante (et la plus élégante) qui ait jamais été opposée à la géométrie cartésienne, il semble bien que la théorie de la communication des substances, au moins dans son armature relationnelle, y soit soumise de droit ; en assujettissant la géométrie à l'algèbre, Descartes a ouvert une voie assurée, mais non optimale, un détour commode (pour la volonté), mais souvent excessif (pour l'intelligence) : « c'est comme si, pour aller d'un lieu à un autre, on voulait toujours suivre le cours des rivières » [8]. Passer toujours par l'algèbre

points sont d'autant plus proches que les éléments intercalés les plus déterminés (*maxime determinata*) donnent quelque chose de plus simple. Un tel élément intercalé très déterminé est le chemin le plus simple de l'un à l'autre, à la fois minimum et le plus monotone », etc. Reichenbach, commentant ce texte, commet l'erreur constante de reconnaître des notions topologiques à peine naissantes, et de méconnaître les notions de « calcul des variations » systématiquement employées. *Modern Philosophy of Science*, Londres, 1959, pp. 46-47.

8. Couturat, « Projet d'un art d'inventer », in *Opuscules*, p. 181. Le texte poursuit : ... « Comme un voyageur italien que j'ai connu qui allait toujours en bateau quand il le pouvait faire, et quoiqu'il y ait 12 lieues d'Allemagne de Wurcebourg à Wertheim en suivant la rivière du Mayn il aima mieux de prendre cette voie que d'y aller par terre en 5 heures de temps. Mais lorsque les chemins par terre ne sont pas encore ouverts et défrichés, comme en Amérique, on est trop heureux de pouvoir se servir de la rivière : et c'est la même chose dans la Géométrie quand elle passe les éléments ; car l'imagination s'y perdrait dans la multitude des figures, si l'Algèbre ne venait à son secours, jusqu'à ce qu'on établisse une caractéristique propre à la Géométrie, qui marque les situations comme l'Arithmétique marque les grandeurs. » Deux remarques sur ce texte :

1. Wurtzbourg et Wertheim sont situés à la base d'une ganse du Main dont le sommet se trouve à Gemünden : le principe leibnizien équivaut alors à *l'inégalité triangulaire ;* il énonce le principe du *plus court chemin,* ou du *court-circuit* sur une ganse ; c'est *un schéma méthodique, au sens moderne.*

2. Le principe cartésien impose de conserver toujours la même méthode, c'est-à-dire de suivre le Main. Il vient de là que la célèbre *métaphore de la forêt* qu'on finit toujours par traverser à condition de conserver la même direction *est isomorphe à la méthode de la géométrie algébrique :* le chemin est assuré, quoiqu'il puisse arriver que ce soit le plus long et le plus compliqué qu'on puisse imaginer. On passe

et le nombre est le gage de la réussite par l'entêtement à itérer un procédé constant : mais dans bien des cas c'est le circuit le plus long et le plus compliqué. La géométrie algébrique heurte le principe de la simplicité des voies ou, si l'on veut, de l'inégalité triangulaire : de la ligne à la ligne, le chemin le plus court ne peut pas passer par autre chose que la ligne. Intercaler le nombre revient forcément à allonger ou compliquer la voie : deux chemins pour un forment un chemin plus long. De même, il est assuré que je parviendrai à l'autre si je passe par la *Monas monadum* et si je passe toujours par elle, qui est ma cause pleine et sa raison entière ; mais n'est-ce pas là un immense détour — voire le plus long —, qui déjoue, lui aussi, le principe minimum de l'inégalité triangulaire ? Ou Dieu est-il ce détour rendu nécessaire par l'impossibilité de défricher une voie entre l'autre et moi, par la fermeture et l'indépendance ? Qu'il s'agisse du plus long chemin ou d'une solution de moindre mal, on retrouve partout le contraire de la nécessité morale, à savoir l'imperfection.

On démontre sans difficulté que ces objections sont erronées ou privées de fondement, et qu'au contraire le préétablissement harmonique est la solution la plus simple et la plus économique, donc la solution « nécessaire » au problème de la communication des substances.

Soit, en premier lieu, deux monades ; leur relation directe n'existe pas, selon la rigueur métaphysique : elle apparait, seulement, comme le résultat des deux relations de chacune avec Dieu, seules possibles et réelles. Il suffit alors de multiplier le nombre des substances au-delà de trois pour s'apercevoir immédiatement de l'économie numérale des liaisons dans la thèse adoptée par Leibniz : cela se démontre par l'*Art combinatoire,* c'est-à-dire *se calcule.* Posons en effet un nombre *n* de monades : dans la solution du

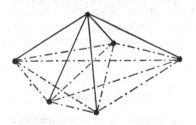

préétablissement harmonique, il y a strictement autant de liai-

---

toujours par les nombres, comme on conserve la même direction. Ce qui sépare les deux penseurs est la conception du *droit* chemin : le plus court *en fait,* ou le plus constant *dans la décision du sujet.* (La pratique des mathématiques amène souvent à ce choix : méthode par entêtement, ou méthode par élégance d'un court-circuit.)

sons avec Dieu que de monades, soit n ; dans la solution de l'influence réciproque, il faudrait qu'il y ait autant de liaisons qu'il y a de combinaisons des n éléments deux à deux, soit $C^2{}_n$. Il va sans dire que ce dernier nombre est très rapidement supérieur à n, aussi vite que la suite des « triangulaires » devient supérieure à la suite des « ordinaires » [9], c'est-à-dire dès qu'on dépasse 3. Le faisceau des relations avec Dieu est constitué de moins de lignes que le réseau de l'entr'expression, d'autant moins, en outre, qu'est élevé le nombre des monades. Cela vaudrait presque un théorème : dès qu'il y a *pluralisme substantiel,* on *démontre par la combinatoire* que le *préétablissement est la solution numéralement la plus économique,* pour instituer des relations complètes dans cette multiplicité. La thèse de l'harmonie préétablie est *impliquée dans le pluralisme* par la médiation de la Combinatoire. Mais surtout : le réseau des inter-relations monadiques est numéralement très fort, quoique apparent, il est compliqué et phénoménal ; il n'a d'existence, selon la rigueur et la réalité, que par l'intermédiaire du faisceau des relations harmoniques ; ce dernier est numéralement moins puissant, et il est plus simple du point de vue de la forme : il n'a qu'un sommet pour un nombre élevé d'intersections, calculable à nouveau par la combinatoire. Donc la réalité fonde l'apparence, comme le simple explique le complexe et comme le petit nombre — voire l'unité — constitue le grand [10]. Cette explication par le simple est déjà économique. Mais il y a plus : l'effet est maximum pour la plus petite dépense [11] ; car, pour une multiplicité de substances, le *nombre minimum de relations imaginables ne peut être inférieur au nombre même des monades :* la dépense réelle consentie par Dieu est la plus petite possible ; inversement, pour cette même multiplicité, il est impossible d'obtenir *un plus grand nombre de liaisons phénoménales que celles de l'entr'expression universelle,* que celles qui constituent un

---

9. $C^2_n > n$ est vérifié si $\dfrac{n\,(n-1)}{2} > n$, c'est-à-dire si $n > 3$.

Dès qu'il y a plus de trois monades, la solution du préétablissement est économique. Des calculs de ce type pullulent, on le devine, dans l'œuvre de Leibniz (ex. *Math.,* V, 16 sqq. et *Math.,* VII, 179 pour le schéma).

10. Dans un contexte différent, Leibniz utilise la numération binaire comme image de la création. (*Math.,* III, 660 ; *Math.,* VII, 223-234 ; Dutens, III, 346-348 ; IV, I, 207 ; *Phil.,* II, 383 ; Grua, I, 126 ; Couturat 473-474). C'est la numération la plus « économique ».

11. Formulation du principe d'économie, *Phil.,* VII, 303.

réseau complet. Il n'y a donc pas seulement explication par le simple réel, ou encore production du monde de la communication universelle — apparemment en conspiration — par la réalité *simplicissima* du dialogue solitaire. La solution du préétablissement observe en rigueur le principe du Maximum et du Minimum, donc le principe d'économie, donc le principe de raison. La démonstration, c'est-à-dire le calcul, est entièrement fermée à l'intérieur du domaine de la nécessité morale, qui est le domaine même de la création.

Pour que le monde du pluralisme soit le meilleur (en tous sens), il est nécessaire moralement et, en fin de compte, par la combinatoire, qu'ait lieu l'harmonie préétablie : *Dum Deus calculat, fit harmonia* [12]. Toute autre solution impliquerait imperfection. On peut donc dire indifféremment le système des monades (ou monadologie), ou bien le système de l'harmonie préétablie, ou bien le système de la communication des substances.

La deuxième objection, du plus long chemin, est moins aisément réductible, parce que l'espace est d'un ordre plus délicat que le nombre, malgré les relations d'expression qui les unissent. Cependant, il serait inconcevable que la méthode *in lineis ductis* contredît au calcul arithmétique. D'abord, et de nouveau selon la rigueur métaphysique, il ne saurait ici être question de lignes et d'espace que d'une manière *symbolique*. Tout calcul, tout raisonnement portant sur des schémas ne sont que des approximations propres à toucher l'imagination — qui est la « faculté » de la géométrie —, ne parlent des choses mêmes qu'*à une expression près :* le calcul binaire, les diagrammes combinatoires, etc., ne sont bien qu'*imagines creationis,* à savoir des modèles. A ces restrictions près, à la condition de ne pas être dupes, de ne pas prendre l'image pour la chose, on peut utiliser le langage spatial. Les monades, on le sait, sont des points inétendus : elles ne sauraient donc constituer l'espace [13]. Dieu, d'autre part, n'a point l'étendue pour attribut : cela serait contradictoire au regard de l'infini. Dieu n'est nulle part ailleurs qu'en lui-même, mais tout est en lui. « Tout est en Dieu, non comme la partie dans le tout, ni comme un accident dans le sujet, mais comme le lieu dans ce qu'il remplit, je veux dire un *lieu spirituel* ou permanent,

---

12. Quand l'origine des choses est figurée symboliquement par l'arithmétique binaire, le terme harmonie est également utilisé.

13. Démonstration mathématique *in lineis ductis :* à des Bosses, 24 avril 1709. *Phil.,* II, 370.

et *non mesuré ou divisé*... Dieu est immense et partout ; il est présent au monde et tout est en lui ; il est là où les choses existent, là où elles n'existent pas, et il demeure là où elles vont et a déjà été là où elles arrivent... » [14]. L'immensité, l'omniprésence de Dieu doivent être conçues selon l'essence et l'opération, non selon la situation [15].

La comprésence de Dieu et la monade n'est pas une superposition de *situs,* mais l'immédiateté d'une opération : son omniprésence n'est autre que le dialogue même avec la monade solitaire. Et donc « l'espace, comme le temps, n'ont de réalité que de lui et il peut remplir le vide quand bon lui semble ; c'est ainsi qu'il est partout à cet égard » [16]. L'ubiquité divine est opératoire, relationnelle, immédiate ; et c'est par elle qu'apparaît l'ordre de l'espace. L'apparence spatiale est fondée sur l'opération divine, elle-même inétendue. Et donc loin de devoir démontrer l'harmonie préétablie par le lieu, ses lignes et ses schémas, c'est au contraire le lieu, en tant que relation phénoménale qui se réduit, s'explique et se fonde en réalité par la relation opératoire que les monades entretiennent avec Dieu dans le préétablissement. Or cette relation est immédiate, comprésente, puisque les monades sont *en* Dieu comme en un lieu spirituel ni divisible ni mesurable. Derrière la spatialité phénoménale, derrière le diagramme imaginaire *in lineis ductis,* se jouent *les opérations réelles dans le zéro du lieu,* dans l'absence de mesure, de division, de situation et de distance. Dire que la solution du préétablissement harmonique heurte le principe économique du plus court chemin (simplicité des voies) est donc une double faute ; en réalité, il n'y a pas un tel chemin, il y a comprésence essentielle : loin de devoir poser une distance entre deux *situs,* on ne peut même pas concevoir de superposition de *situs ;* ensuite, tout chemin relationnel entre deux coexistants (ordre de l'espace) n'est concevable que par l'absence de distance qu'implique l'immédiateté de l'action divine. Dès lors, la démonstration directe se fait en deux temps : premièrement, il suffit de revenir au phénomène, au modèle spatial, au schéma imaginaire, pour avoir le droit de dire *à cet égard* que Dieu est partout, avec toutes

14. *Réfutation inédite,* etc. Foucher de Careil, Paris, 1824, p. 38.

15. « Dieu n'est pas présent aux choses par situation mais par essence ; sa présence se manifeste par son opération immédiate » (à Clarke, *Phil.,* VII, 365).

16. *NE,* II, 15 ; *Phil.,* V, 141 (cf. le concept d'*Ubiété réplétive* repris des scolastiques in *NE,* II, 23 ; *Phil.,* V, 206).

les restrictions sur l'apparence ; ici la démonstration conclut, dans la rigueur géométrique : Dieu étant là où sont les monades et là où elles ne sont pas, là où elles vont et là où elles arrivent, expliquer la communication exclusivement par les relations à Dieu revient *stricto sensu* à passer par *le plus court chemin possible ;* le doublet omniprésence-comprésence ramène à zéro le chemin relationnel. Le plus court chemin d'une substance à une autre, c'est le *chemin nul de chacune à Dieu, plus le chemin nul de Dieu à Dieu, plus le chemin nul de Dieu à chacune* [17]. Il est impossible absolument — mathématiquement — de trouver une solution où la dépense soit inférieure. Tout à l'heure, on ne pouvait trouver un nombre inférieur à celui des points métaphysiques, maintenant on ne peut trouver une voie plus courte que nulle.

On voit, deuxièmement, à quel degré la spatialité imaginaire ou symbolique rend aisée et praticable la méditation métaphysique, en permettant l'intégration du processus démonstratif de la géométrie, comme ailleurs des suites rigoureuses du mécanisme métaphysique [18]. Le « faisceau » de l'harmonie est tel que *son sommet est omniprésent et que ses lignes relationnelles sont de longueur nulle :* autrement dit, *il est centre partout et circonférence nulle part.* Voici une intuition difficile, mais accessible, du lieu spirituel réel, non mesurable et non divisé : a fortiori ce lieu est-il traversé de chemins à distances nulles, *ut ita dicam* [19]. Ramener l'harmonie à ce schéma qui, désormais, dépasse l'imagination, explique alors, en rigueur, pourquoi Leibniz dit indifféremment que Dieu est cause de l'harmonie, que l'harmonie est une émanation de Dieu, ou que

---

17. On voit au passage que le principe de la simplicité des voies ou de l'économie n'est pas seulement observé sur le tout comme le calcul combinatoire l'a établi, mais aussi dans chaque partie qui se puisse remarquer, puisqu'il s'agit ici de chaque monade. « Les moindres parties de l'univers sont réglées suivant l'ordre de la plus grande perfection : autrement le tout ne le serait pas. » (*Phil.,* VII, 272-273. *Tentamen anagogicum*). On voudra bien noter que notre démonstration, passant d'abord par le nombre, ensuite par la « voie », suit le mouvement leibnizien qui demande en premier lieu *de maximis et minimis quantitatibus,* puis *de formis optimis* (cf. Couturat, *op. cit.,* 229 et 577-581).

18. ... « *ex his mirifice intelligitur, quomodo in ipsa originatione rerum Mathesis quaedam divina seu Mechanismus Metaphysicus exerceatur, et maximi determinatio habet locum.* » *Phil.,* VII, 304.

19. Ce qui, pour Leibniz, es^t une manière de dire, est, pour nous, désormais, intuitif.

l'harmonie, c'est Dieu même [20] : il s'agit, dans les deux cas, d'un sommet-centre partout présent à circumrelations de longueur nulle. La même structure de pensée vaut pour l'un (Dieu) et pour l'autre (l'harmonie). Nous sommes ainsi passés de l'imaginaire au réel, de l'espace à sa condition, de la géométrie à la métaphysique [21]. Dès lors, dans la réalité, le schéma, difficile à intuitionner, de la communication universelle, n'est constitué, *ab origine,* que par l'opération divine qui se produit dans l'absence de temps (éternité, préétablissement), l'absence de situation (essence) [22], le zéro de la mesure (comprésence), le zéro de la distance (immédiateté), l'impossibilité de la division (spiritualité). Non seulement la géométrie démontre, sur le schéma, épuré de l'imaginaire, le caractère minimal du chemin, mais l'épuration de tous les éléments spatiaux amène à l'idée que le *caractère minimum de toutes ces déterminations est constitutif, dans la réalité des choses, du monde contingent,* tel qu'il nous apparaît, espace et temps [23]. Autrement dit, il y a deux mouvements : l'épuration du spatial par suppression complète de ses déterminations propres, mouvement qui va de la géométrie à la métaphysique, en laissant invariante la contrainte de la démonstration ; d'autre part, la constitution du monde qui va de tous les zéros de déterminations à la communication complète des substances. Or la constitution du monde de la pluralité conspirante à partir de ces absences de détermination, c'est, strictement, *une création ex nihilo* ou *a minimo.* Non seulement l'harmonie préétablie est, dans l'imaginaire, la solution du plus court chemin, non seulement, elle est, dans le réel, la constitution la plus simple, mais, par la raison mathématique que la simplicité des voies est une voie *nulle, elle est isomorphe à l'origine radicale, elle est la Création*

---

20. Dieu est harmonie : *Confessio,* ed. Belaval, p. 29 et *passim.* Il est son siège : *Théodicée, Phil.,* VI, 40-42. Emanation : Grua, *Inédits,* pp. 580-581. Textes nombreux et groupés sur ces questions : Grua, *Jurisprudence universelle,* pp. 329-330. Cf. Gueroult, *Dynamique,* p. 17.

21. Ce dépassement du schéma spatial n'a pas écarté la possibilité de démonstration, nous l'avons vu ; mais il n'a été effectué que par la suppression de toutes les caractéristiques spatiales (situation, mesure, distance, longueur, divisibilité).

22. *Phil.,* VJI, 365.

23. En effet Dieu, hors le temps et l'espace, fait leur réalité, hors de tous les *situs,* les constitue, hors la distance, la mesure, la divisibilité, les rend possibles, le tout par une opération essentielle, immédiate, non située, etc.

même. Le modèle mathématique du *ex nihilo* est la constitution *a nullo* [24].

La thèse de l'harmonie préétablie peut être *exposée,* telle qu'on la trouve dans la *Théodicée,* les *Nouveaux Essais,* les articles et opuscules. Elle peut aussi être *expliquée :* or toute explication, en bon leibnizianisme, doit être *démonstration et calcul.* Pour faire cesser la dispute, il faut intégrer la philosophie dans le calculable. Or, comme la thèse en question est la pièce maîtresse de la constitution du monde, elle est soumise au domaine de la nécessité morale que dominent le principe de raison et ses diverses spécifications : économie, simplicité, maximum et minimum, etc. C'est dans ce cadre qu'il faut l'amener au calcul. Alors la *Combinatoire* doit référer ses résultats au plus ou moins grand nombre, et la *Géométrie* au plus ou moins long chemin, quand la démonstration s'établit *numero et mensura.* La perfection du monde monadique, c'est le moins de dépense numérale et métrique pour le résultat le plus fort. D'où notre calcul et notre mensuration. La thèse de l'*Harmonie préétablie* est la plus économique, la plus simple, la plus raisonnable pour l'architecte divin qui ménage la place pour le meilleur édifice : cela se calcule et se mesure en termes de science leibnizienne [25]. Elle est donc inévitable.

Mais en cours de démonstration, un autre résultat est apparu que l'invincibilité de la thèse. C'est sa *réduction possible* à d'autres thèses de la métaphysique ou de la théologie leibnizienne. D'une part, il est indifférent de dire système monadique ou système de l'harmonie préétablie ; ensuite l'harmonie est Dieu même, son schéma réel se ramenant à la formule centre partout et circonférence nulle part ; enfin, elle est isomorphe à la création *ex nihilo,* à la constitution *maximorum a minimis.* Selon le point de vue, suivant le niveau d'analyse, la thèse se réduit à Dieu, à la création, à la monadologie. C'est là un exemple intéressant de ce qu'est en général une thèse dans le système leibnizien, et de ce qu'est le système lui-même. L'objet de la métaphysique, c'est l'être possible commun [26],

---

24. Même intuition dans les textes sur la numération binaire.

25 D'où l'on voit que les causes finales jouent aussi bien dans l'utilisation de l'organon géométrique, ce que l'on savait (Gueroult, *op. cit.,* pp. 215 sqq. et Suzanne Bachelard, in *Thalès,* 1958, pp. 3-36), que dans l'utilisation de la Combinatoire ou de l'Arithmétique.

26. Grua, *Jurisprudence universelle,* pp. 25 sqq. — Cf. « De Arte combinatoria », in *Math.,* V, 13.

c'est l'être analogique ; son armature relationnelle, c'est la liaison analogique ; on atteint l'univocité par la première décision, on mathématise l'univocité par la deuxième. Selon nous, on définit assez bien le système de Leibniz en disant : *mathématisation de l'univocité*. En d'autres termes, ou pour quitter la terminologie des scolastiques en adoptant le vocabulaire contemporain, il s'agit d'un système d'isomorphies continuées : cela rend compte en rigueur de la conspiration universelle. On passe alors du monde de la communication des substances et de leur entr'expression au système théorique du consentement des thèses et de leur interréduction. L'ordre ne compte pas ou plutôt une multiplicité d'ordres est possible, puisque chaque thèse exprime le *même* sous divers points de vue, sous divers aspects : c'est d'ailleurs ce que Leibniz répète en tous lieux, à temps et à contre-temps [27]. Dieu est l'harmonie, il est son siège, sa cause ; elle est l'émanation de Dieu, son opération, son action créatrice ; elle est le tissu dont sont unies les monades, elle est la monadologie même. Par son contenu, la thèse du préétablissement harmonique est moralement nécessaire : le contraire impliquerait imperfection ; il n'y a aucun paradoxe à démontrer cela *more mathematico*. Par sa nature formelle de thèse du système, elle est un moment de l'itération du même ; elle est métaphysiquement nécessaire, selon le principe d'identité. Isomorphe à Dieu même, elle est aussi indubitable que Lui [28].

Janvier 1966.

---

27. *Phil.*, V, 413. « De la doctrine des substances en commun dépend la connaissance des Esprits et particulièrement de Dieu. » Donc la Métaphysique précède et fonde la Théologie. Quelques lignes plus bas : « ... la Théologie naturelle... contient tout à la fois la Métaphysique et la Morale. »

28. D'où l'on voit l'arbitraire du jugement de Blondel (*Une Enigme historique : le Vinculum substantiale*, Paris, 1930, p. 39), pour qui la thèse de l'harmonie préétablie est un « artifice » d'imagination « infiniment fragile », une « invention destituée de tout contrôle possible ». Au contraire, il existe un *contrôle*, au sens leibnizien du terme, une *marque*, un *établissement*, à savoir la démonstration *numero et mensura*.

DEUXIÈME PARTIE

VOYAGES, TRADUCTIONS, ÉCHANGES

chapitre 1
d'Erehwon à l'antre du Cyclope

GÉOMÉTRIE DE L'INCOMMUNICABLE : LA FOLIE

Michel Foucault s'était voulu clinicien dans sa *Maladie mentale et personnalité*. Le voici historien, par sa *Folie et déraison à l'âge classique* [1]. Il s'agit cependant, et de plusieurs manières, d'une histoire insolite, ou recréée.

Ce livre doit faire date : par sa méthode, sa construction, sa technique d'élaboration d'un « ensemble historique » trop complexe pour que les dimensions d'une analyse critique puissent lui faire la moindre place. Il convient donc de saluer d'abord les mérites de la conscience érudite, faute d'y pouvoir revenir. Que l'on juge, en effet, de la masse de faits explorés sur le terrain de la folie ; trois sièces d'expérience — Moyen Age finissant et Renaissance, xvii° et xviii° siècles, jusqu'à la prétendue libération des aliénés de Bicêtre — sont minutieusement étudiés à l'échelle européenne. L'extension de l'enquête n'est pas seulement chronologique et géographique, elle est surtout culturelle. L'auteur, loin de s'en tenir aux monuments impliquant un rapport à la chose psychiatrique (il faudrait dire à l'archéologie de la psychiatrie, en donnant au terme archéologie son sens philosophique le plus puissant), parcourt au contraire tous les horizons imaginables où l'ombre de la déraison peut avoir laissé quelque trace. Partout où se découvrent une allusion, un cri, une image, une supplication, une caricature, l'attention s'éveille et l'analyse suit, lucide et profonde. D'où la majesté d'une odyssée qui conduit le lecteur des vieilles léproseries en ruine aux bords d'où la Nef des fous appareille, de l'iconographie médiévale aux images d'Epinal de l'asile de Tuke, des fureurs tragiques d'Oreste à l'étrange dialogue du *Neveu de Rameau,* des décrets de Colbert aux décisions révolutionnaires. Les niveaux les plus différents de l'activité culturelle en général sont jugés dignes de la recherche : d'où la compacité de l'ensemble historique mis au jour.

Dès lors, tout le problème est d'organisation, d'architecture,

---

1. *Histoire de la folie à l'âge classique.* Plon, 1961.

de structuration. Aux mérites de la conscience érudite se joignent les clartés de la conscience philosophique, de la synthèse historique, de l'approche attentive et fervente des réalités latentes de la déraison. Faute donc de pouvoir saisir cet ouvrage dans la pluralité de ses analyses concrètes, nous allons tenter de le comprendre en suivant le mouvement par lequel l'auteur maîtrise cette pluralité. Par là nous aurons quelque idée de la hauteur de la maîtrise.

Nous partons du langage, de l'écriture, de la technique linguistique de Michel Foucault. Son style même nous a paru livrer les structures à la fois les plus immédiates et les plus profondes qui organisent l'ouvrage et son objet. Ces structures sont, en toute évidence, de nature « géométrique » ; elles couvrent l'ensemble historique considéré d'un réseau très fin de dualités : il suffit donc de faire varier ces structures « binaires » à travers tous les niveaux possibles d'expérience (niveaux dont nous venons d'indiquer le nombre) pour obtenir une figure de l'organon rigoureux qui préside à la construction du livre.

Il est clair qu'une telle analyse ne peut donner au lecteur qu'une faible idée d'un ouvrage qui, outre son objet et son organisation, se place consciemment au confluent des plus riches inspirations : sont ici réunis le Michelet de *La Sorcière,* le Nietzsche de *L'Origine,* les intuitions souterraines de Sade, les lumières poétiques et linguistiques de Char et d'Artaud, pour n'en citer que peu, toutes inspirations conspirant à une construction logique dont on voudra bien nous pardonner de ne donner que l'élément.

I

Parler de la folie demande qu'on choisisse un langage. Cette décision enveloppe tous les problèmes. On peut parler au sujet de la déraison, on peut laisser parler l'irraison elle-même.

On utilise, dans le premier cas, les idiomes du refus et du recouvrement. Ainsi fait-on au sujet d'une terre étrangère, d'un voyage en Erewhon, d'un animal aux mœurs bizarres, d'une pensée dangereuse ou d'une chose naturalisée. L'objet se trouve alors emprisonné derrière le faisceau d'un langage perspectif où la vérité est au centre, dans la bouche du sujet récitant. Ce dernier est compris, et non ce dont il parle. Le raisonnable est compris, qui parle. du fou selon ses propres normes ; le fou est refusé : il est exclu des normes mêmes du langage dont il est l'objet.

Au contraire, il est possible d'emprunter la langue autochtone de ce dont on parle. Celui qui écoute doit alors passer par des traductions et déchiffrements convenables. Cela suppose leur possibilité ; que tout langage humain implique un chiffre qui le transpose en un autre langage, ce qui est vrai en général. Mais, à la limite, ce chiffre paraît s'évanouir si la langue proférée est en dehors des règles de ce jeu rationnel qui rend possibles les traductions : nul ne pouvait comprendre celui qui parlait aux oiseaux s'il s'exprimait vraiment selon leur propre chant. L'idiome choisi exprime alors au plus près ce dont il parle, mais cela n'a plus de sens qu'insensé s'il s'agit du délire. Le fou parle enfin de lui-même, mais il clame ses folies dans le désert. Cas particulier, tout cela est vrai du rêve.

Premier temps du choix, premier dilemme. Michel Foucault a le courage de choisir la deuxième voie et ses difficultés. Il cherche — et découvre — les clés du langage de la folie, comme Freud trouve celles du rêve, et de la même manière : en laissant parler. Ainsi sont refusées les langues du refus et du recouvrement ; le positivisme, ses définitions et classifications, ses arbres généalogiques et son jardin d'espèces, tout son système linguistique plaqué sur la réalité de la folie, sont rejetés. L'attitude rationaliste devant le problème de la déraison apparaît comme une répudiation de sa vérité profonde : elle traduit l'irraison dans les normes de la raison et perd donc son sens autochtone. Le point de vue d'une syntaxe sur un grimoire est un contresens ; il ne cerne que des mirages : il faut désormais donner la parole à celui qui jamais n'a été écouté, même si la cohérence de son verbe est folle. Que cette décision implique des difficultés majeures, nous l'allons voir ; mais déjà est comprise une partie de l'histoire de la folie ; pendant trois siècles de misères, on a parlé d'un muet ; et voici qu'il recouvre son langage aboli, voici qu'il se met à parler de lui-même et sur lui-même.

La parole est donc donnée — sans doute pour la première fois — à qui elle a toujours été refusée. (Les conditions de ce don feront apparaître, par une remarquable symétrie, les cruelles motivations du refus : on voudra bien retenir cette idée de symétrie en miroir, une des clés de l'ouvrage). Mais comment laisser parler un homme muré dans le mustisme depuis le début de l'histoire, un homme qui ne saurait s'exprimer que selon un verbe incommunicable ? Comment développer le non-langage de la déraison ? Comment découvrir le plus transparent des miroirs pour que tout écran soit ôté devant le dément ? Mais, d'autre part, à supposer que l'auteur réussît dans son entreprise, la transparence ne laisserait voir, ne focaliserait que délire et non-sens. Il faut donc aller à la limite de deux qualités du langage, à la limite de la transparence et à la limite de l'opacité, pour exprimer la vérité de la non-raison selon des structures qui lui sont propres et pourtant expressives et communicables. Il faut poser un écran et l'ôter, le tisser translucide et compact. Il faut déchiffrer, pourrait-on dire, les équations de la lumière noire.

C'est pourquoi le livre de Michel Foucault était un ouvrage impossible à écrire, sinon par un miracle qui dénouât ces deux nécessités. Le voici pourtant écrit, devant nous. Nous devons percer ce qui l'a rendu possible, le miracle de son écriture, si nous voulons entrer dans le monde, à la lettre inouï, qu'il nous désigne.

Voici, nous semble-t-il, l'un des secrets de ce langage. Michel Foucault a choisi d'écrire son œuvre dans la langue de la géométrie. Mais la géométrie prise, si l'on peut dire, à l'état naissant, au moment précis où elle est encore esthétique et déjà formelle, au moment où sa forme d'expression est encore concrète, mais déjà hautement rigoureuse, où sa densité se présente dans un quasi-vide conceptuel. Que l'on considère, en effet, les termes et vocables, le style, la logique, l'organon de l'ouvrage, et l'on verra de toute évidence qu'ils sont tirés d'une méditation serrée sur les qualités premières de l'espace, sur les phénomènes immédiats de la *situation*. Si l'on s'adonnait à une analyse de contenu, à un compte attentif des vocables répétés, on s'apercevrait de l'importance prise par les mots : espace, vide, limite, situation, partage, séparation, fermeture... De même, les raisonnements, nous en verrons des exemples, reproduisent fréquemment des descriptions pures de *position*. Et, de fait, les problèmes de la déraison sont parfaitement exprimables selon un tel réseau linguistique et logique. Car l'expérience la plus massive et historiquement la plus stable, la loi d'airain, de l'irraison, est précisément celle de la ségrégation de la démence dans un espace clos, isolé, fermé, séparé. Renfermement, ségrégation sont les expériences de fait, les lois historiques ; il en résulte une excommunication telle qu'elle interdit bientôt l'échange et le dialogue. Par conséquent, la forme de la langue ici choisie se rapproche très vite d'une explication du silence des fous. Le style spatial qui exprime l'expérience fondamentale de la quarantaine devient le style des conditions de possibilité de ce silence. L'exclusion de tout langage est dite ici dans le langage d'une théorie abstraite des exclusions pures. Il était difficile de résoudre de manière aussi rigoureuse un nœud aussi serré de nécessités contradictoires. Que, par la suite, les langues du refus et du recouvrement se trouvent expliquées par cette théorie même, c'est ce que nous verrons.

Mais, avant de poursuivre, il convient d'insister à nouveau sur ces structures « géométriques ». Car l'histoire de la folie va suivre, avec une singulière fidélité, ces linéaments spatiaux. On peut dire qu'à l'origine il est donné un espace unique, structuré de manière *chaotique ;* aussi indéfinissable que l'espace marin où vogue la *Stultifera Navis.* Le fou est là, partout, toujours aussi voisin, aussi prochain que l'on veut de soi-même, représentant, avec le pauvre, le misérable et le déshérité, le Royaume de toutes les espérances, c'est-à-dire, un monde — un arrière-monde — aussi proche et aussi lointain que l'on veut de ce monde. L'expérience de la folie se confond alors avec celle du voisinage immédiat de tous les points de l'espace possibles ; avec celle, aussi, de la fusion du monde et des arrières-mondes. Il y a bien, en un sens, deux espaces, mais ils ne font qu'un par la vertu de l'ubiquité, de la représentation immanente de l'agonie du Christ et du scandale de la Croix. La frontière, la limite, le partage, le tain du miroir sont fondus et présents en tous points : ils forment le système de tous les voisinages possibles. Mais voici que, soudain, l'espace de la folie va se structurer de manière nouvelle. A la finesse d'un système infini de proximités et de reconnaissances va se substituer la grossièreté d'un partage spatial en deux termes : d'une part, la région de toutes les raisons et de toutes les victoires ; d'autre part, le pays où je suis sûr de ne jamais aller, par mon courage et mon énergie spirituelle, quelque tentation que j'en puisse avoir. Et, comme dirait Descartes, parce que l'autre est là-bas, et que je suis certain d'être différent de lui, je pense vrai. Désormais, la structuration spatiale est acquise pour plus de deux siècles, aux nuances près. De même que l'on parque les bêtes fauves, de même que l'on emprisonne les criminels, de même qu'existe un domaine séparé où les damnés expient leurs fautes, de même les insensés commencent à souffrir quarantaine et disgrâce. A partir de là, l'attention de l'auteur et du lecteur va être focalisée jusqu'au vertige sur la nature, la fonction et l'orientation de cette frontière infranchissable entre les deux domaines ainsi partagés. Toute l'histoire de la folie va être contenue dans les diverses réponses à ces quelques questions :

— Quelle est la nature du partage entre ces deux espaces ?
— Quelle est la nature de la limite qui les sépare ?

— Quelle est la structure particulière de chacun de ces espaces, et, plus précisément, la structure de l'espace « rejeté » ? Existe-t-il un rapport quelconque, une manière de symétrie entre ces deux domaines ? Y a-t-il une influence du style même de l'espace « libre » sur la manière dont le sujet de cet espace structure l'espace « rejeté » ? En d'autres termes, la répudiation révèle-t-elle un type de liberté, un type de raison ? Est-il possible enfin de découvrir une structuration de l'espace « rejeté » par le sujet « rejeté » lui-même ? En d'autres termes, de faire du royaume des esclavages une terre de liberté ?

On comprend alors comment les problèmes du langage et de logique rejaillissent, chez Michel Foucault, sur la compréhension de l'histoire, et pourquoi celui-ci salue, au début de son livre, la méthode de M. Dumézil. En effet, l'histoire de la folie ne sera jamais ici comprise comme une genèse des catégories psychiatriques, comme une recherche dans l'âge classique des prémonitions des idées positives ; on ne suivra pas la courbe récurrente d'une évolution normée par les pensées médicales contemporaines. On décrit plutôt les variations des structures qu'il est possible de poser sur cette famille double d'espace, et qui ont été posées, de fait, sur elle : structures de séparation, de rapport, de fusion, d'ouverture, de fondement, de refus, de réciprocité, d'exclusion, ou même de « nourriture » ; bref, toutes les structures pensables et pensées dans l'histoire, plus ou moins inconsciemment, dans cette double simplicité, jusqu'au cercle indéfini qui fait passer d'un domaine à l'autre, sans interruption. Loin d'être une chronique, l'histoire de la folie est donc celle de la variation des structures duales (« structures binaires », dit la page 625) posées sur deux espaces, celui de la raison et celui du non-sens.

La nécessité de ce langage « géométrique » et de cette problématique de la situation se découvre au lecteur à mesure que l'histoire, en se développant, en précise les éléments. Et, tout à coup (p. 528), on comprend qu'il n'y a d'essence de la folie que cette situation même : « Elle fait corps nécessairement avec ce monde clos qui est à la fois sa vérité et son séjour. Par une récurrence qui n'est étrange que si on présuppose la folie aux pratiques qui la désignent et la concernent, sa situation lui devient nature. » L'espace clos de l'internement est le support concret d'une théorie pure de la situation et cette dernière exprime bientôt la nature profonde de la déraison. La voici aliénée, parce que disgraciée. Nous voyons plus loin comment la perception de la situation devient vision d'essence.

Aussi bien le but de Michel Foucault est-il de nous faire comprendre comment sont crayonnées les lignes qui ouvrent, ferment ou rendent connexes les deux espaces envisagés. Certes, celui qui tient le crayon réside en toute bonne conscience et sécurité dans l'espace de la raison ; il appuie avec toute la fermeté — la cruauté — possible sur la ligne frontière qui le sépare de l' « autre », qui maintient l'*alienus* dans l'espace-cage. Quelques éclairs, cependant, le long de l'histoire, permettent de voir parfois une ombre s'approcher au voisinage immédiat de la frontière de partage (comme aux temps lointains où le dément était proche) ; voire même une bouche parlant du domaine du silence. Ainsi est compris le dialogue du *Neveu de Rameau* ; les interlocuteurs sont tous deux au voisinage de la ligne : le fou n'est pas si fou et le raisonnable ne se réfugie pas, n'exclut pas le premier. L'histoire de la folie est dès lors cette ligne brisée, rarement ligne d'approche, le plus souvent ligne de répulsion et de rejet, traversant la frontière, la limite, le partage.

Il faut ajouter qu'on retrouve naturellement ces structures formelles ou linguistiques au niveau le plus apparent du style de l'auteur, dans ses images et dans les images qu'il analyse. D'où les larges descriptions, d'une sévère somptuosité, des doubles domaines comme la mer et la terre, le jour et la nuit, de leur limite d'aurore et de crépuscule. Nous verrons plus loin avec quel bonheur le rêve et l'aube raciniens, par exemple, sont expliqués en s'appuyant sur cette première méthode.

Dénouant les problèmes primaires de son langage, Michel Foucault dénoue, de ce fait, les problèmes fondamentaux, place ses structures en évidence, dessine son architectonique, fait apparaître son programme. De la construction formelle aux finesses de la nuance, le verbe et ses images, le verbe et ses significations, nous conduisent sans discontinuité. Par un retournement remarquable, le verbe le plus rationnel devient expressif du non-énonçable. Cela, parce qu'il est le langage neutre par excellence, hautement rigoureux et privé de sens ou de contenu en lui-même. Il est par conséquent structure transparente, il n'est jamais recouvrement.

Venons-en à quelques exemples ; ils mettent en lumière l'intérêt concret de ces structures formelles. Qu'est-ce qu'une frontière, qu'est-ce qu'une limite ? C'est d'abord la ligne tracée elle-même, disons sa « crête » : son intérêt est de définition. Cette limite, cette ligne a, d'autre part, deux bords. Si je trace autour de moi un contour fermé, je me garde et je me défends. Il y a, d'une part de la ligne, un côté protecteur pour moi, et un côté d'exclusion contre les autres, d'autre part.

Par conséquent, il convient de distinguer des formes de libération et des structures de protection (p. 553) qui sont les « bords gauche et droit » de la ligne de partage. Exemple : le XVIII° siècle se targue de pratiquer, à l'intérieur de l'espace de l'internement, le partage des fous et des criminels. Doit-on croire à des préoccupations humanitaires envers les insensés ? Considérons alors comment est située la ligne de partage, dans quel sens est elle posée. De fait, tout concourt à démontrer que son bord gardien est situé dans l'espace des déments (p. 427-435, où l'on relève l'expression : « l'espace de l'internement est trop mal fermé »). Ceci est l'un des cas particuliers d'une loi, d'une constante de l'histoire générale de la folie : dans tous les partages, le bord d'exclusion de la ligne de séparation est toujours tourné vers l'espace de déraison. Cela est vrai même lorsqu'on se livre à des analyses fines de cet espace qui, naïvement, peuvent être prises pour des tentatives de libération des insensés. La pseudo-libération cache toujours un renfermement plus obscur et plus réel. D'où l'hagiographie des miraculés de Bicêtre : de fait, on ne cesse jamais de libérer Barrabas.

Cette loi générale se trouve avoir une conséquence de toute première importance. Il est évident que la ligne de partage, étant données les caractéristiques de ses bords, ne détermine jamais une approche au voisinage de la folie, mais toujours l'éloignement le plus considérable, l'exclusion la plus parfaite, bref la plus pure des méconnaissances. Par conséquent, se ferme de plus en plus le domaine de l'insensé ; par refermements et isolements continués, sa peau de chagrin se rétrécit. Alors, par un retournement nécessaire, voici que la folie y retrouve son compte. En s'épurant peu à peu (elle était ce dont on épure les autres domaines), elle se détermine comme telle, elle se définit, elle s'individualise. On voudra bien alors prendre les mots définir et déterminer dans leur sens étymologique. A force d'être exclue de tous les voisinages possibles — et son histoire, parfois, se réduit à l'énumération des voisinages dont on la sépare —, voici qu'elle se trouve, à la limite, seule exclue, c'est-à-dire, enfin reconnue dans sa pureté et sa nature, dans l'unité de la distinction. La folie est identiquement l'exclu, le distinct, ce qui est fermé dans des bornes, des termes, des fins, des limites. Tant de partages, au cours de l'histoire concourent à une *clarification épistémologique*. La répétition des entourages, des aliénations, conduit à découvrir, si l'on peut dire, le corps à l'état pur : les *éliminations* successives deviennent des *analyses*. Voici dégagée la plus spectaculaire et la plus significative des lois de cette étrange histoire, presque sa finalité : la folie est, d'essence, la toute dernière des exclusions. Voilà comment la perception de la situation devient vision d'essence. Il paraît difficile que l'auteur en ait fait la découverte sans l'appui constant de la structure posée au départ même de la méditation. Ce que nous avons appelé la théorie pure des exclusions peut seule définir la folie : définir, ou discriminer, ou cerner, une essence, une nature, une situation.

On ne peut se défendre de signaler deux thèmes, qui sont des *analoga* de cette loi, à des niveaux tout différents ; au niveau de l'image, on passe de l'errance *marine* de la nef des insensés à la forteresse, à la cellule, au souterrain, au couvent, au *château,* à l'île (p. 437 et 485) ; au niveau de la conscience, le mouvement historique dont nous venons d'obtenir la traduction épistémologique devient ici un mouvement d'*intériorisation* continuée. Que l'on veuille bien lire attentivement le chapitre II de la troisième partie dans cet esprit, indiqué expressément par l'auteur : on y verra s'articuler, avec toute la précision désirable, l'ensemble de ces structures spatiales et de ces résultats sur l'idée de limite : comment, en particulier, un espace singulier s'élabore dans l'ancien espace commun (p. 467), comment cet espace singulier se couvre d'un réseau de distinctions et d'espèces (p. 469), en d'autres termes, comment les limites de défense deviennent des limites propres à l'espace clos de l'internement lui-même, comment la structuration de cet espace à l'intérieur de l'ancien espace commun est tel par un rapport précis à l'espace même de la raison (p. 475). Cette méditation culmine au moment où la limite qui ferme l'espace des fous se transforme et devient le filtre qui juge lui-même des entrées et des sorties (p. 332). C'est bien la fin de ce mouvement de structuration : la limite juge et définit le fou, c'est au pied de ce mur qu'il est distingué comme tel. L'auto-définition est accomplie : ce que la théorie pure prévoit.

Il convient, à notre sens, de généraliser ces derniers thèmes. Utiliser ainsi les structures les plus élémentaires de l'espace, c'est-à-dire les structures rigoureuses les plus proches de l'esthétique, c'est instaurer, sur un exemple, une méthodologie remarquable de la description pure. On a reconnu, sans doute, dans les lignes qui précèdent, quelques éléments d'une géométrie qui s'est libérée de la quantité et de la mesure, d'une géométrie assez proche de la qualité perçue. Ces éléments méthodiques ont une importance philosophique qu'il est difficile de sous-évaluer : en effet, voici un organon formel rigoureux au niveau du pur qualitatif. Par conséquent, lorsqu'on voudra décrire des phénomènes échappant de nature à toute mensuration préalable, lorsqu'on voudra saisir une rigueur dans une forme pure, dans une variation continue et non quantifiable, on ne pourra qu'utiliser l'organon qui répond d'une manière précise à ces exigences. Si l'on considérait dans sa pureté, c'est-à-dire en dehors de l'exemple historique proposé ici (celui de la folie), si l'on considérait en lui-même l'ensemble structural appliqué par Michel Foucault, on pourrait aisément obtenir l'organon général des sciences qui n'en sont encore qu'au stade de la description (ou qui ne pourront jamais dépasser ce stade), et à qui l'on tente, par divers procédés, d'appliquer des structures faussement qualitatives. A supposer que soit réussie cette entreprise, qu'exige tout l'effort contemporain de pensée, sans doute une nouvelle famille de vraies sciences verrait le jour, qu'il serait possible d'appeler sciences morphologiques. Il ne nous paraît aucunement douteux que Michel Foucault ait eu la plus claire conscience que seul le langage de cette géométrie, prise à son état naissant, est capable de fournir cet ensemble de structures, cherché, consciemment ou inconsciemment, par nombre de penseurs de notre temps. Par là même, cette histoire d'une expérience préscientifique (dans tous les sens possibles de cette antériorité) peut être considérée, de fait, comme l'un des premiers actes d'une élaboration scientifique très proche et nécessaire.

Vaine serait cette rigueur de l'architecture si, au-delà de la compréhension structurale, une vision plus secrète, une attention plus fervente ne se livrait ; l'ouvrage serait précis sans être tout à fait vrai. C'est pourquoi, au sein même de l'argumentation logique, au sein de la minutieuse érudition de l'enquête historique, circule un amour profond, non point vaguement humanitaire mais presque pieux, pour ce peuple obscur en qui est reconnu l'infiniment proche, l'autre soi-même. Aux structures limpides du partage répond la pathétique douleur de la déchirure.

Ainsi ce livre, qui lutte sans cesse d'être victorieux d'un verbe impossible, qui structure l'instructurable selon la plus haute rationalité, est aussi un cri. Rejetant le pathos du rationalisme qui est hauteur et mépris, rejetant le point de vue de l'observateur extérieur et séparé, il est le refus de l'œil médical. La déchirure accomplie et douloureusement assumée, voici que le cri est jeté du sein des mille cercles concentriques, vers et contre ceux qui, lentement, inexorablement, les tracent, de la pointe amère de leur compas.

Ainsi, cette géométrie transparente est le langage pathétique des hommes qui subissent le supplice majeur du retranchement, de la disgrâce, de l'exil, de la quarantaine, de l'ostracisme et de l'excommunication. Voici le livre de toutes les solitudes. Et, au milieu de ces souffrances, apparaît l'attirance vers toutes les limites ; le vertige de la proximité, l'espoir des renouements, la maison dans l'aurore.

II

Le premier thème linguistique et logique de l'ouvrage est donc cette structure d'espace partagé, de dualité de domaines séparés. On la retrouve à loisir tout au long de l'intervalle historique considéré, sous mille visages et aspects, au filigrane des pratiques socio-politiques, économiques et morales de l'internement, dans les présupposés obscurs de la théorie médicale, dans les cruelles gratuités d'une thérapeutique aussi délirante que le patient qu'elle prétend guérir. L'indépendance totale de ces trois niveaux entre eux est, d'autre part, un élément de l'expérience de la folie au moins aussi important que le fait, pour cette structure, de varier analogiquement à travers chacun d'eux.

Mais, avant d'en venir là, il faut tirer de la méditation spatiale une conséquence majeure, sans laquelle serait oubliée une des découvertes du livre. Considérons à nouveau la figuration à deux domaines séparés. Nous n'avons encore de leurs rapports que l'idée de la limite commune. En fait, il faut, d'une certaine manière, les considérer comme inverses ou complémentaires. Il va de soi que l'une des deux partitions de l'espace global est censée figurer l'ensemble des attitudes immédiates du rationalisme, attitudes d'exclusion et de défense, le « normal » culturel, moral et religieux, bref la somme des expériences classiques qui constituent le monde d'action et de pensée familier à l'honnête homme. La deuxième partition représente le monde même de la déraison, projection dans le formel de ce qu'est l'internement *in vivo*. Il suit de cette disposition que les descriptions des organisations complexes de ce deuxième espace vaudront comme le système de tous les inverses, de tous les opposés, de tous les complémentaires du monde culturel constitué par la raison classique. Ce deuxième domaine est, si l'on peut dire, affecté du signe négatif ; il est lui-même le négatif des valeurs classiques de pensée et de culture. « Nos » XVIIe et XVIIIe siècles sont découverts et lus comme dans un miroir, de l'autre côté du tain.

Il ne faut cependant pas croire, d'après cette analyse, que les thèmes ainsi mis à jour ne sont que des images : saisis à l'intérieur d'un espace formel, ils sont plutôt des conditions. Découvrant l'envers de la raison classique, tandis que surgissent les fantasmes de la déraison que la raison répudie, Michel Foucault dévoile le double de ce que l'on croyait savoir : et ce double n'est pas répétition de l'ordre classique dans l'image du délire, mais réquisit d'établissement de cet ordre même. Si bien que l'ouvrage de Michel Foucault est, en toute précision, à la tragédie classique (et, plus générale-ment, à la culture classique, nous allons le voir), ce qu'est la démarche nietzschéenne à la tragédie et à la culture helléni-ques : il met en évidence les dionysismes latents sous la lumière apollinienne. Si le lecteur fait, à la suite de l'auteur, le géné-reux effort des trois cents premières pages pour pénétrer dans le monde correctionnaire, dans l'espace insensé de l'interne-ment, il n'a plus qu'à se retourner pour percevoir tout à coup, sous une lumière nouvelle et comme mille fois multipliée par la vertu de ce miroir, ce sur quoi, ce par rapport à quoi, ce contre quoi s'édifie le monde classique, son organisation sociale, politique, économique et, à la limite, ce sur quoi et ce contre quoi se construisent les *Méditations* de Descartes, la tragédie racinienne, l'édifice malebranchiste, l'axiomatique spinoziste. Dire que ce rationalisme est pur, c'est dire de quoi il s'est purifié, par exclusion, refus, mépris. Ce qui n'apparaissait que comme image, double, réciprocité, devient alors fondement. La plus belle récompense du début de cette œuvre est justement cette compréhension rétrospective de l'effort de la raison pour rendre au jour, que la folie lui semblait souiller, toute sa pureté. Si Eschyle et Sophocle, comme Socrate, sont mieux compris après Nietzsche, Descartes et surtout Racine sont mieux expliqués après Foucault, et ce pour des raisons parallèles. On sait enfin de quelles nuits les jours sont entourés. De quelles erreurs nos vérités, de quels non-êtres nos réalités. Cette fron-tière spatiale formelle, qui était déchirure selon le pathos, est aube ou crépuscule selon la raison. Alors, selon le tragique, on voit le délire percer la barrière indistincte de l'aurore, pour baigner de ténèbres la clarté du jour, pour déchirer la nuit des éblouissements du soleil. Erreur et raison, rêves et luci-dité, jour et nuit, souffrance et tyrannie, ces dualités se répon-dent comme bon sens et folie ; le deuxième espace contient des mimes, les caricatures, les conditions d'existence des thèmes du premier ; celui-ci, domaine des victoires, ne peut les gagner et les consolider que par ces gestes de protection, de refus, de recouvrement. Rapports en miroir, symétries, conditions, ce ne sont d'ailleurs pas les seuls rapports possibles, car la limite qui sépare les deux domaines, en changeant de nature, les pluralise à l'infini.

Ces transformations, qui portent sur la nature précise de la frontière, et par conséquent sur les « tours » de réciprocité qui s'échangent entre les deux espaces, ces transformations constituent, aux yeux de l'auteur, l'histoire même de la folie. Si, en effet, nous reprenons les structures spatiales de l'expérience médiévale, nous apercevons le chemin parcouru. Nous avons nommé son organisation chaotique, pour suivre de plus près le langage géométrique : tous les points sont au voisinage les uns des autres, le fou est le prochain, comme le gueux et le miséreux ; à ce chaos se superpose la partition transcendante de l'espace, et le prochain est le signe (l'image) et la révélation de la cité de Dieu, c'est-à-dire la condition de sa reconnaissance mystique. Si bien que les deux espaces (ou plutôt les deux fois deux espaces) n'ont guère de limite que sans cesse évanouissante : le fou est ici même, ainsi le Christ. La structuration de l'espace est profondément chrétienne, elle répond à la distinction et à la fusion de l'immanence et de la transcendance, et à la lecture des symboles. Il y a bien deux Royaumes, mais l' « autre » est toujours infiniment proche, et partout signifié. Alors, cette limite indistincte, soudain, se durcit, se définit, se matérialise, sous les espèces des murs de l'internement. Aux mille éclats d'un miroir indéfiniment brisé et accueillant toutes les lumières du sens se substituent la raideur d'une limite absolue et la distinction acquise à jamais de deux espaces séparés. Ce que Dieu n'avait pu faire, Colbert et Descartes le font, et saint Vincent de Paul. Le fou n'est plus proximité d'un Royaume absent, mais éloigné dans un cul-de-basse-fosse : par là, il a aussi perdu sa valeur de signe. Mais le chaos de l'espace global où ne se distinguaient pas le lucide, le miséreux, l'insensé et le malade va se retrouver dans l'espace séparé de toutes les misères. Si, d'une part, le raisonnable est sauvé par cette partition et règne désormais dans un royaume épuré, le fou, lui, demeure dans l'espace chaotique, au voisinage des pauvres, des malades et des asociaux. Après le partage, il faut donc considérer le *transport* de la structure chaotique. Le fou est éloigné, et de la proximité matérielle, et de la signification ; la limite est définie, qui le rejette, mais non point la folie : elle est, indistinctement, le mal, l'erreur, la misère, le non-être, bref, tout ce dont on a épuré la raison. On retrouve alors la structure « binaire » de l'ère classique. On voit, sur cet exemple, comment se constitue l'histoire, à partir d'une simple variation structurale. Par conséquent, selon la grande dualité classique, l'analyse fait voir l'espace des folies comme l'espace de tous les négatifs possibles, de toutes les épurations. L'explication de naguère prend alors toute sa richesse et toute sa signification. On comprend comment il est possible d'aller à la racine de toutes les *positivités* de l'ère des raisons. Par exemple, l'économie traditionnelle a pour objet richesses et prospérités : Michel Foucault écrit l'histoire de toutes les misères ; la morale est le système des biens : Michel Foucault se place à la racine des maux ; la philosophie de ces siècles d'entendement et de lumière est celle de l'ordre des raisons, on trouve ici décrit le chaos des déraisons... Et, chaque fois, le dos tourné aux positivités classiques, on sent affleurer la famille de tous les négatifs, dont la folie est le point limite, contre-nature et contre-raison. L'histoire alors ne nous apparaît plus que l'histoire des réussites et des fortunes, dans son sens familier. Or elle n'est telle que par ce mouvement ininterrompu de renvoi dans une quarantaine de ce qui n'est pas bonheur de l'entreprise ou de la démonstration. Elle couvre lentement, dans son inexorable cheminement, les échecs et les embryons de ce triomphe. (On voudra bien rapprocher ces idées de la définition terminale de la folie selon Michel Foucault, comme absence d'œuvre). A ce niveau, le projet central du livre est simplement de découvrir ces ensembles tronqués, ces chuchotements de la pensée et du langage, et d'en faire le plus profond des réactifs de l'histoire des idées.

Le détail même de ce système des complémentaires est impossible à décrire. Il s'ordonne à ce principe, énoncé en termes exprès (p. 456), selon lequel « l'histoire de la folie est la contrepartie de l'histoire de la raison ». Derrière le tain de l'internement se déroule une histoire obscure qui est l'inverse de celle que notre culture connaît, par un renversement qu'il faut expliquer. Tout se passe comme si l'histoire des idées avait sa contrefaçon dans l'espace clos de l'asile.

Déjà nous avons vu Descartes rejeter sans raisonnement ni démonstration une possibilité de folie qui ne pouvait absolument pas le concerner. Rejet hautain dans une image virtuelle, dans un fantasme extravagant. De même nous avons vu le cristal de l'aurore réfléchir les affres de la nuit dans la lumière rationnelle de la tragédie classique. Nous voyons ainsi — et, faute de place, il faut se contenter d'énumérer —, au XVIII° siècle, non plus l'image d'une philosophie de la raison, mais le négatif d'une philosophie de la nature (428-429, 568-569, etc.), d'une philosophie des lumières et de ses projets d'organisation future ; de même, le négatif du thème du bon sauvage (451-452) ; à la théorie du progrès s'oppose, comme en creux, la théorie de la dégénération. Et, pour ce qui concerne la notion de « milieu » chez Montesquieu : de même que le climat, etc., est censé expliquer la Constitution d'Angleterre, de même, chez les auteurs contemporains, des raisons identiques sont chargées de rendre compte de la maladie anglaise, mélancolie et suicide (442). La confrontation est ici assez remarquable : une même famille de raisons est valable pour le positif des institutions et pour le négatif des ratés de l'histoire. Quant à l'asile même, le voici présenté (517) comme l'image inversée de la société elle-même : il y règne la réplique exacte de la morale bourgeoise. Nouvelle réplique (570), celle du *Contrat social*, et Sade sera plus loin l'anti-Rousseau. Mais voici que, peu à peu, la psychologie positive trouve naissance dans ce terrain des négativités, qui sont ses conditions d'élaboration et son péché originel : elle sort toute armée de la psychopathologie (555, 629, 633-634). Il en est ainsi de la psychanalyse : dans l'asile de Tuke est reconstitué un mime des rapports familiaux ; là prennent naissance la réalité à la fois et les thèmes des complexes parentaux ; ce n'est pas la situation familiale dans sa positivité qui est décisive, c'est son image dans l'asile (« simulacre quasi imaginaire », dit le texte, 587-590). On lira avec admiration une analyse parallèle à celle-ci sur le monologue psychanalytique (595-597) et sur le psychanalyste comme thaumaturge (607-612). Tout ce qui est écrit sur ce sujet est de tout premier ordre, et n'est peut-être dépassé en finesse que par le grand passage sur le pythiatisme de Babinski (610-611), où, par un court-circuit aveuglant, les idées d'images et de négatif, ont soudain toute la constellation des sens possibles.

Reste que ces symétries en miroirs et ces complémentaires ont une raison. C'est que le sujet pensant se trouve toujours situé de l'autre côté de la ligne de partage. Si bien qu'il transporte dans l'espace de la déraison les valeurs, le langage et l'organisation de son propre espace rationnel. Il y a bien symétrie et reconnaissance en miroir, mais il y a surtout transport. Et ce transport est, sans doute, l'un des drames de la raison classique qui ne peut, pour penser, que se séparer de son objet, qui est prisonnière, paradoxalement, de ce transfert

Et dès lors que son objet est ce qu'elle pense être son inverse, ce transport devient renversement : là est la raison de cette famille de symétries et de répliques. Ainsi se trouve dégagée une des conditions fondamentales de la connaissance, au sens classique. Le sujet connaissant doit être séparé de son objet (ou son objet séparé de lui), il doit objectiver son objet, c'est-à-dire être certain de n'être pas lui, le maîtriser au point qu'il se libère de toute inquiétude, de toute émotion dont il pourrait être la source. Cette sérénité apollinienne, condition de la connaissance et libération de l'émotion, cette sérénité est dramatique si l'objet, c'est l'homme. Alors la connaissance est méconnaissance. La raison du renversement devient raison de l'ignorance — et de l'exclusion.

Deux illustrations concrètes mettent en évidence la réversibilité remarquable de ces structures de symétrie. Supposons que, par un nouveau « tour », le fou prenne lui-même la parole et s'interroge sur la raison du fond même de la déraison ; alors, *Le Neveu de Rameau* (421-422) livre la réciproque du renversement classique, il reconstruit ironiquement le monde sur le théâtre de l'illusion. Autre exemple, celui de l'expérimentation thérapeutique ; celle-ci est toujours conçue comme éveil aux valeurs de la positivité, éveil à la raison, à la nature, à la morale, retour aux normes en cours dans la culture du temps, retour à la réalité effacée par les songes et les fantasmes. De la déraison à la raison, on fait retour à cet inaliénable en passant de l'image renversée à l'objet redressé. La thérapeutique est par conséquent le transport concret qui emprunte le sens opposé de celui de la connaissance théorique.

Si, par occasion la plume de Michel Foucault se surprend hégélienne, il est rare que la pensée verse à la dialectique. Et cependant, ainsi dépouillé, nul « ensemble historique » ne pouvait induire aussi précisément aux charmes de cette méthode. Il est, en effet, le système des négatifs et l'odyssée des altérités. Mais ce qu'il faut examiner avec attention, c'est la variabilité de ces négations, leur analyse fine ; sans doute, l'explication aurait fixé en une signification univoque une fonction qui n'est jamais la même, au long de cette odyssée et à travers ce système.

Tantôt, en effet, le négatif est, très précisément, une image, une représentation, ce qui participe d'ailleurs et d'un autre monde, qui transporte ici une présence ignorée ; tantôt il est ce qui est refusé, ce qu'à coup sûr je ne suis pas, un autre absolument étranger et avec qui je n'ai pas rapport ; alors la relation d'altérité même est exclue, l'autre est isolé, forclos dans son insularité ; ou bien il est le mauvais moral, ou le pécheur selon l'Ecriture ; tantôt l'asocial ou l'inintelligible, celui qui parle un langage qui n'a plus rien d'humain, celui enfin pour qui l'œuvre coule entre les mains sans pouvoir être arrêtée et accomplie... Il s'agit donc bien du système de toutes les variations possibles du négatif : et la variation structurale de la négation constitue l'histoire même, l'odyssée de l'aliénation. En un sens, nous obtenons une genèse structurale de toute aliénation possible. On ne s'étonnera plus, dès lors, de retrouver, comme à l'état naissant, toutes les significations de l'altérité, aux divers moments, aux divers essais composant l'expérience de la folie. Tâtonner dans cette expérience revient à retrouver *in vivo* tous les schémas formels du traitement de l'autre. Il est donc possible de décrire cette expérience selon les structures en question. Mais si riche est la perception immédiate de la folie qu'elle dépasserait de beaucoup les possibilités formelles et compréhensives de ces structures, si elles étaient prises univoquement, chacune à chacune. On retrouve alors la nécessité d'un langage extrêmement général, transparent et analytique. Il est par conséquent de la meilleure évidence que le langage « géométrique », tel que nous venons de le décrire, supposant un espace avoisinant le rationnel et séparé de lui selon des limites dont varie la nature, généralise d'un coup et contient en une seule démarche tous les sens dont nous venons de voir qu'ils étaient présents, soit ensemble, soit séparément. Ce langage est alors le géométral des négativités. Il pourra exprimer, à loisir, le sens grec et le sens classique de l'autre, son sens logique, existentiel, ontologique, moral, épistémologique et religieux, il pourra exprimer, en une seule appellation, l'altérité platonicienne, l'aliénation marxiste, l'aliénation médicale, et l'étrangéité existentialiste.

Ces domaines formels ne sont donc pas des nominations d'une généralité gratuite et abstraite, mais des régions de fondement d'où émergent toutes les langues de l'aliénation, où sont contenues leurs conditions de possibilité. Il suit de là que l'aliénation, au sens strictement médical, n'est plus que le recouvrement positiviste d'une portion du domaine global des altérités. C'est, en un sens, un cas particulier mal interprété. Ainsi va la genèse de l'anormal psychologique qu'elle en fait apparaître l'essentielle relativité. (La plus belle réussite de l'ouvrage, dans le projet ici décrit, est sans doute contenue dans les pages déjà citées où il est traité de l'émergence de la psychanalyse (587-608), ou de la psychopathologie en général (555, 629-634) ; cette méthode, à la fois génétique et structurale, y constitue comme une « psychanalyse » généralisée de la psychanalyse même, qui, du coup, malgré sa prétention de profondeur, paraît restreinte et datée.) Partout donc l'histoire suit la structure : la tâche de deux siècles a consisté à isoler l'aliéné dans un espace clos, à le séparer des non-aliénés (à séparer l'autre absolu des autres relatifs) ; et, de la même manière que les prétendus miracles n'ont déchaîné les fous que pour libérer les non-fous et reclure plus étroitement les insensés, de même on n'a défini la folie comme telle que pour la mieux recouvrir et la mieux ignorer. C'est à ce point d'analyse que va s'opérer un deuxième retournement épistémologique.

Cherchez, en effet, une définition de la folie ; mais ayez, avant tout, conscience de l'inanité de votre prétention. Voici deux siècles que sont proposées des prétendues visions d'essence, chaque fois réductibles à une théorie pure de l'internement en général, je veux dire à une théorie formelle d'espaces séparés où souffrent des quarantenaires. Il ne faut pas dire tout à fait, dans l'acception banale du mot, que l'internement fait la folie : il faut dire d'abord qu'il y a correspondance entre le style d'un « renfermement » et une expérience de la déraison, que jamais cette correspondance n'est un rapport de connaissance ou de thérapeutique. Ce rapport ne se construit jamais de la folie à l'internement mais, au contraire, de l'internement à la folie. Tant vaudront les soins et définitions de l'une que les serrures de l'autre. Ou, si l'on veut, et si le mot définition signifie que l'esprit trace une ligne de distinction autour de la chose ignorée, alors on n'a peut-être jamais défini que la folie. Mais le style de définition est plus révélateur de la raison — ou de la société — qui isole pour reconnaître que de la folie qu'on isole ; d'où la relativité de l'aliénation et le choc en retour. Certes, il n'y a de fous que pour une culture : ceci est quasi trivial, sauf à penser que, pour s'établir comme telle et dans l'acte même de se constituer, cette culture fait des fous, aussi nécessairement qu'au long de son écoulement un fleuve laisse des alluvions. Mais il y a bien plus : ce retournement ou ce choc en retour. Qu'il y ait clarification, analyse, distinction de la déraison, que cette distinction renvoie une image du rationnel, cela implique tout à coup que l'on ait à définir, à leur tour, la raison et la norme. Et, soudain, ce sont elles qui vont apparaître comme insulaires et bornées. Fermez la folie d'une grille, mais ayez conscience, ce faisant, que vous limitez la raison. C'est alors que s'amorce ce que l'on pourrait bien appeler la *révolution copernicienne de la déraison :* dans la mer infinie de l'irrationnel, de l'indéchiffrable et du silencieux s'ébauche lentement l'insularité close de la raison. Et cet entourage, ce voisinage ténébreux, nourrit la raison. Le livre de Michel Foucault est ordonné à cette révolution, qui en est comme la finalité. Tout ce qui la précède ne constitue que les mille refus de cette nourriture, que les mille façons de ne point avouer ce que l'on doit à qui l'on expulse, de maintenir dans l'éloignement et la séparation un voisinage nécessaire à la vie de la pensée. Très profondément, alors, les leçons de ce livre reprennent celles de Nietzsche, aussi bien que les leçons helléniques et médiévales. C'est un *discours de la déraison sur la raison* que préparent ces balbutiements de la raison sur la folie. On découvre ici la chaîne inspiratrice qui échappa des mains de Goya, de Van Gogh, de Tchékov, d'Artaud. Mais on comprend aussi à quelle profondeur se situe le projet initial de donner enfin la parole à ce peuple du silence, de renverser la perspective du langage en plaçant enfin un sujet pensant, un cogito, un sujet historique, un sujet parlant, dans le domaine de la déraison où jusqu'alors n'avaient été placés que des objets passifs, que l'on observait à loisir, comme aux spectacles de la foire et du cirque. Le sujet pensant et opérant, de la démonstration et des entreprises, se tenait dans l'espace de la raison ; là était son domaine et son empire ; et il le défendait, le protégeait, le hérissait. Dans les îles voisines sont les objets qui ne sont qu'objets. Alors, toute l'histoire des « structures d'expérience qu'une culture peut faire de la folie » consiste à voir comment, dans ce *no man's land,* vont se susciter des sujets qui peuvent enfin parler de leur pays propre, penser leur domaine, le partager selon des normes autochtones, sans laisser ce soin à quiconque (475-477, 534). Il est profond de dire que la fin du XIX° siècle et le XX° se livrent à ce nouveau partage, à cette nouvelle structuration selon laquelle la famille des inverses acquiert sa positivité, voire devient l'ensemble de la plus dynamique des positivités. Il est vrai de dire qu'il n'y a de fous que pour une société, une culture données ; le livre de Michel Foucault nous désigne une perspective autrement profonde, sous laquelle on voit qu'il n'y a de raison que par la folie qui la borde, qui la nourrit, dont on se défend en l'acceptant et dont en fin de compte l'œuvre humaine transmet le message, aussi bien que celui des triomphes de la raison raisonnante. La vraie folie est, d'essence, l'absence de cette œuvre, le refus de cette lutte et de cette acceptation. Il n'y a de fou que celui en qui someille l'œuvre et qui oublie de créer.

Ainsi le système entier des altérités est-il post-ordonné à

un retournement de l'autre au même, du négatif au positif, par lequel le fou s'ouvre solennellement les portes de la culture humaine.

III

Tout est loin d'être dit, à ce point d'analyse. Reste, en effet, l'épaisseur réelle de l'ensemble historique saisi dans et par ces structures. Que ces dernières varient à travers différents niveaux, c'est ce que nous avons vu. Caractériser ces niveaux, c'est rendre l'ouvrage à son contenu concret, c'est décrire de près la masse de faits par lesquels se constitue l'expérience de la folie.

Elle s'élabore dans la pratique socio-politique de l'internement, dans la théorie médicale, dans la thérapeutique. Ces trois démarches sont, le plus souvent, indépendantes ; cette indépendance fait de cette histoire un drame, celui de l'ignorance. D'une part, des nécessités économiques, sociologiques, démographiques, conditionnent une décision politique qui « renferme » dans les vieux murs des léproseries abandonnées par la lèpre un peuple vague où se mêlent malades, miséreux et insensés ; d'autre part, on s'adonne à quelques rêveries philosophantes et alchimiques ; enfin, le surveillant persécute le prisonnier. Le découpage de ces niveaux est fort tranché ; et l'on conçoit que n'aient point de commune mesure le geôlier, le Docteur Faustus et le ministre qui décrète. Ou plutôt si : leur commune mesure, c'est précisément une structure, invariante pour chaque temps, et qui unifie leur expérience analogue (ou analogique) de la folie. L'ensemble des structures décrites plus haut est cet analogon de trois expériences détachées, de trois perceptions différentes : celle du politicien qui invente l'espace clos de l'internement ou utilise les espaces préexistants, selon telle obligation de son ressort, celle du théoricien qui pense sans expérimenter cet espace pur, celle du « praticien » qui a rapport constant avec le patient, dans cet espace, mais aussi qui ne songe point à en faire science. La signification de l'histoire de la folie est justement cette norme commune à trois perceptions isolées. Le sens en est le suivant : ces trois expériences vont peu à peu se réunir dans la personne du médecin des aliénés, qui recueille le redoutable héritage de celui qui enferme, qui garde, qui sait, legs impur où se confondent les fonctions de père, de bourreau, de chef, de thaumaturge, de théoricien et de moralisateur. Le médecin ne peut éviter ces pesantes hypothèques lorsque la chiourme devient hospice. L'asile moderne est le dépôt de toutes ces alluvions mêlées que l'histoire a charriées. On voit, sur ce dernier exemple, comment les structures analogiques d'expérience en viennent à l'identité d'une perception unitaire.

Il convient, en outre, de reconnaître comment, à ces trois niveaux, s'accomplit l'expérience qu'une culture fait de la folie, de reconnaître les raisons de ces analogies structurales. Certes, les supports de cette expérience sont divers ; elle se constitue sur des données économiques, judiciaires, démographiques... Mais il reste que cette constitution s'élabore sur un fond commun : que ce soit, en effet, le pouvoir politique et ses discrétions, le pouvoir pénitenciaire et ses brutalités, la théorie et ses ignorances oniriques, tous se forgent une figure de la folie qui prend indistinctement ses valeurs dans une économie de la misère, une religion du péché, une morale de la faute, une éthique de la passion, une logique de l'erreur, une métaphysique du non-être. Toutes ces valeurs négatives, dont nous savons qu'elles constituent l'analogon structural, conspirent à un schème commun de la déraison, qui est moins une vision d'essence qu'une *projection de ce monde culturel lui-même sur lui-même.* On retrouve les thèmes précédents, et le domaine des symétries de l'histoire des idées. L'ensemble historique considéré s'ordonne donc exactement aux principes décrits ; mais, d'autre part, il est, par là, nécessaire de refuser la totalité de ces langages de culture pour ne pas tomber à nouveau dans de telles projections, pour éviter de naturaliser l'objet, pour mettre en évidence les recouvrements comme tels. Alors, il s'agit bien de l'histoire d'une expérience culturelle, mais surtout cette histoire dégage les conditions de cette expérience. Son objet, nous l'avons vu, devient sujet ; et, par un nouveau tour, sont naturalisées les anciennes expériences.

Si tout cela est vrai, tant du point de vue du langage que de celui de son adéquation à la réalité de la folie, un nouveau problème ne peut manquer de se poser : celui d'un dialogue entre les tenants d'un tel langage et les pratiquants des catégories psychiatriques actuelles. C'est à ce point précis que l'on retrouve l'histoire.

De fait, ce livre est assez étranger aux raisons médicales contemporaines. Mais non point par ignorance ou par défaut ; au contraire, par une nécessité d'ordre historique : il ne faut pas oublier les dates terminales de l'enquête. Ici, tout le problème tourne autour de la conception que l'on peut se faire de la genèse d'une connaissance scientifique quelconque. Prenons un détour pour le mieux mettre en lumière. Supposons que le même problème vienne à se poser pour une autre connaissance objective de la psychiatrie, mettons la physique. Personne mieux que Bachelard n'a posé le problème de sa préhistoire, de son archéologie. Et chacun sait qu'il l'a posé en termes de « psychanalyse de la connaissance objective ». Quel est le résultat de ces recherches, au regard du rapport que peuvent entretenir une connaissance préhistorique et une connaissance actuelle ? Il est absolument clair, à cet égard, que l'abbé Nollet est coupé de Berthelot : il n'y a pas de récurrence historique qui les puisse lier, ni dans l'objet dont ils rendent compte, ni dans les méthodes qu'ils préconisent.

Pour l'objet, Bachelard montre que l'alchimiste ne considère pas tant un phénomène naturel que le sujet psychologique lui-même. L'objet de cette connaissance archaïque n'est donc autre qu'une projection de l'univers culturel lui-même dans le sujet inconscient des émotions et des passions. *Mutatis mutandis,* il en est de même chez Foucault : à l'âge classique, l'objet de la connaissance psychiatrique archaïque n'est pas tant le fou (on ne sait qui et quel il est) qu'une projection de l'univers culturel classique dans l'espace de l'internement. Et de même que l'on ne découvre l'objet-électricité qu'en perçant une masse énorme de réactions émotives, de même on ne découvre le fou qu'après avoir percé une masse énorme de réactions (ici le mot prend un sens intense et rigoureux) et de rejets. La comparaison de ces deux « projections » met en évidence un phénomène éminemment remarquable : un croisement immense dans l'ordre de l'explication génétique des connaissances. Pour découvrir l'objet archaïque de la physique, Bachelard est amené à parler psychanalyse ; pour découvrir l'objet archaïque de la psychiatrie, Foucault est amené à parler « géométrie ». Généralisons : pour comprendre la coupure dans les récurrences historiques, on adopte un langage .actuel, mais on change de science. Ceci d'ailleurs n'est pas étrange : il faut expliquer, d'une part, qu'on se trompe à mettre de l'irraison dans une connaissance qui deviendra rationnelle, de l'autre, à mettre du rigoureux (on accepte ici l'ambiguïté du terme) dans la déraison. Etrange croisement de l'esprit et de l'âme. Bref, voici deux sciences où le chemin génétique est coupé : pour le retrouver, pour redécouvrir la route de l'archéologie, on pratique un croisement épistémologique. Le parallèle est aussi révélateur pour ce qui concerne la méthode : même coupure entre le langage des alchimistes et celui des physiciens : on se perdrait à vouloir comprendre celui-là à l'aide de cette grammaire-ci. De même, le tintouin n'est pas une approximation de telle ou telle paranoïa. Alors, la complexité des analyses modernes des maladies mentales est à la simplicité du langage spatial utilisé par Foucault ce que la complication du tableau de Mendéléev est à la simplicité du langage des éléments, eau, terre, et feu. On peut filer le parallèle tout autant qu'on voudra, il donne toujours les mêmes résultats : coupure historique, croisement explicateur. Une langue est morte à jamais, elle est revivifiée par une autre langue, importée d'une autre région de la connaissance effective. Mais il paraît impossible, du moins à notre jugement, de le filer jusqu'au bout. Car la coupure épistémologique est définitive et accomplie en ce qui concerne les sciences physiques, elle ne le paraît encore point tout à fait pour ce qui concerne les sciences humaines. Le laboratoire moderne est débarrassé des cornues du Docteur Faustus. Peut-on dire — et, certes, cela ne préjuge en aucune manière des géniales découvertes de la psychiatrie — qu'il en soit de même pour ce qui concerne la connaissance de l'homme dément ? Supposé qu'un jour soit définitive et accomplie cette coupure — qui, pour nous, n'est rien moins que la définition d'une science parvenue à maturité [2] —, alors, sans doute, le dialogue de l'historien-archéologue et du psychiatre ne pourra plus être une controverse. Ce dernier aura acquis toutes les sérénités épistémologiques pour percevoir de front sa propre histoire. Ainsi, les travaux de G. Bachelard n'ont jamais été investis de la fonction de purger la science électrique de rêveries amoureuses — mais peut-être le livre de M. Foucault aura cette vertu de catharsis épistémologique. Faire l'histoire alors qu'elle n'est point finie (alors que la préhistoire n'en finit pas d'agoniser), c'est peut-être montrer au

---

2. Une science parvenue à maturité est une science qui a entièrement consommé la coupure entre son état archaïque et son état actuel. L'histoire des sciences ainsi nommées pourrait alors se réduire à l'exploration de l'intervalle qui les sépare de ce point précis de rupture de récurrence, pour ce qui concerne l'explication génétique. Ce point est facilement assignable dès le moment où le langage utilisé dans cet intervalle rend incompréhensibles les tentatives antérieures. Au-delà de ce point, il s'agit d'archéologie. Ces définitions ne préjugent en rien de la valeur comparée des connaissances. Cela peut paraître tautologique, si l'on ne considère pas le croisement dont il est question plus haut. Alors, une science parvenue à maturité est telle qu'elle possède l'autorégulation de son langage autochtone (c'est pourquoi, d'une certaine manière, elle échappe à la « philosophie ») et n'a plus besoin d'aller chercher ses valeurs dans le champ d'une autre connaissance. Elle doit le faire au contraire pour s'expliquer à elle-même sa préhistoire.

psychologue le pays d'où il vient, et dans les prisons duquel il convient de ne pas revenir.

Il résulte de tout cela que l'œuvre de Michel Foucault n'est aucunement une histoire (une chronique) de la psychiatrie, dans la mesure où l'exploration récurrente à laquelle il se livre ne met pas à jour de présciences. Elle est une archéologie du sujet malade au sens le plus profond, c'est-à-dire plus qu'une étiologie généralisée, dans la mesure où elle met à jour des conditions de connaissances indissolublement liées à des conditions de maladie. La démonstration est faite que le rapport à la folie est de rêve et de refus chez les théoriciens classiques, de recouvrement chez les théoriciens positifs. Le positivisme sur les maladies mentales est un cas particulier de tout ce qui a été dit de la positivité en général, comme l'aliénation médicale est un cas restreint de ce qui a été dit des altérités. Une chronique de la psychiatrie ne peut donc qu'être pour le moment inutile, comme l'histoire d'une science au sens que nous avons défini. Ici apparaît la genèse d'une connaissance et de son « objet », la constitution lente, complexe et plurivoque de tout rapport possible à la déraison. De la saisie formelle du terrain propre à cette archéologie aux élaborations concrètes du traitement de l'autre en général, Michel Foucault nous conduit vers le domaine transcendantal qui groupe l'ensemble des conditions de ce rapport.

Cette *Histoire de la folie* est donc, en fait, une histoire des idées. Elle est retrouvée dans le miroir du microcosme asilaire, défigurée, certes, silencieuse et pathétique, mais rigoureusement ordonnée en vertu des renversements que nous connaissons désormais. Et ce miroir hallucinant n'ouvre en aucune manière l'espace des images virtuelles, il découvre le terrain originaire des démarches culturelles, les latences oubliées des œuvres humaines.

Il était une fois un pays nommé Erewhon. Dans cette extravagante contrée sont soignés les criminels, les malades sont jugés et, souvent, condamnés. Là est l'enfer de l'innocence. Son nom, étrangement renversé, signifie, pour qui refuse de comprendre, nulle part. Nulle part, ou de l'autre côté des montagnes.

Août-septembre 1962.

On fait voir, au Prado, *les Ménines* dans un miroir. Entre le tableau — l'image — et l'image du tableau, la salle donne la possibilité de circuler et impose l'évidence que le miroir développe, dans la fuite de la profondeur, ce qu'enveloppe la toile plane, savoir la réalité de l'espace : comme si l'épure de Vélasquez était rendue à sa véritable extériorité. On donne parfois à ceux qui débutent en géométrie descriptive de ces appareils optiques qui délivrent les rabattements et ouvrent le solide à ses dimensions objectives : tout se passe comme si la représentation avait enseveli l'objet, comme si son dédoublement le restituait, comme s'il n'était possible de retrouver le réel que dans l'état d'image d'une image, ombre d'une ombre. La chose est-elle une représentation en retour ? Entrer dans la salle où se font face les plans — réels et imaginaires — de la toile et du miroir revient à se glisser par l'interstice des axes optiques, dans l'espace même du tableau, dans l'espace dont la toile est le rabattement et la source, et dont le miroir reproduit la fuite. Ici venu, il est des sites d'où l'on peut voir sans se voir, d'autres d'où l'on peut voir sans manquer de se voir, d'autres enfin où le plus léger déplacement transforme ces deux espaces l'un dans l'autre, comme un doigt de gant. Sur cette crête, on mime à trois dimensions la gestuelle du peintre : il entre et sort à loisir ; en retrait, il réside dans le second espace ; s'il se penche pour travailler, il s'évanouit de celui-ci pour rejoindre la place du roi, derrière la fausse toile ou devant la vraie. La salle n'est point triple : la scène-mère en faux intérieur, l'image profonde en faux extérieur, et le lieu de ma position, intérieur et extérieur ; les trois espaces sont tous doubles et partagés par une faille où s'accomplit, à gauche et à droite, le miracle vibrant du sujet-objet et de l'objet-sujet. Le site est ici ou, comme on dit, à l'infini, lorsqu'il est, d'un côté, le plus proche d'ici. Bord, adhérence, limite de deux espaces : à cheval sur cette frontière, j'y suis et n'y suis pas, je suis et ne suis pas, mon lieu est fini et infini, devant et derrière, dehors et dedans, je suis imaginaire et réel, l'Autre et le Même. J'habite trois espaces semblables et différents, et j'y suis étranger : première métaphore.

Faut-il choisir, ou l'histoire — c'est-à-dire la circulation — choisit-elle pour moi ? Y a-t-il un secret qui, à la surface de la toile, délivre les jeux croisés ou parallèles de la lumière, arrête la vibration aléatoire de part et d'autre de ce seuil ? Peut-on lire sur cette toile, dont le peintre se déprend dans le moment de l'immobilité, à droite — pour nous — de la frontière ? De nouveau, il faut lire à l'envers : non en miroir, cette fois, mais du côté de l'autre, c'est-à-dire de l'autre côté. Et voici qu'entre les deux montants horizontaux qui soutiennent le verso, à hauteur de tête de Vélasquez, yeux pour yeux, bouche à bouche, se détache, parmi les taches de hasard et la grisaille vague, *une tête de mort,* bien centrée sur les parcours optiques, et à gauche — pour nous — de la faille. Naturellement, cet inquiétant fantôme se voit mieux dans le miroir que sur le tableau même, ou l'envers du tableau du tableau. L'objet caché par la double représentation n'est autre que ce dont l'envers est la Mort. La Mort est bien « ce à partir de quoi le savoir est possible » (386), ou l'inconscient, ou l'impensé... si la condition est, en fin d'analyse, le dernier envers des représentations en cascade ; elle est ici, déjà, le non-vu, ce que nul ne regarde, occupé à computer compositions et transpositions dans le distingué, mais où conduit la lumière naturelle, dès qu'on franchit la ligne la plus brillante, la plus droite, la plus rigoureuse : deuxième métaphore, morne moitié.

Le livre de Foucault [1] — thèses : le même historiquement double dans la triple différence, l'image partout dupliquée, l'apparition et la mort ; et métaphores : ouverture, béance, interstice, espace et plan lisse — a la même structure que la petite salle du Prado, où court un voile invisible qu'il faut choisir de déchirer ou non, et qui répartit la reproduction des images et l'évanouissement mortel autour du plan d'apparition. Et comment pourrait-il en être autre autrement puisqu'il s'agit, dans les deux cas, du lieu non ponctuel, c'est-à-dire du milieu de circulation d'où l'on voit *les Ménines* ?

L'Autre et l'Infini

L'auteur est un géomètre têtu. Il a décrit ailleurs les situations d'un certain type de raison sauvage ou de vie altérée ; il a livré une esthétique des bords de la pensée délaissée. Dans un espace qui demeure un problème, court une crête qui le répartit : savoir et déraison, conscience et altérité, normal et pathologique, sujet et objet, similitude et différence... Pour le moment, l'espace est le lieu des opérations nécessaires à une problématique de l'arête, l'ensemble des déplacements à effectuer pour l'approcher ou la ranger. D'une certaine manière, l'âge classique est la date de sa formation : il l'a construite et

---

1. M. Foucault, *Les Mots et les choses,* Bibliothèque des sciences humaines, Gallimard, 1966.

comme secrétée ; le Même constituait l'Autre, en ce temps-là, pour l'envelopper dans son insularité ; l'âge classique est celui des courbes fermées, c'est-à-dire des définitions distinctes et des domaines distingués. L'histoire, qui a formé ce noyau, le déforme : quelques voyageurs de la raison ou de la normalité approchent du *Limes,* d'autres y viennent du fond de l'Insulat, fous ou malades, habitants de l'asile ou de la clinique ; et, là, se regardent, se reconnaissent, analogues ou antisymétriques, et la frontière devient miroir — peut-on dire psyché ? Là commence le dénouement, l'effort pour désenclaver les fermetures, pour fondre les définitions. Foucault veut entrer dans le miroir, trouver l'ouverture, le pli, la faille, glisser dans l'interstice, amincir l'objet spéculaire pour l'appliquer sur l'image spéculaire venue vers lui. La fin de l'âge classique et l'aurore de la modernité, c'est d'abord la découverte que les limites définitives ne sont que ces lignes qui sont à la fois dehors et dedans, que les espaces différenciés sont les mêmes, qu'ils sont du même côté de la ligne qui les partage : *que le plan classique de la géométrie naïve est un plan réel projectif.* La série des distinctions initiales n'est plus qu'une suite de similitudes où la différence, quoique existante, est moindre que toute pensée ne saurait l'assigner. On a parlé d'une problématique kantienne : s'il y a un rappel, c'est celui de la *Dissertation.*

D'amont en aval, se déroule l'histoire, par constitution d'espaces de nature différente : celui de la raison et des domaines répartis, de la science par exclusion et inclusion — qui fut et demeure, pour le logicien, l'analyse même, et qui oppose ici, dans une cristallisation symbolique et concrète des catégories pures, au dément exclu-enfermé, le chevalier surrationnel à la triste figure, errant dehors aux plaines de Castille et serré à double tour dans la pliure d'un livre écrit en inclusion, bref, l'espace de l'explication et de l'implication ; celui, postérieur et valorisé, de l'impartitif et des sciences « contre-sciences » (391), application du savoir sur lui-même et sur le non-savoir, dont les géodésiques sont les lignes paradoxales d'ouverture que je viens de définir. De cette histoire spatialisée, l'archéologie remonte le cours ou la nappe, mais par un autre chemin, savoir le chemin de l'Autre ; outre l'alourdissement naturaliste des distinctions abstraites qui ouvre une voie d'analogie entre le sujet, le même et le normal ou, mieux, entre le normal et le normé, et d'autre part entre l'objet, l'autre et le pathologique, c'est-à-dire le non-rationnel, l'archéologie est une *hétérologie,* dont on devine sans aucune peine qu'elle doit finir par découvrir l'*hétéronomie* comme terrain fondamental et situation radicale de toute pensée, voire de tout être. L'autre

devenu sujet prononce maintenant la mort objective du même ;
le non-moi devenu sujet amène le moi-sujet au non pur, le
néant de la Mort. Il faut expliciter ce dénouement, qui est fin
à la fois et délivrance de fibres nouées ; l'âge classique est le
moment où la tragédie se noue : le sujet de la raison normée
fait violence à la chose et à l'autre, leur assigne un espace
fermé, séparé, passif et repoussé aussi loin qu'il est possible :
domaine des inverses, du non-moi, de la non-raison, du non-
être en général, de sorte que le bord qui sépare, finit et définit
les deux variétés est le lieu de points d'inversion, de foyers où
se retournent les directions, de centres où se nient la culture, la
pensée et la conscience. Ces points, vus de la raison et par
elle, sont des points limites, des points extrêmes du monde,
au-delà desquels se situent l'inexistence et le non-concept : ce
sont les points indéfiniment rejetés à l'infini. Que le sujet
demeure dans l'espace rationnel et il ne voit ni ne peut voir
ces lieux où s'inversent les directions, où les ancrages se
retournent. Qu'on soit au contraire instruit du fait — découvert bien plus tard — que cet infini est au plus proche voisinage de la raison, que ce bord est une ligne appartenant à
son espace et le caractérisant, alors, par un mouvement rétrograde, on sait placer le sujet à la place de l'autre, de l'autre
côté de la droite de l'infini, et l'on peut voir, à l'inverse, tout
l'espace classique de ce nouveau point de vue : d'ici, l'évidence se dévoile qu'il est parcouru *d'un faisceau de parallèles,*
qu'il est l'espace de la similitude — ce qu'on savait déjà,
puisqu'il était connu comme celui de la géométrie naïve, ou
euclidienne. L'âge classique, il est facile de le montrer, se
donne comme objet premier de sa recherche un point fixe qui
soit le lieu de référence et le point de vue optimum : or, dans
l'espace de la géométrie hellénique et cartésienne, n'importe quel
point peut jouer ce rôle : la volonté libre l'assigne, décision
qui fait le triomphe méthodique de Descartes, l'errance désespérée de Pascal ou l'équilibre ontologique de Leibniz, décision dont la condition de possibilité réside dans l'homogénéité
de l'espace de représentation. Cette homogénéité est synonyme
d'universalité : ma pensée demeure invariante quel que soit
le lieu que je lui assigne, invariance qui garantit sa rationalité ;
elle se propage partout, elle a le droit et la possibilité de se
propager partout, et donc de repousser à l'infini tout ce qui
n'est pas elle. Le sujet habite un domaine infini qui reste le
même dans toutes les directions et à toute distance sur chacune d'elle : la raison habite l'universel, c'est-à-dire le même
et sa répétition libre dans la totalité ; elle circule sans entraves
dans le milieu de ses appropriations. Il n'est pas possible de

naturaliser l'âge classique, c'est-à-dire de le prendre pour objet, sans relativiser cette totalité, sans quitter ce domaine, sans se placer au point où le faisceau des parallèles vient au concours, sans venir à ce point à l'infini hors de l'universel et de l'appropriation : c'est le point d'inversion et d'exclusion que le projet ou la prétention d'universalité rationnelle avait naturellement placé à l'infini. Par les chemins de l'autre, on vient aux confins spatiaux du savoir classique, on vient à la philosophie sans s'y localiser, on vient à un point de vue qui ordonne toute la pensée et toute la science le long de géodésiques où elles résident déjà, le long de géodésiques parallèles s'évanouissant ici en un centre commun. Et tout à coup la situation historique se retourne, l'universel est naturalisé en trait de culture, parce que, en rangeant les points en question, la raison classique se trouve contournée et comme insularisée, elle est gelée en un îlot dont la limite a pu être dessinée. L'archéologie rétrograde sur les voies de l'hétérologie et change secrètement la vieille métaphore kantienne et husserlienne du sol profond en celle de la limite et du bord : non plus creuser pour conditionner, mais contourner pour objectiver — les arbres vivent par l'écorce. Elle reste une théorie des frontières, un marginalisme, une méthode par l'*ultrastructure,* d'où vient son opposition profonde à Marx ; mais elle inverse la fonction de la limite, elle retourne l'extérieur en intérieur (et donc en noyau conditionnant, comme l'embryogenèse n'est qu'une théorie du derme), le geôlier en prisonnier, le sujet en objet. Ariane, à son tour, délaisse le héros, enveloppe de son fil le monde devenu labyrinthe. Vues du bord infini, les parallèles concourrent, le même devient autre, l'autre enferme le même, mieux, le Même devient Autre de l'Autre ; l'autonome est hétéronome, il n'est plus juge, mais objet d'une *ethnologie,* puisque réduit à sa région, il n'est plus sujet de la Raison mais déterminé par des formations culturelles déjà prescrites ; l'âge classique n'est plus le champ des vérités lucides mais le lieu des erreurs de l'erreur. La Révolution accomplie sur les limites du savoir, l'inversion sur la technique des bords, aboutit à une *réduction* de l'universel en une région culturelle donnée quelconque. Il y a là un mouvement copernicien, peut-être, mais de type fort singulier : le soleil est naturalisé en étoile quelconque, du bord de la dernière orbite extérieure ; il fallait, pour cela, traiter la problématique de la finitude en termes d'altérité. Il fallait décider — ou découvrir — qu'aux confins de l'ordre systématique résident tels types de déviants, qui suivent, pour soi, les chemins, plus larges, de l'impensé, de l'impensable, de ce par rapport à quoi la pensée juste est une certaine pensée sauvage. D'où l'on revient, je crois, à une philosophie du non, à ceci près que le oui universel antérieur n'est pas réduit à une affirmative particulière par généralisation extensive, mais à la négation de sa négation. La nécessité rationnelle est déterminée en détermination culturelle parmi d'autres ; la problématique de la finitude n'a plus le même sens, elle est même renversée. Il fallait avoir l'audace de placer quelqu'un au dehors, de tenter ce coup d'Etat hyper-platonicien qui consiste à accomplir la synthèse de l'Autre et de l'Infini. Dès lors, le même sujet se trouvait dé-fini, objectivé, transformé en statue de sel. Reste ceci : se donne-t-on le meilleur cas si l'on conduit la démonstration par quelques contenus épistémologiques de type naturaliste, en tournant le dos à la philosophie et à ses supports rigoureux ? La question vaut d'être posée, même si la réponse est négative, ce que je crois. Et elle l'est, à l'évidence, puisque les conditions méthodiques de l'entreprise reposent sur une liaison des deux contenus. Il vaudrait mieux interroger cette liaison pour elle-même, car elle est le *nervus probandi* du projet global de Foucault : je l'appelais plus haut alourdissement naturaliste des distinctions abstraites, on pourrait l'appeler durcissement catégoriel des domaines naturalisés, tout cela assez mal dit pour dire que son lieu est un milieu entre logicisme et psychologisme, que son effort vise au-delà de ce partage — ou en-deçà. A la vérité, c'est la mer à boire.

D'où — de quelle intention — vient cette volonté implacable de désidentifier le Même, de déposséder le sujet ? Elle prend sa source dans le dynamisme même du Même, dans la nature de sa volonté et de sa représentation, dans l'usage qu'il fit de sa liberté. Habitant l'universel (dont nous découvrons à l'heure présente la fonction hétéronomique), l'autonome a repoussé aux confins de l'univers (et de l'univers de son discours) les autres ou doubles inverses qui, désormais, nous hantent, qui nous habitent et que nous habitons. Là-dessus, il a rusé, il a joué un jeu mortel : son imposture fut de s'interroger sur cela même qu'il refusait, de feindre une métaphysique sur les bornes qu'il avait lui-même tracées dans le moment de l'exclusion, d'étaler sa méchanceté violente en sagesse sereine, de transmuer sa rigueur en rigueur. C'est donc lui le premier à avoir indiqué que le fondamental résidait aux extrêmes, le sol aux frontières, les conditions aux limites. Ainsi jouait-il la comédie féroce de l'horizon qu'il reculait pour ne point voir, et dont il professait la vertigineuse attirance. L'essentiel, dit-il, est ce que je ne vois pas, ce qui est au-delà de mon pouvoir ; et de taire qu'il ne veut pas le voir, et de tout faire pour ne le voir pas : ainsi se place-t-il, ainsi circule-t-il dans les lieux mêmes d'où il est assuré de ne point le voir, car hors de ces lieux règne la *Mort,* ce que les *Ménines* font voir. La ruse a la structure de l'espace où elle se meut : d'inclusion et d'exclusion ; le discours classique affirme ce qu'il refuse, et refuse ce qu'il affirme, il rejette ce dont il parle, il tourne le dos à ce qu'il annonce pour fondamental. Il assume la ruse dont la religion et la métaphysique sont les paradigmes ordinaires.

Au cours de ce discours, le raisonneur classique habille d'abstrait son interrogation, qui n'est que le recouvrement de ses négations et de ses refus, il habille d'abstrait un outre-monde vague dont il entend par là rester le Maître. C'est donc lui qui logicise le naturel (classer, ordonner) et cette méta-physis qui n'est plus qu'une hétéro-physis refoulée, de sorte que Foucault se donne le droit — c'est-à-dire les armes, aussi mortelles que les siennes — de naturaliser ses catégories, c'est-à-dire d'analyser la métaphysique comme une anti-physique. La ruse est éventée : le projet d'universalité est une projection dans le rationnel de la situation violente de Maître et de Colon. L'insensé, l'impensé, l'insensible et l'impensable, l'insconscient, sont, à la lettre, hérétiques, sauvages, esclaves ; l'âge classique colonise les terres vierges par négation, meurtre, et terre brûlée : de même ici, dans la maison tranquille de l'homme universel, les squelettes sont dans les placards. Vu de ces terres, c'est un âge sauvage et les morts crient vengeance. Il chassait les déments, en leur donnant pour lieu la mer de l'irrationnel, brûlait les sorciers, les juifs et quelques astronomes ; il réprimait l'imaginaire, dominait le rêve, éliminait l'erreur, au sens strict refusait la culture, les cultures ; il mimait à l'envi les hordes blanches qui, de l'autre côté de l'eau, passaient au fil de l'épée les Incas, les Aztèques et les Algonquins. Dès que son logicisme est naturalisé, qui ne voit combien ses catégories — catégoriques — sont rigoureuses et mortelle : loi, ordre — concepts chargés des chaînes de raison. Voici qu'a sonné l'heure du retour de la Nef, et des blanches Caravelles : la vengeance accomplit son œuvre. Chasser l'*homo rationalis* de sa terre régulière, l'analyser comme objet de l'ethnologie, faire de la raison classique une pensée sauvage, tuer l'*homo* de l'humanisme, c'est de la décolonisation par conception terroriste de la culture, c'est-à-dire de la colonisation à l'envers : l'autre revient comme un revenant, le dément, l'hérétique, le sauvage ont rompu les chaînes cartésiennes et, sujets d'un savoir significatif, font du blanc rationaliste le sauvage dément du sauvage dément. Aussi le traitent-ils comme ils furent traités : le langage de l'Autre est la répétition inversée du langage du

Même, le langage de la Terreur. Le vieux schéma hégélien s'est élargi spatialement, pour la géographie mondiale des cultures, et l'expérience acquise de l'inexpérimenté : voici qu'apparaît le diagramme du Colon et du Sauvage, de la pensée lucide, vigilante, consciente et dominatrice et de la pensée rêveuse, mythique, inconsciente, naturée, délirante et soumise. La décolonisation du Colon par lui-même, par lui-même habité des ténèbres de l'Autre, est commencée. Il est sûrement dans le destin de notre modernité d'apurer cette dette séculaire ; est-il nécessaire de la régler par le fer et le feu ? On se prend à rêver d'un Gandhi de l'intérieur, d'une auto-décolonisation par la non-violence.

L'Etre et le Non-Etre

Rien ne s'oppose désormais à ce que l'archéologie se présente comme une ethnologie du savoir européen, et l'histoire des idées comme une épistémologie de l'espace et non du temps, des fibres d'un espace immobile et non des genèses évolutives. Notre héritage culturel est ailleurs plus qu'avant, il se place outre ces coupures dont la définition revient à fossiliser des formations que nous croyions vivaces et que l'archéologue se met à déchiffrer comme des monuments préhistoriques. Nos prédécesseurs, ou prétendus tels, sont des étrangers, ils habitent des îles lointaines séparées de nous par la mer, leur culture est celle d'une ethnie qui pense dans l'impensable pour nous : comme le raconte l'apologue argentin de la *Préface,* la scène se passe en Chine, c'est-à-dire autre part. Qu'on lise donc *les Pensées* en se plaçant de l'autre côté des Pyrénées, la plume à la main, on finit par écrire une hétérotopie espagnole dans le style de Pacheco, Vélasquez, Cervantes... ou, mieux, de Cortès et Trujillo. Le retournement est d'importance : il tend à rendre la *pensée classique impensable.* L'archéologue revient sur l'histoire comme si elle avait été écrite en une langue qui n'est plus la science, morte, oubliée, délaissée ; il suspend cette récurrence instinctive qui unit l'investigateur et son objet, il annule ce flux de communication qui rend possible une communauté de culture entre l'historien et l'historié. Ces coupures, encore un coup, ne sont rien moins que ses conditions d'exercice ; elles permettent à l'archéologue d'objectiver un ensemble culturel vécu, naguère encore, comme le nôtre propre, de le naturaliser en une famille de propositions dont le sens se coagule en soi et forme un réseau indépendant, qu'il est possible de contourner, dès qu'il n'a plus de sens pour lui. Nouveau retournement : la conscience classique est alors structurée comme un inconscient. L'historien s'est dédoublé en analyste connaissant les lois de l'anamnèse et analysé sans mémoire. Tout se passe comme si telle culture ne pouvait être cernée ou définie que lorsqu'elle est finie ou lointaine, morte, en tout cas, pour qui l'observe, et cristallisée en inconscience objective de ce qu'elle est essentiellement. Le préhistorique ou l'allogène laisse au clinicien une exceptionnelle liberté de mouvement, puisque ce champ n'exerce plus sur lui de forces hétéronomiques. L'archéologue est à l'extérieur du champ gravitationnel de la raison classique. Il n'y a là nulle métaphore : l'espace de l'inclusion et de l'exclusion n'est tel que s'il est un champ de forces, d'attraction et de répulsion, et finalement que si la raison est puissance, volonté, force et violence, ce qu'on a assez vu ; qui habite ces lieux est prisonnier, à gauche ou à droite, de ces lignes de forces. Il est donc indispensable de s'extraire de cette structure dynamique et de la neutraliser : et de nouveau cette structure dynamique est celle d'un inconscient ou d'une culture. La situation extérieure à ce champ permet d'éradiquer toute problématique d'erreur ou de vérité à son propos : il ne s'agit plus que d'un objet quelconque à déchiffrer comme pierre de Rosette et non de cet objet électif qui attire et attache comme pierre de Magnésie. De même donne-t-elle à espérer à qui s'y place de supprimer la vieille problématique issue de Marx : hors de ce champ qui ne l'influe ni qu'il n'influe il domine un objet concret, c'est-à-dire une concrétion ; restent des inscriptions écrites sur des solides, des propositions imprimées sur un *socle*. Que je sache, l'archéologie n'est rien d'autre que science des inscriptions et des graffiti. En bref, Foucault traite une bibliothèque comme un inconscient culturel et collectif (dont il est tautologique de dire qu'il est structuré comme un langage, d'où le voisinage avec Lacan dans le milieu entre logicisme et psychologisme) et comme un espace étranger et fermé : l'historien est ici analyste du drame d'un autre (qui est le même), il est la mémoire de son oubli, il est ici ethnologue d'un sens lointain et silencieux, et ramène son absence ; il traite les livres comme des monuments enfouis, et l'écriture comme une inscription : il est ici archéologue d'un langage aujourd'hui perdu. Manière d'entrer dans cet espace sans y être, manière de s'approcher sans être attiré par la force d'un sens, manière de suspendre une gravitation, de se glisser sans s'engager, d'être attentif sans être concerné : ἐποχή rendue possible par la limite vibrante entre le même et l'autre. Foucault pénètre dans la bibliothèque comme dans la petite salle du Prado : il écoute un langage comme un analyste, lit une proposition comme un épigraphe, aborde les îles comme un ethnologue pour comprendre l'incompréhensible, compréhensif mais à jamais étrange. Cette ἐποχὴ n'est, de nouveau, possible que si la conscience classique est réputée inconscience, la pensée impensable, la raison lucide mythe onirique, et la sénérité grimace indéchiffrable, que si le graphisme du savoir est lu comme graffiti : alors, et alors seulement, on peut s'interroger sur la nature du socle où une main étrangère l'inscrivit. Etrangère, sans doute, puisque l'appréhension logiciste de la grille formée par ces inscriptions finit par montrer l'homme classique enfermé dans le labyrinthe de ce réseau, psychologisé, culturalisé, naturalisé en statue de sel : l'universalité du sujet mathématisant n'est plus que l'avatar d'une concrétion culturelle. Mais, si la situation est générale, réapparaissent, invariantes, les problématiques précédentes, sous un jour nouveau : une contre-science des contre-sciences suffit-elle pour se dégager de toute hétéronomie possible et pour objectiver les hétéronomies régionales, dont la nôtre ? On y rêvera, comme on a rêvé du surhomme ; on prophétisera, comme on a annoncé le surhomme. L'archéologie, c'est la fin de l'histoire, limite clignotante et lieu de nul-lieu ; cela dit à la condition de comprendre l'expression fin de l'histoire en tous les sens possibles, et non au sens univoque légué par la tradition : fin des temps et installation des espaces, arrêt des genèses et floraison des systèmes, but, limite, évanouissement, mort de l'histoire comme science, et comme science des sciences humaines. L'archéologie, dans ce contexte prospectif, serait la contre-science des contre-sciences des systèmes hétéronomiques. L'histoire, ayant enfin accouché de l'*extra-directed,* l'archéologie en saisirait les structures conditionnelles. Resterait à élaborer le site de l'archéologue lui-même ; à lui se pose la question : comment appréhender un message qui a cessé d'être, qui n'a jamais été, message pour lui ? Comment appréhender un message qu'il refuse précisément comme tel et le concernant ? Son site n'est ni celui de l'émetteur, ni celui du récepteur, mais celui de *l'intercepteur ;* c'est encore celui du spectateur ou du peintre des *Ménines,* entré là, par surprise, à la faveur d'un interstice paradoxal. L'historien, enraciné en un lieu, faisait œuvre de réception, et ce faisant déterminait d'une certaine manière l'émission, et son savoir s'approfondissait à mesure de cet échange pérenne en spirale ; l'archéologue cherche à se mettre en situation d'interception universelle. La Nef erre sur les mers pour couper le trajet des bouteilles fossilisées par concrétions alluvionnaires. Mais encore : comment appréhender le sens d'une information dont l'attitude même du savant, ainsi

définie, impose qu'elle ne soit qu'objet privé de sens pour lui ?
De cela, il est urgent de rêver, car envisager une proposition
comme telle ne saurait mener qu'à une théorie pure, logique
ou topologique, du moins pour le moment : et le sens est
exclu, donc la culture, et l'on revient là d'où l'on est parti.
Cela dit, l'archéologie mobilise les contre-sciences et en
utilise les cadres pour explorer les espaces primitifs qui fondent
les formations historiques. D'où l'application des grilles de
Lévi-Strauss sur la culture occidentale : l'univers du parallélisme épouse à merveille les analogies structurales qui tra-
versent l'échange des mots (grammaire, linguistique — notre
oralité oubliée-formalisée ? —), l'échange des biens (analyse
des richesses, économie — notre analité archaïque-symboli-
sée ? —) et l'échange des femmes (histoire naturelle, biologie
— notre génitalité primaire-logicisée ? —). D'une certaine
manière, nous n'avons pas quitté un instant l'espace aux géodésiques parallèles car, si la culture classique le suppose, le
structuralisme l'impose consciemment : la méthode par analogon
continué n'est qu'une analytique de l'itération du même dans
l'autre, c'est-à-dire une méthodologie de la similitude. Peut-
être ne l'avons-nous jamais quitté, au moins depuis Platon et
sa constitution de la cité par échanges économiques, modèle
biologique et formation d'un langage commun ; peut-être le
structuralisme (ce structuralisme) est-il notre dernier lien —
conscient, cette fois — au système des trilogies indo-européennes.
Dumézil, aussi, est archéologue. Et de même que Kant mobi-
lisa les distinctions de la mécanique newtonienne pour tisser
le réseau de la question critique, de même Foucault importe
les cadres des sciences humaines préjugées parvenues à maturité (?) pour constituer la grille de la question archéologique ;
mais, dans les deux cas, l'importation du positif dans le conditionnel ne réduit-elle pas l'universalité visée de la question à
un champ aussi étroit que le terrain d'origine de l'import ?
Alors, et quoi qu'on fasse, la condition ne dépasse pas le conditionné, elle est engluée dans le conditionné, là dans l'approximation newtonienne, ici dans notre particularisme culturel. Le
peintre s'auto-immobilise dans une partie latérale du tableau.
Il a manqué, d'un écart infinitésimal, la crête de disparition.
Mais considérons, pour elle-même, cette forme ternaire spatialisée (non temporelle, non dialectique) ; décrivons une première strate (épistémologique, ici, culturelle, en général), puis
une seconde, *enfin* une troisième : la méthode des analogies
structurales réfère ces descriptions unilinéaires à une table
commune de référence qui recueille leurs invariants (c'est ce
qui est écrit sur la table) et qui dessine leur extension (la

table est limitée par les limites mêmes de la réunion de leur projection sur la table). Une culture est, en précision, ce socle de référence, en contenu structural et occupation définie d'un segment de l'espace-temps. Elle a deux caractéristiques essentielles : le type de son inscription et le découpage de ses bords. Observons alors que ces déterminations sont, à leur tour, relatives au *nombre* des formations sélectionnées par les descriptions projetées [2]. Supposons, en effet, que nous élisions une quatrième strate, puis une cinquième, etc., parmi les formations archaïques à valoir comme préscience (nescience, erreur) humaine — par exemple, théories de type politique, sociologique (la démographie est à naître pendant l'âge classique, puisque l'idée se répand, d'exploiter les *Bills of mortality*), ethnographique (les *Novissima sinica* sont de la même époque) ou d'histoire des religions, etc. —, alors la table de référence, pour la même culture, et la définissant par invariants structuraux, se déplace et varie. D'une part les structures analogiques vont vers la généralité du sens et la pauvreté de l'écriture, de l'autre les coupures déterminées par les trois premières strates s'effacent et se transportent : la table s'élargit et se vide, elle tend à recouvrir l'histoire de manière connexe, à perdre en spécifications ce qu'elle gagne en généralité. Au regard de cette croissance, le problème transcendantal réapparaît, mais en un lieu inattendu ; c'est que nous manquons d'une marque, d'un *critère pour maximiser le nombre des strates nécessaires et suffisantes* pour explorer la *totalité* d'une culture, ou pour la définir comme telle : pour obtenir une table fixe et stable. Tant que nous ne l'avons pas, l'analyse reste relative au nombre fixé, décisoire, arbitraire, elle demeure donc relative à, figée dans la culture même : celui qui peint le tableau est dans le tableau, en compagnie de ceux qui regardent le tableau se peindre, et qui sont, eux aussi, sans le savoir, du tableau ; cela signifie qu'on n'a pas atteint la table définitive, qu'on peut toujours désigner un niveau inférieur, un personnage derrière, qui, nous prenant par surprise, désigne un nouvel ensemble objectivable. Voici plus d'un siècle que la philosophie étend le contenu de l'expérience possible, du champ de l'exactitude au vécu en général : une mer à boire qu'elle n'a pas encore épuisée. Pour découvrir un nouveau sol conditionnel, il faudrait avoir accompli cette mutation que tout savoir atteint dans le moment de l'universalité, il faudrait que les contre-sciences

---

2. Dans ce schéma, les projections sont de type cylindrique et donc le point de vue est à l'infini, ce que l'on vient de démontrer.

aient fait le tour de leur encyclopédie, pour parler par analogie : faute de quoi, la table de référence n'est qu'une autre
strate culturelle, une manière de déplier ou de repliquer la
culture sur elle-même, une métalangue qui est, comme d'ha-
bitude, la langue même. Il est possible, d'ailleurs, qu'on ne
puisse échapper à cette itération en miroirs parallèles, que
derrière la totalité culturelle il n'y ait pas cette activité for-
malisante nue, comme, derrière le savoir, il n'y ait pas d'activité intellectuelle constituante ; il est possible qu'outre la
crête il n'y ait rien qu'une tête de mort. D'où l'hésitation
vibrante à franchir le pas, d'où cette critique à éclats et à
occultations.

De tout cela encore, on peut rêver ; et supposer que nous
possédions le critère définitif. Il est alors à parier qu'une seule
phrase demeurerait inscrite sur la table, savoir : *l'être est, ce
qui n'est pas l'être n'est pas* — et l'homme en particulier, ce
qui montre bien qu'on aurait franchi la limite mortelle, la
bordure d'être et de non-être, ce qui montre bien qu'après
Nietzsche il n'y a plus qu'à dessiner une ligne par-delà l'être
et le non-être. La généralisation de la méthode impose, à la
limite de croissance, l'idée, qu'on n'a jamais pu quitter, que
tout tourne autour de la notion de frontière : autre, infini,
être et néant. Le déplacement du découpage est la seule variable
déterminant l'inscrit fondamental. Ainsi Foucault a-t-il choisi
le plus court parmi les plus longs chemins pour rejoindre la
tautologie heideggerienne, parmi les voies d'une forêt de symboles.

Avons-nous changé de lieu, depuis l'âge classique, ne
sommes-nous pas revenus au point de départ — ou en deçà
de ce point, à l'aurore hellénique ? On finirait par croire que
tout le livre réside, en fait, dans le creux virtuel de son propre
discours, qu'il dit en précision ce qu'il refuse de dire, qu'il
refuse de dire ce qu'il dit. Car il désigne un horizon spinoziste — ontologie moniste et *determinatio negatio* —, il se
meut dans un espace qui va de la représentation à la volonté,
sans rencontrer Schopenhauer, il trace sur la plaine partout
discernable des contenus du savoir le chemin leibnizien de
l'encyclopédie structurale, etc. Le discours de l'Autre sur le
Même mobilise la même ruse (mais autre, c'est-à-dire inversée)
que le discours du Même sur l'Autre. De même que le Même
réduisait l'Autre à néant, en l'excluant derrière les limites
de l'universel, derrière l'infini que sa rigueur concevait, et
feignait cependant de thématiser une métaphysique de la finitude comme son interrogation fondamentale (alors que l'infini
n'était autre que l'autre de son refus, alors que le *compelle*

intrare impliquait la mise à mort pour que s'ouvrent les portes), de même l'Autre, constituant un espace impartitif, inversant l'espace du Même, extérieur pour intérieur, ligne à ligne, point à point et notion pour notion, enveloppe le Même dans un creux de silence, lui ravit sa parole, anéantit sa volonté universalisante, neutralise son désir, retourne la toile et réduit l'être pensant à la tête de mort. La mise entre parenthèses (au sens littéral) de la philosophie, de toutes les philosophies à support universalisant, est significative du terme d'une logique implacable : la non-histoire des contre-sciences s'épanouit en une anti-métaphysique.

*
**

Génie malin, dont les mots désignent tous les sens possibles, je m'appelle Polyphème. Je dis, et la chose réside ailleurs, et ici, à ma volonté, de sorte qu'il est impossible de sortir de mon antre, enserré que l'on est par les mailles de mon discours. Sur ce réseau partout centré, je vous place toujours sur un trajet préparé, prévu, piégé. La mort vous attend, au détour du chemin, parmi l'entrelacs de mes ruses.

Pour tromper ce trompeur universellement subtil, il n'est plus qu'une ruse, celle de parler en sorte que les mots soient privés totalement de sens : il faut que le roc passe toujours à côté, alors qu'il est prévu qu'en tout cas il m'écrase. Il est donc indispensable de me placer hors de la totalité des trajets, dans le néant du lieu, du site, du mot, de l'être enfin : il faut que je m'appelle Personne. A ce moment même, l'unique voyant, celui qui voit tout d'un seul regard, celui qui dit tout d'un seul mot est aveuglé, réduit à l'invocation supplicatrice : il ne peut voir celui qui a choisi d'être invisible, celui qui parle dans le silence, celui qui n'est nulle part. Dès qu'Ulysse est Personne, il réside à la fois dans l'antre et hors de l'antre, à l'intérieur et à l'extérieur du cercle enchanté de l'universel.

Face au rusé le plus subtil, Ulysse est plus fin que Descartes, il dit le néant de son je, loin d'en affirmer l'être. Il est vrai qu'il est livré à la mort sans avoir la ressource d'un Dieu plus fort que le Cyclope : le Malin du poêle n'est qu'une ombre que Dieu efface, auprès du monstre de la grotte, fermée de la pierre tombale. Il est aisé de maximiser son jeu lorsqu'on s'adosse au *quo nihil majus cogitari possit*. Si cet allié disparaît, dans un crépuscule dont nous n'avons pas fini d'apprécier le tragique, c'est l'adversaire qui se saisit des plus fortes cartes. Reste la ruse de l'inexistence, qui est notre dernière vérité.

Polyphème, c'est peut-être le nom du monde, en tant qu'il est porteur de la langue universelle, de la totalité du sens prescrit. Personne, c'est le nom de l'inconnu qui se dissimule ou s'évanouit pour poser l'inconnue $= x$, élément de cette langue mathématique, universelle en creux pour n'avoir point de sens. Reste le jeu indéfini de la langue universelle vide et de la langue universelle de l'univers.

Août 1966.

chapitre 2
dictionnaires

Grotte, caverne, excavation, puits, sape, mine, peu de romans de Jules Verne sont dépourvus de ces basiliques souterraines. Réelles : Fingal du *Rayon vert,* le Mammouth du Kentucky au *Testament d'un excentrique ;* réelles-imaginaires : la nouvelle Aberfoyle dans le texte platonicien des *Indes noires ;* parfaitement fantastiques ou creusées de main d'homme : Granite-House, le refuge semi-marin de Nemo, la Columbiad du Gun-Club, l'énorme bouche à feu du Kilimandjaro destinée à redresser l'axe des pôles, l'île évidée de *Face au drapeau,* et ainsi de suite. A ce thème tellurique se mêlent autant qu'on veut les motifs bachelardiens de l'eau et du feu, jusqu'à donner l'image princeps de l'œuvre, savoir *Le Volcan.* Le monde — au sens géologique — est avant tout (après tout) volcanique, le voyage extraordinaire vers le point sublime est un itinéraire vers un cratère ou passant par un cratère : voyez *Maître Antifer, Le Volcan d'or, Servadac.* Que trouvent, au pôle, les compagnons du capitaine Hatteras ? Une île (autre thème majeur) ; au centre de l'île, un volcan ; le point mathématique du pôle est au centre du cratère. De plus, l'idée essentielle de l'Eternel Retour (exprimée dès *l'Ile mystérieuse* et perpétuée jusqu'à *l'Eternel Adam*) n'est rendue possible que par des suites de destructions et de palingénésies éruptives. On voit à l'évidence tout ce qu'une critique psychanalytique saurait tirer de là, on le voit trop bien pour qu'on s'y attarde.

Le *Voyage au centre de la terre* est l'ouvrage parfait du complexe d'Empédocle. Sur les traces cryptographiques de l'alchimiste Arne Saknussemm (dont toute l'œuvre est perdue, sauf le message runique), Axel et son oncle pénètrent dans le Yokul de Sneffels, en Islande, pour revenir par le Stromboli : le voyage relie la bouche d'un volcan éteint à un cratère en pleine activité. Si on veut un catalogue, il est ici complet : les entrailles du globe portent tout ce qu'on peut désirer en matière de cavités, gouffres et abîmes, de corridors compliqués et de labyrinthes (munis d'un fil d'Ariane : le Hans-Bach), de grottes aquatiques, ruisseaux, mers et orages souterrains, de feux électriques, magnétiques, tectoniques... Voici un trésor déterré à peu de frais par le psychanalyste, qui ne manque pas de s'émerveiller, en outre, de champignons géants — une forêt de symboles — dont la croissance s'exaspère d'une herbe tiède et moite, comme d'un raz de marée assez contraire aux lois de la nature qui fait dresser certain radeau avant qu'il ne soit précipité dans telle cheminée en éruption. Le symbolisme est à fleur de texte, et n'a pas besoin de traduction ; secret mal protégé, qu'il soit enfoui sous terre ou dans un code.

Tout cela serait convaincant sans *Isaac Laquedem* — et le demeure, en partie, avec lui. Chacun sait par cœur ce roman où il est dit pour la première fois que tous les hommes sont mortels et que, par réciproque, le supplice le plus exquis est l'immortalité. Simone de Beauvoir et Borgès ont peut-être lu Dumas père. Mais Verne l'avait lu sans doute, qui baptise *Mathias Sandorff* le *Monte-Cristo* des Voyages extraordinaires : il en avait tiré tout autre chose.

Question : que vont chercher dans l'Averne les héros du *Voyage* ? Quelque chose d'analogue à ce qu'y trouve Laquedem.

Laquedem est condamné au voyage, à l'errance. On le trouve en Grèce, au Caucase, à Rome, sur les océans et parmi les déserts — en tous lieux et tous temps, puisqu'il ne peut mourir. Il est le Juif errant, Ulysse sans retour, lorsque le cercle grec devient ligne monodrome. Le texte de Dumas est une ébauche ; il n'a jamais été achevé : le programme était démesuré ; vingt-cinq volumes devaient retracer l'histoire· passée, présente et future de l'humanité, vécue et observée par l'éternel contemporain, plongeant ainsi dans l'anticipation. On y aurait vu « le nouveau Messie Siloë, le monde arrivé à sa perfection et s'attaquant à Dieu, seconde Passion, fin du monde par le froid et les ténèbres, le Juif, dernier homme du vieux monde et premier du nouveau ». Paul Lacroix avait projeté *l'Eternel Adam* : ce fut Verne qui l'écrivit. Tout se passe comme si le programme de Dumas avait été réalisé par l'ensemble des *Voyages extraordinaires,* moins l'immortel témoin, plus le cercle retrouvé. Fut-ce volontaire, inconscient ? Etait-ce dans l'esprit du temps ? Je ne sais, mais le fait demeure. L'anticipation n'est plus alors qu'une tierce face des choses, et la récapitulation intégrale du passé en est une autre ou la même : *l'Ile mystérieuse,* par exemple, est un voyage temporel, symétrique des prospections futuristes ; le ballon est une machine à remonter le temps, de sorte que les colons de l'île Lincoln réitèrent la totalité de l'histoire à partir du point zéro, de l'état adamique à la catastrophe éruptive finale-initiale. Sur l'île microcosme, cette micro-humanité exemplaire reprend à son compte ères et stades évolutifs bien connus, jusqu'au monde parfait, la mort de Dieu-Nemo, et l'eschatologie volcanique. L'histoire est bouclée et peut reprendre : pour un voyage spatial quasi nul, l'itinéraire chronologique est quasi exhaustif. De surcroît, *l'Ile* est le prototype de tous les romans, qui ne font que la répéter, la compléter, l'analyser.

Revenons à Laquedem-Saknussemm, et passons de l'histoire à la préhistoire, de l'archéologie à la paléontologie. Isaac a obtenu de Prométhée à l'agonie le rameau d'or qui ouvre les portes infernales, et la connaissance transcendante du lieu où se tiennent les Parques, le *Centre de la terre.* Accompagné d'Apollonius de Tyane, il franchit les étapes de l'initiation, traverse le lac noir et se trouve au seuil de l'abîme. Chez Verne et Dumas, point n'est besoin de solliciter les textes pour se convaincre de la prégnance des thèmes homériques, virgiliens ou dantesques : ils citent tous deux, au même moment, le *facilis descensus Averni,* décrivent la même prairie douce, les mêmes eaux sombres, la même lumière pâle. Néanmoins, les voyages modernes diffèrent des anciens en cela seul qui peut changer, la science : les ombres ne sont plus traces des morts familiers, mais les strates géologiques disent une histoire et un savoir perdus, comme les ossuaires et la flore fossile ; Cuvier, Milne-Edwards et de Quatrefages sont passés là. Apollonius et Lidenbrock sont physiciens du globe et paléontologues, et non plus simplement mystes ou médiums. Il s'agit de nouveau, chez Verne, d'un itinéraire à remonter le temps à mesure qu'on va profond : nouveau sens (ou fort ancien) de l'anamnèse. L'archéologie prend ici la constellation globale de ses significations : secret perdu-retrouvé de l'inscription runique, inconscient oublié-enfoui dans des symboles clairs, origine du monde et de l'homme effacée-conservée au fond des soubassements granitiques, dans des monceaux d'ossements ou des réserves de plésiosaures, vieilles traditions ésotériques de la terre creuse et des géants ancestraux. Sur ces chemins, le jeune Alex perd la mémoire récente, Graüben, la belle Virlandaise, s'efface de son esprit. Dans le fantastique, le *Voyage* dépasse maintenant tous ses prédécesseurs, Homère, Dante, Dumas ; dès la Méditerranée souterraine, les morts ressuscitent, ou plutôt, ne sont jamais morts : le secret se dévoile, bien vivant, chair, os et ongle, les grands sauriens s'entrégorgent, les fougères primitives vont au-dessus des arbres, paissent les mastodontes dont les trompes font un fouillis de serpents. Il ne s'agit plus d'interroger l'ombre des ombres, ou les déesses de la Mort, mais de contempler la vie originaire, proto-historique, naïvement découverte et présente, comme un livre de paléontologie vécue. C'est alors qu'au sein de la forêt première, dans une angoisse authentiquement onirique, est retrouvé *Adam,* géant de douze pieds, à la tête de buffle[1] et à la crinière léonine, berger anté-diluvien d'un collège de monstres. Qu'un accident interdise l'accès au centre et précipite le retour par la gueule formi-dable du Stromboli (le retour à l'histoire, à l'ancien-nouveau monde), qu'importe : le voyage est fini, la connaissance par-faite et l'initiation accomplie, dès qu'a été vu le premier homme, le père de nos pères ou le dernier témoin. Le temps reprend son cours ordinaire, les enterrés ressurgissent (les morts ne sont jamais morts), la Parque du Centre renoue le fil.

Je veux bien qu'on soumette les symboles à la critique psycha-nalytique — que l'ancêtre-dieu-père soit *immanior ipse,* etc. — mais je veux alors qu'on admette que la clé de la lecture est donnée en même temps que la lecture, la méthode avec le problème, le mouvement avec le but, le médecin et son savoir avec le patient et son mal, l'apprenti avec son guide, l'initié avec son prêtre, le labyrinthe avec son fil. Le cryptogramme est tout aussitôt muni de sa grille, et l'abîme de son Hans-Bach (et lorsqu'on perd le ruisseau d'Ariane, le fil de la propaga-tion sonore le relaie) ; la bouche d'ombre est gravée d'ins-criptions runiques : les chemins de la mort et de l'origine sont *marqués ;* de même, la faune et la flore inconscientes-imaginaires-scientifiques sont au terme du mouvement régressif, de l'anamnèse, de la descente et la volte du temps. Les secrets sont des résultats ou, si l'on veut, l'analyse est exposée tout autant que ce qu'il faut analyser. Il y a toujours un prédé-cesseur sur la voie du héros, un explorateur ou un savant pour expliquer : monde de l'aveu et du savoir autant que du symbole et du caché ; mieux, monde des chemins du secret, naïvement montré.

De fait, il n'est jamais question que d'explorations et de découvertes, de voyages pour donner à voir, d'itinéraires à connaître l'inconnu. En général, qu'est-ce qu'un Voyage extra-ordinaire ?

C'est d'abord un voyage ordinaire, dans l'espace (terrestre, aérien, maritime, cosmique) ou dans le temps (passé, présent,

---

1. Isaac Laquedem déterre un tel géant, au début de l'ouvrage, dans une tombe des Gaetani. Mais, chez Verne, il s'agit du *Minotaure.*

avenir : *Hier et Demain*), un parcours de tel point donné à tel autre désiré, par tous moyens de locomotion ; sur ces moyens, peu d'invention, encore moins d'anticipation : le sous-marin est déjà en projet, le projectile sidéral est vieux de deux siècles, les machineries à la Robur ne sont pas nouvelles, et Jules Verne a un peu honte de *Servadac*. Si l'anticipation sociale et politique est hardie et détaillée (*Begum, Jonathan*), est timide l'extrapolation technique, quoi qu'on ait dit. Ce premier itinéraire est généralement *circulaire,* comme le temps qui le mesure ou qui lui sert de champ ; la pensée de l'Eternel Retour le domine, et le futur n'y est qu'un profil cavalier. Je montrerai ailleurs [2] que les images, ici, se groupent autour d'une *structure point-cercle,* traduite partout de mille et une façons : pôle, *centre,* île volcanique [3], maelström, etc. Le point sublime y est la référence d'une géodésique spatiale ou temporelle *fermée.*

C'est ensuite un voyage encyclopédique : l'Odyssée est circulaire, elle parcout *le cycle du savoir.* Le but du parcours est un lieu privilégié où il est possible d'expérimenter directement une théorie scientifique, ou de résoudre un problème pendant : existe-t-il un chaînon intermédiaire entre les grands singes et l'homme, allez le voir au *Village aérien ;* la terre est-elle pourvue d'un deuxième satellite, suivez Barbicane, etc. D'où la profusion d'algèbre, de mécanique, de géographie, d'histoire, trop élémentaires et naïves pour être supportables, le plus souvent. On vient de voir la paléontologie et la géologie enfantines se donner libre cours, et la question de la chaleur centrale se résoudre par expérience vécue. C'est le côté Education du Magasin de Hetzel, comme le premier voyage dessinait le profil Récréation. Mais, dans l'intention, la tradition homérique est respectée : instruire et plaire, faire le bilan des sciences et des techniques du temps ; aller au-delà des terres connues et des connaissances humaines. Amuser, enseigner, initier.

C'est enfin et surtout un voyage *initiatique,* au même titre que le périple d'Ulysse, l'Exode du peuple hébreu ou l'itinéraire de Dante. Le cercle spatio-temporel et le point sublime, le cycle encyclopédique et l'expérience savante, supportent une marche d'un tout autre ordre, qui seule explique l'intérêt étrange et passionné que chacun (pour soi) porte à cette

---

2. Cet article est extrait d'un ouvrage en préparation sur Jules Verne.

3. A cet égard l'exemple qui précède est riche : un centre et deux îles à volcan.

œuvre, malgré ses faiblesses artistiques et intellectuelles. Jules
Verne est, à ma connaissance, le seul écrivain français récent
qui ait recueilli et *caché* sous les sédiments d'un exotisme
pittoresque et d'un savoir au goût du jour (pourtant dérisoire
et, de fait, très en retard), la quasi-totalité de la tradition
européenne en matière de mythes, d'ésotérisme, de rites initia-
tiques et religieux, de mysticisme. On trouve toujours, dans le
Voyage, l'Exode sous l'Odyssée, ou cette Odyssée sous les
premières. Du Sneffels au Stromboli se développe un récit
orphique : Axel dans le souterrain adamique, c'est Orphée aux
enfers ; bien entendu, il est d'abord Ulysse sur son radeau,
attaché au mât lorsque la tempête fait rage ; il est aussi le
sage et l'avisé, devenu homme de science, et pesant l'âge de
la planète ; mais il est surtout le postulant aux arcanes, victorieux des épreuves de l'initiation par l'eau, par le feu et l'abîme.
La psychanalyse offre alors de la critique un profil qui risque
de voiler la vraie nature extraordinaire du Voyage, en pensant
la découvrir et l'exprimer ; qui renverse le sens de l'écrit vers
des concrétions de l'âme personnelle et qui, par là même, oublie
le sens de l'errance, de l'attirance, de l'apprentissage, et des
chemins de l'initiation.

En bref, la seule science où l'on puisse reconnaître que
Jules Verne soit passé maître, est la Mythologie. Non seulement il la connaît mais il sait mieux encore l'art de la dire
en la célant, de l'exprimer en la dérobant : style clair-enveloppé
d'un authentique ésotérisme, ici voilé par l'exotisme. Autant
sur la manière que sur la matière, il rejoint ses grands prédécesseurs : les Voyages extraordinaires sont notre Odyssée
— ou notre Bible — en tous les sens (la Télémachie, ou
recherche du père sous la protection d'un mentor, n'y manque
pas : le *Capitaine Grant* et autres). La descente aux Enfers,
le fil d'Ariane et le Minotaure, Adam vivant et la résurrection
des. morts (Servadac : cadavres) ne sont que des exemples
partiels, qui peuvent ne pas convaincre. Mais comment se
décider à nommer ce héros qui perd la vue (marchant sous
la conduite d'un ange ? aveugle, borgne, les yeux bandés ?)
pour la recouvrer en fin d'initiation, ou pour demeurer le plus
clairvoyant des perceurs d'énigmes ? Tobie, Œdipe, Horatius
Coclès, *Michel Strogoff* ? (Et manchot, comme Scaevola, pendant le grand combat final contre le traître.) Et comment
nommer ce voyage coupé d'épreuves et de plaies, pluie de
sang et nuage de sauterelles, passage du désert et puits amer,
isolement sur la haute montagne et transfert au-delà des eaux,

ce voyage terminé dans la contemplation éblouie du pays promis, vivifié par un réseau de veines liquides et respirant la fortune ? L'Exode, *Trois Russes et trois Anglais ?*

La lecture du cryptogramme demande trois grilles ; les deux premières sont entre toutes les mains. Nous essayons, dans un prochain ouvrage, de construire la troisième, d'appliquer les chemins du ciel sur les géodésiques de la Terre.

Décembre 1964.

Dans les années 1634-1636, Giambattista Basile publie, en napolitain, « Une Chatte cendreuse », dans son *Pentamerone,* conte sixième de la première journée. C'est à peu près la *Cendrillon* de Perrault, père ou fils. Soit à évaluer cet à peu près.

Le thème est invariant, d'un texte à l'autre. *Invenire operculum patella.* Une jeune personne, aussi belle que bonne, perd l'amour de son père et toute protection, à l'occasion d'un deuxième mariage que celui-ci contracte à son premier veuvage. Persécutée par la marâtre et par les demi-sœurs, elle se voit réduite aux travaux serviles, aux pénitences de la cendre. La pauvrette passe du salon à la cuisine, du dais au coin de l'âtre, du brocart aux torchons et du sceptre à la broche. Par bonheur, elle est aimée des fées : celles-ci la rhabillent un jour de somptueux atours, le fils aîné du roi en tombe amoureux fou. Pour telle raison convenable, elle doit fuir d'un bal ou d'une fête, si précipitamment qu'elle perd une pantoufle. Celle-ci tenant lieu de tessère, le prince la fait essayer aux femmes du royaume : triomphe de la chatte, dépit de ses persécutrices. L'histoire est identique, décadence et grandeur, chute et triomphe. Elle utilise deux fois la même technique : *la métamorphose.* La princesse en haillons, la souillon en princesse, la bien-aimée en mal-aimée, la délaissée en élue magnifique.

Le thème annoncé, reste à varier. La science féerique ne suit pas les mêmes méthodes, en deçà ou au-delà de l'Alpe. Les instruments du miracle sont, à Naples, une île, une colombe, un dattier doré, une pioche et un seau d'or, un essuie-mains en soie, une longue formule magique. Il suffit, à Paris, d'une citrouille et de trois rats.

Je propose une hypothèse pour expliquer la *variation,* étant entendu que l'histoire commune est lisible à livre ouvert. Quel est le secret des deux métamorphoses ?

Rangeons, pour commencer, les instruments de l'expérience : une citrouille, un carrosse, six souris et six chevaux, trois gros rats dont un barbu, un fort cocher à moustache, six lézards et six laquais, l'heure de minuit où le merveilleux revient au potager, Cendrillon enfin qui reçoit, comme lézards ou citrouille, un coup magique de baguette. Peut-on discerner des règles de la méthode, pour la prestidigitation ?

Commençons, s'il vous plaît, par la petite personne. Chez Basile, elle porte deux noms : Zezolla, qui est le propre, et la « Chatte cendreuse », sobriquet d'ignominie. Dans Perrault, père ou fils, Cendrillon est un premier surnom, donnée par la cadette des demi-sœurs à une demoiselle qui demeure anonyme pendant tout le récit ; l'aînée, fort malhonnête, l'appelait, révérence parler, Cucendron, pour ce que, sa tâche finie, elle avait accoutumé de s'asseoir au coin de l'âtre. Cucendron est le sobriquet du sobriquet, l'ignominie de l'ignominie. Chez Basile, le déplacement va du nom au surmon : Zezolla, fille de gentilhomme, devient chatte, lovée le soir dans la cendre tiède. Ici, le transport va du surnom au surnom, pour qui n'a point de nom, de sobriquet local au sobriquet postural. Méchantes langues, mauvaises fées, les deux sœurs acculent la belle à la crémaillère, et l'affublent du toponyme. L'appellation consacre la métamorphose ; mieux, sans doute, elle la produit. La baguette désigne, le mot magique nomme, d'où la transmutation. Cendrillon est humiliée, ravalée jusqu'à terre ; ceci, dans l'acte et la nomination : ainsi je t'appelle, ainsi tu es. Or, je te réduis, par métonymie, au bas quartier de la maison et du corps : tu deviens les deux, indistinctement. Accroupie dans l'excrément. Métamorphose : métaphore ou métonymie.

Vous dites : c'est un jeu de mots. Oui certes, c'est un jeu de mots. Et si, d'aventure, la baguette magique était le doigt de la désignation, le doigt de la prestidigitation ? Doigt vengeur, ou main bénissante, accompagnés du mot, qui maudit ou bénit ? Et si la baguette était la langue, bouche d'or ou langue de vipère ? Voici qu'elle désigne un espace, qu'elle partage, en haut et bas, le corps et la maison, voici qu'elle lance un enchantement. Et si la fée — fata, fateor — était une belle parleuse, jetant des mots, jetant des sorts, bénéfices ou maléfices ? Et si la métamorphose n'était que jeu de mots, calembour, à peu près phonétiques ? Si elle n'était que métabase en général ? Et si l'espérance d'amour et de fortune, prince charmant et trésor enterré, si la circulation rêvée des femmes et des biens, étaient simulées par la circulation des mots, les transports secrets des sens enfouis et des signes traduits, codés, chiffrés, illisibles ? Et si les transferts de la libido étaient symbolisés par des glissements de vocables ou de phonèmes ? Rien de plus cohérent, alors, qu'un jeu de mots. D'où la méthode expérimentale de la transmutation féérique : tout est dans la baguette et l'abracadabra. Oui, le sésame ouvre effectivement la porte, chevillette et bobinette. Ce qui précède est de théorie, parfaitement connu de chacun.

Cendrillon, Cucendron, c'est la clé de l'anamorphose. Parti

de là, souffrez que le latin me serve de cache-misère, de modestie, non, plutôt de révélateur. La métabase est traduction ; ou, mieux, l'exercice du thème réduit le transport à certaine invariance. Le jeu de mots se gèle en cohérence. Souffrez, encore un coup, de descendre à la basse-fosse. Que fait la belle ainsi nommée ? Elle nettoie la vaisselle — *cucuma, cucumella, cucumula* — ; frotte les montées — *cochlea* ou *cuchlea* —, les chambres de ces dames — *cubiculum, cubare, cubile, cubitus* — ; leur sert de valet — *cubicularius* — couche tout au haut des étages — *cenaculum* est une pièce où l'on accède par une montée —, dans un réduit sans miroir — *speculum* — : et sachez que la grande Javotte en a un si long qu'on s'y peut voir des pieds jusqu'à la tête. Reste à la pauvrette la cheminée, l'âtre, le foyer — *focus*. D'or est tout ce que touche le roi Midas. Le mot envahit les choses.

Il faut se délivrer de ce premier enchantement. Partir de ses prémisses, de la forme banale où le monde est saisi. *Exeunt* (au bal) les mauvaises langues, survient la bonne marraine qui reprend l'affaire où elle fut laissée. Prenez une citrouille — *cucurbita,* hélas ! —, pratiquez-y un trou, on ne commande à la nature qu'en lui obéissant, et voici un carrosse — *currus* —, véhicule à courir — *cucurri,* de *curro* — ou à prendre la fuite — *curriculum* —, l'heure brève passée. Courez au bal, belle humiliée, dansez maintenant, c'est la fête, et prenez un galant — *cuculus* — comme vos sœurs. Elles en trouveront, les cupides envieuses, mais vous aurez le fils du roi : souillon, vous devenez princesse des princesses. Et le prince vous offre oranges et citrons, des pommes d'or, chacun le sait [1] — *Citrium,* c'est concombre, comme *cucurbita,* et la citrouille ignoble devient pomme d'amour. Prenez garde, pourtant ! Revenez sur le minuit, au premier cri du coq — *cucurrio* —, où le rêve passe : vous n'avez pas encore tout à fait quitté la cendre, la terre et la prosternation.

Premier bilan qui varie, comme on voit, sur le thème qu'on sait. Bel attachement au deuxième stade : assis dans la crotte, on ne s'en lève pas si vite. Laissons cela. La bonne fée a fait les mêmes études que la mauvaise : linguistes, un peu, phonéticiennes surtout, de la main gauche, dans l'ensemble. La recette connue, le protocole précisé, le secret dévoilé, qui craindrait de prendre, à son tour la baguette ? Jeu de mots,

---

1. Ces *mala aurea,* absentes du *Pentamerone,* sont peut-être un rappel discret de son dattier doré. Quant à l'*Apocoloquintose,* Sénèque l'avait déjà pratiquée.

jeu d'enfant. Poursuivons : approchez, je vous prie, la souricière — *mustricula* — ; l'expérience va requérir quelque virtuosité supérieure, une baguette — *culticula ?* — plus savante. La marraine serait-elle meilleur mandarin que la marâtre ?

Six souris dans la souricière seront six coursiers gris souris, trois gros rats dans une ratière font un gros cocher moustachu, six lézards dessous l'arrosoir font voir six laquais chamarrés. Denis, le mauvais génie de Syracuse, allait disant, non sans apparence, que mystère était chasse aux souris.

Ouvrons la souricière, le trésor est caché dedans. Du cornet de l'illusionniste sortent douze foulards, six colombes s'envolent, cent lapins s'enfuient, s'échappent les louis, les fruits et les poignées de confetti. Souricière de sorcière, comment te nommes-tu ? *Mustricula, laqueus, pedica,* trappe-tape à attraper les rates, piège à pieds légers, lacet à nouer les niais : la fée sait les comptines, et fait le conte à les céler. Soulevons prudemment la trappe — *cochlea,* la planchette de la délivrance a le même nom que les degrés de la servitude — et laissons sortir le trésor bout par bout : *mus-tri-cula.* Voici la souris, vivent les rats ! Voici leur nombre (six, et il y a deux ratières), voici le thème qui, décidément, ne veut pas nous quitter. Les yeux bandés, mélangeons ceci ; vient, par exemple, *mus-cula.* Que vient faire ici ce *musculus ?* Elémentaire, ma chère filleule : apprenez que le muscle se dit aussi bien *musculus,* la petite souris, que *lacertus,* qui n'est autre que le lézard. Votre père vous l'avait dit, quand vous étiez enfant : ce qui bouge sous la peau, est-ce muscle, lézard, ou souris ? Ceci n'arrive que chez les hommes, les hommes forts : *musculus, masculus,* et le tour est joué : lézards ou rats, voici des hommes. Le thème de vos sœurs m'a servi de moyen terme, comme pour le carrosse. Mais je puis m'en passer, grâce à la belle mous-tache, ornement majeur des souris et des hommes : deux chemins mènent au bal. Donnons à ce mâle — *mas* — un fouet — μάστιξ, μαστίζω — et, fouette cocher, le carrosse s'ébranle. Pardon, il y manque des chevaux ; non, ils piaffent déjà, délivrés écumants de la souricière : *mus-culus,* ou *mus-equus,* voyez combien vos sœurs m'y ont aidé. Voyez encore comme ils sont gris — *cinereus* — : leur robe même est votre nom, si leur nature est l'autre nom. La ratière est vide ? Que non pas ! Elle reste *laqueus,* le bel à peu près pour laquais — mais *laqueus* veut dire lambrissé, parqueté, cela vous fera souvenir des chambres de vos sœurs, où vous fûtes laissée. Elle reste *pedica,* et vous savez bien que laquais, c'est *pedisecus :* vous devinez ici ce que je cache, et ce qui reste d'ignominie.

Sur le tableau souris-rat-lézard, cheval-cocher-laquais, j'ai tracé les lignes, les diagonales, et deux colonnes ; reste la dernière colonne, et le réseau sera complet. Les lézards se terraient derrière l'arrosoir — *alveolus, d'alveus* ou *d'alvus,* la petite auge, ou l'abdomen, et ce qui en découle — : ils ont déjà assimilé leur métier, ils se tiennent attachés au carrosse, la courge vide, « comme s'ils n'eussent fait autre chose toute leur vie ». Que diable, quand on est lézard, que faire d'autre qu'en rester au piège latin ? La marraine est une sexologue d'un autre grade que la sœur : elle a lu les bons classiques, et consulté les meilleurs dictionnaires.

A dire vrai, ou à peu près, ce *lacertus* n'est pas si loin de *lacerna,* manteau à capuchon — *cucullus.* Il suffit. *Lacertus* est un animal, pris en soi-même, déjà métamorphique : il est terrestre, le saurien, et maritime, le maquereau ; comme *locusta,* qui est sauterelle, mais aussi homard ou langouste. L'analogue grec Κάραβος, qui est crustacé, désigne, chez Aristophane, l'animal coprophage, scarabée ou escarbot — *cochlea* est escargot —, le bousier, insecte à tête de bœuf, chimère ou métamorphose en train de s'accomplir. Κάραβος, quel beau nom pour une fée, ou le marquis d'un autre chat.

Cendrillon, c'est un mot, un immense jeu sur un mot. Les objets s'y groupent avec une cohérence quasi mathématique, forment un réseau où circule un son unitaire. La variation française est, à son tour, une variation modulant sur un thème, à condition de voir qu'elle est un thème. Il y a assez de théoriciens profonds pour aborder maintenant son herméneutique.

Novembre 1967.

Note. — Je demande à ceux que cette redondance énorme n'a pas convaincus de lire, une fois encore, le lieu cinquante-trois, au deuxième livre des *Deipnosophistes* d'Athénée de Naucratis, intégralement consacré, comme nul ne l'ignore, à l'immortel sujet de la coloquinte. Le docte Athénée reste au-dessus de tout soupçon : il n'a pas manqué d'épuiser la littérature sur la question. Or, aucun texte cité ne conclut autrement que par le deuxième stade, et pas seulement le fameux fragment d'Epicrate, touchant les dichotomies platoniciennes appliquées à la citrouille. Aucun texte : cela vaut démonstration.

I. — La Sorcellerie, aujourd'hui

« A son apparition, la sorcière n'a ni père, ni mère, ni fils, ni époux, ni famille. C'est un monstre, un aérolithe, venu on ne sait d'où. Qui oserait, grand Dieu ! en approcher. » [1] Du don de l'illuminisme lucide, « un autre dérive, la sublime puissance de la conception solitaire, la parthénogenèse que nos physiologistes reconnaissent maintenant dans les femelles de nombreuses espèces pour la fécondité du corps, et qui n'est pas moins sûre pour les conceptions de l'esprit » (pp. 36-37).

Herman Melville, qui s'y connaissait en démons et merveilles, mit en scène, au soir de sa vie, le Diable et le Bon Dieu. Et pour indiquer que Billy Budd et son bidelle sont des archanges, il les fait sans père ni mère, venus on ne sait d'où : *sine patre et sine matre Melchisedec*. L'originaire est sans ascendance, prêtre surhumain selon l'ordre du prophète dont le père est mort : rite de sacralisation vieux comme l'histoire, les mythes et les religions, la magie.. ou le romanesque du xviiie siècle. Le rite vient à perfection si l'alliance de sympathie, comme on disait, ou l'identification, pour mieux dire, entre l'auteur et son sujet engage le premier à parler magiquement de la sorcellerie, comme ici, à dévoiler en la cachant (par le mythe du mythe) la transgression des interdits, lucidement analysée dans l'objet, mais assumée pour soi de part en part. Disons que Michelet se veut obscurément le sorcier de sa sorcière. Le géniteur éliminé, supprimons le génitif, donc la femme. Alors, le dieu soi-même met à mort sa généalogie, déracine de ses entrailles l'arbre de vie. Ecoutez : je n'eus pas de père, mort si jeune que le surmoi me fut épargné (Enée enfin les coudées franches, épaules libres du poids d'Anchise), ma mère ne fut rien ou presque, mon aïeul à barbe ressemblait à un Dieu le Père, hugolien et grotesque, sorti de sa boîte un matin de prédication. Voilà pour la Sainte Famille. Voici pour la Vie cachée : je vivais hors le monde, en lévitation sur un Sinaï d'étages et de livres, indépendant de l'Eden commun aux lieux scolaires, sociaux, égalitaires. Hors la biologie et la phylogenèse, je n'ai pas de nombril : que si mon autobiographie est une omphaloskepsis, comme

---

1. Michelet, *La Sorcière*. Garnier-Flammarion, éd. P. Viallaneix.

tout journal, vous savez que le regard néantise le vu. Hors
le groupe, je n'eus ni frères, ni sœurs, ni copains ou analogues.
Ma Vie publique ? je ne pris point femme, je ne fis pas d'enfants — sauf selon l'ordre de Morgan ou assimilés. Hors la
lignée, hors l'espèce, hors la coutume, hors le sang et la généalogie, hors la loi du sang et dans le cercle de ma propre genèse,
j'existe dans une surnature. Ainsi le pour soi devient cause
de soi. Chacun a reconnu *Les Mots,* évangile, écriture sainte,
genèse de l'inengendré, *secundum ordinem Melchisedec.* Par
et pour le savoir, le geste de transgression est accompli ; mais
la ligne est franchie d'un mouvement stéréotypé, les anciens
schémas de sacralisation demeurent, même (surtout) pour le
grand Sorcier lucide qui les voulait dissoudre.

Revenons à la Genitrix. La Sorcière est primitive, unité
originelle des peuples (parthénogenèse), des sciences (conceptions de l'esprit), des religions (de Satan, déjà la « philosophie
scélérate »). Le plan-projet romantique recommence, que nous
sommes encore impuissants à contourner : étaler la totalité
du devenir, mettre à nu l'originel, le sol premier virginal, projet
qui définit le mythe même, la contre-science ou la non-scien-
tificité, pour nous et pour les autres cultures. Ici, l'origine
radicale, c'est l'utérus — pour Michelet, le Tabernacle —,
de préférence pharténogénétique, pour que la boucle reste
bouclée, pour que la *causa sui* demeure sans précession. La
Sorcière première sans prédécesseur est Eve, passée, présente
et future, sage-femme et experte en contraception[2], vierge et
mère, et, dans ce cas, tenue à épouser son fils (133, 137, 299-
300, 304), prophétesse dans l'espace désolé du silence, sainte
dans l'ordre de Satan, douée de la beauté du diable et archaï-
quement jeune ; en elle, le serpent a induit le savoir, la bête
de la transgression se substituant au père de la création. D'où
l'on voit comment se déplace, en 1862 — et cent ans après —,
l'histoire de la Sainte Vierge (113, 126) pour des consciences
formées à l'occulter : du côté d'Eve ou du côté d'Adam, soli-
taires pour l'ontogenèse et la phylogenèse, de toutes façons
du côté de Satan. Autour du pommier (pommes d'amour,

---

2. Michelet appelle cela le *lavabo,* terme exquis pour une messe
noire. La description du matériel ne manque pas (174-5 et note), mais
visiblement cela choque l'auteur, qui n'aime pas distinguer le sexuel
du génital. Eloge d'un autre *lavabo,* p. 106 note. Pour la communion,
p. 108 note. Tout le livre est construit en une suite d'inversions, à
l'image même du sabbat ou de la messe noire.

molênes, douce-amère, jusquiame, que sais-je ? 109, 110), Dieu
parti, mort, absent, etc., c'est la scène de ménage ou la dispute d'héritiers : Adam et Eve cherchent, chacun, à occuper la
place vide, à condition de rester seul avec la vipère (101, 144)...
Mais la théogonie à usage populaire, les beaux contes à pro-
ionger la veillée des chaumières, demeurent, *grosso modo*,
invariants. Loin de tuer le mythe, on le perpétue, ravalé ; au
fait, on retourne le mur. Il faudra revenir au pied de cet
arbre à trois fourches, l'arbre généalogique de l'agenésie.

Reste que le savoir est décrit, vécu, assumé, comme transgression (107) : le transgresseur est savant, le savant trans-
gresse : à passer la limite, il retourne l'espace culturel comme
un doigt de gant, mais c'est toujours le même espace, qui
demeure mythique. D'où une série d'inversions, sur quoi *la
Sorcière* est bâtie, dont la première est que Faust devient
Marguerite. La science n'est autre que la contre-science : on
retrouve le fantasme de passer derrière le mur [3].
    La vierge originaire endort et trompe les maux. Elle connaît
les vertus des plantes (parmi l'arbre, la vipère) ; munie de la
baguette du miracle naturel (le bel aveu d'androgynie), elle
commence l'industrie souveraine qui guérit et refait l'homme.
L'unique médecin du peuple, pendant mille ans, ce fut elle,
bella donna et consolante, par belladone et solanées. Simple
et touchant commencement des sciences (*Introduction,* et 105-
113, *Satan médecin*). Pouvez-vous nommer une science qui
n'ait été révolte ? Et révolte contre l'Eglise ? Il n'est qu'un
seul moyen de concilier les deux esprits et de mêler les deux
Eglises. C'est de démolir la nouvelle, celle qui, dans son principe, fut déclarée coupable et condamnée. Détruisons, si nous
le pouvons, toutes les sciences de la nature, l'Observatoire,
le Muséum et le Jardin des Plantes (l'Eden contre-Eden), l'Ecole
de médecine... Ces nouveautés, toutes, ont été Satan. La Sorcière domptait la foudre ? Voyez la vapeur et la bouteille
de Leyde ; elle chevauchait les airs ? voyez Montgolfier ; elle
communiquait à distance ? voyez l'électricité du grand arsenal
satanique, .ie laboratoire. Le Diable est un des aspects du
Bon Dieu (*Epilogue* et fin des *Notes,* 306).

---

3. Par exemple, « percer la voûte », 39 ; « la carrière, vous la fran-
chissez d'un seul bond », 56 ; « la tentation d'amour était forte de
sauter l'abîme », 117 ; « en vain on crut bâtir un mur infranchissable
qui eût fermé la voie d'un monde à l'autre, j'ai des ailes aux talons,
j'ai volé par-dessus », 96, etc.

LA COMMUNICATION

Il s'agit donc d'une *histoire des sciences* : de l'histoire naturelle, de la botanique surtout (valorisée, comme il est de mode),
de la médecine surtout, de la physique ou philosophie de la
nature, en moindre part. Elle se développe, spatialement, des
landes sauvages au Jardin des Plantes, de l'école buissonnière
à la Faculté de médecine, métaphoriquement, de la nuit à
l'aurore. Plus et moins qu'une histoire, c'est une préhistoire,
dont le but est de dévoiler les conditions d'émergence de l'esprit
scientifique, conditions de nature sociale, économique, psychologique — toutes plongées dans l'espace de l'interdit. *La Sorcière* est, sans conteste quoique de manière non thématisée,
une psychanalyse de la connaissance objective, une genèse du
savoir positif : la formation de l'esprit médical. L'œuvre de
Bachelard y est, d'une certaine manière, enveloppée : nul ne
saurait s'étonner qu'elle contienne une philosophie du non. A
l'époque, on n'avait pas appris à dire préhistoire, ni formation,
ni genèse, ni archéologie — Michelet, cependant, l'emploie
de manière claire (p. 295) — : on disait tout bonnement
légende. Voici donc une légende des sciences, une légende de
siècles de médecine, légende, c'est-à-dire « comment il faut
lire », comment ont doit interpréter, comment il convient de
découvrir les conditions secrètes de la naissance d'un savoir.
Voyez la vie dramatique « d'une même femme pendant trois
cents ans » (296 et *Première Partie*), et vous serez instruit
de la nature singulière de cette histoire. Nous reviendrons sur
cette méthode symbolique.

Dans la recherche (aveugle) des conditions génétiques, Michelet plonge dans trois directions : aux soubassements psychana-
lytiques, aux infrastructures socio-économiques, aux thèmes
généalogiques de la valuation nietzschéenne. La triple racine
de cet amour sorcier descend à l'Œdipe, à la lutte des classes,
au dionysisme du sabbat. Le texte est en équilibre : il déchiffre
des rêves (« lorsqu'on reviendra tout à fait de ce prodigieux
rêve de presque deux mille ans », 299) [4] ; il décrit la révolte
populaire, il dévoile l'efficace de la poussée dionysiaque (103).
Cette compensation, cette pondération entre trois méthodes,
cet équilibre sur le trépied sibyllin, cette égalité des pointes du
tricorne, l'empêche de pousser à fond ; *la Sorcière* est et n'est
pas *la Science des rêves,* ou *Moïse, le Capital* ou le *Manifeste,*
la Naissance de la Tragédie ou *Le Gai Savoir.* Elle est tout

---

4. Les premiers siècles du Moyen Age où se créèrent les légendes
ont le caractère d'un rêve (61) ». On dirait aujourd'hui : l'origine de ce
langage est structurée comme un rêve.

222

à la fois, et rien de chacun d'eux. Plus encore, le critique hésite : ou le texte est un carrefour, ou ses méthodes non thématisées demeurent si floues qu'à l'inverse il peut être l'objet successif de ces trois méthodes de lecture. Ou il résume le romantisme, ou il est l'objet électif des méthodes romantiques : nouvel équilibre.

Revenons à l'histoire des sciences, traitée simultanément à trois niveaux, quasi freudien, quasi marxiste, quasi nietzschéen. C'est une archéologie de la médecine, de la taxinomie végétale, etc. La légende met au jour le secret conditionnel : et ce secret n'est pas au-dessous, il est de l'autre côté, il n'est pas recouvert et à découvrir, il est inversé et à retourner. Par rapport aux canons romantiques allemands, la méthode de Michelet consiste à remplacer le *dessous* par *l'inverse*. L'origine, la primitivité, la condition préalable à la naissance, est moins le profond que *l'autre* face des choses : interpréter, c'est renverser.

Ce n'est plus le non de Bachelard, l'antithèse dialectique, l'opposition des dieux symboliques, la lutte des pulsions, c'est l'inversion globale, quasi formelle, quel que soit le domaine de sens qu'elle manipule. Et, là encore, Michelet ravit toutes les méthodes de son temps à la fois, *ou bien* il est explicable par elles toutes à la fois. Sans doute, les résume-t-il dans la naïveté. La légende relit alors l'histoire à l'envers ; la raison scientifique se constitue, certes, contre (en politique, psychologie, épistémologie, etc.) la raison constituée, mais elle est surtout *l'autre* de la raison constituée. Voici la série, elle prend le livre de part en part : homme et femme, oui et non, nuit et jour, aurore et couchant, dehors et dedans, le haut et le bas (et même le très-haut et le très-bas, 119), le pur et l'impur, la forêt et l'*in-pace,* les errants et les emmurés, la Sorbonne et Tolède (l'université diabolique, 92, 296), Dieu et Satan, la parole et le silence, la nature et l'anti-nature (104, 112, 285), la nouvelle Eglise envers de l'autre (91) et ses sacrements à l'envers (125), la médecine et la science à rebours (111), la vie et la mort, le remède et le poison (102), etc. La série peut être déchiffrée *ad libitum* selon trois grilles au moins : outre l'antithèse rhétorique des manuels de tropes, l'aliénation dialectique, une théomachie mythique ou la transgression de la psychanalyse (107). Satan ou l'Autre conduit le sabbat, la mère de la raison, c'est la déraison même, l'origine de toute culture, c'est la nature, le commencement du Droit, c'est l'*in-pace,* où gisent, emmurés vivants, coupables et condamnés, lépreux et possédés, fous (55) et tous sujets-objets réduits à la quarantaine. Cette genèse de la rationalité est déjà une *Histoire de la folie,* par *raison et déraison,* cette genèse de la liberté est déjà une histoire de l'aliénation, par errance et renfermement. Ainsi, le sujet originaire du savoir n'est pas le Même, mais l'Autre. L'Autre en général, qu'il soit aliéné, démoniaque, délirant, transgresseur, résume formellement les trois autres singuliers, les trois autres *modèles* de la « philosophie scélérate » [5]. « Au rebours de la Sibylle, qui semblait regarder l'aurore, elle regarde le couchant (interpréter le sibyllin, c'est bien retourner son langage) ; mais justement ce couchant sombre donne, longtemps avant l'aurore, une aube anticipée du jour (32). » La Sorcière fut la Même, jeune et belle, *mêlée au peuple,* devient l'Autre et traitée comme telle, avant que, libérée de son *in-pace* ou revenue de son errance nocturne aux landes de l'Ouest, elle retourne, bras-dessus bras-dessous, avec Satan, à l'université. Ou bien : sur le trépied originaire, science et religion font le meilleur ménage, nouvelle scène, l'une chasse l'autre, et l'autre prend la place. Ou bien, ou bien..., la traduction est trois fois libre. Ainsi peut-on lire trois fois une loi des trois états *même-autre-même :* Rousseau d'abord, et Nietzche, et Freud, Hegel et Marx, etc., projetés ensemble, à l'état non thématique, dans la genèse-légende. Formalisez ce non-thématique, vous obtenez les structures de l'œuvre de Michel Foucault, en son premier moment.

« Voyez au contraire l'impuissance de l'Eglise pour engendrer. Comme ses anges sont pâles, à l'état de grisaille, diaphanes ! On voit à travers (37). » Ici, l'espace de la « monotonie... Quand on essaie de faire parler les Trois Personnes... l'ennui monte au sublime. De l'une à l'autre, c'est un oui éternel. Des anges aux Saints, le même *oui.* Ceux-ci dans leurs légendes... ont tous un air de parenté fadasse, et entre eux et avec Jésus. Tous cousins [6]. Dieu nous garde de vivre en un pays où tout visage humain, de désolante ressemblance, a cette égalité douceâtre... Le peu que [les Elus] ont d'actif se concentre dans le cercle resserré de l'*Imitation* (38) ». « Imitez, tout ira bien, Répétez et copiez... Les livres copient les livres, les églises copient les églises, et ne peuvent plus même copier. Elles se volent les unes les autres (53). La pâle rhétorique... copiée, chargée, surchargée... elle ira de siècle en siècle (54). Ecoutez et obéissez (56), etc. » Le grand principe satanique : tout doit se faire à rebours, exactement à l'envers de ce que

---

5. *Vide Supra :* II⁰ partie, ch. I.
6. La répétition est la généalogie du Même.

fait le monde sacré, est, à son tour, retourné [7]. L'Autre, vu par le Même, est aliéné. Mais le Même, vu par l'Autre, libéré, devenu sujet, vit dans l'espace de la similitude, de la répétition, de la transparence et de la copie. D'abord, l'autre est enfermé, emmuré : « le seigneur de la vallée fait sa chevauchée, pose les bornes infranchissables, et même d'invisibles limites..., la seigneurie est fermée, le seigneur, sous porte et gonds, la tient close, du ciel à la terre (58). » La transgression accomplie, le mur percé, la voûte ouverte, l'Autre bat la campagne et se retourne pour voir le Même « dans un cercle resserré », curieusement, celui de l'*homothétie* et *du parallélisme*. Chose valable pour la Parole : « ils regardaient dans leurs livres, apprenaient, répétaient des mots. Des Mots ! des mots ! C'est toute leur histoire. Ils furent au total *une langue*. Verbe et verbalisme, c'est tout. Un nom leur restera : *Parole* » (301). Elle est valable pour la naissance de la taxinomie végétale, nous l'avons vu. Pour l'or, voyez le droit d'impôt (ch. V) et le double sens de possession. D'où vient la belle scène où l'on échange des biens (les sacs de blé, la bourse d'or), des mots (le pacte), des femmes (la sorcière même) (77 sq) [8]. C'est la deuxième étape, celle des *Mots et les choses,* celle du retournement du retournement, sur la grille sociologique [9].

Voici la dernière : « Je ne m'appartiens donc plus » (78). La femme primitive est sujet du savoir-transgression, elle est objet de l'échange. Deux raisons en une pour supprimer le je. Le je est l'attribut essentiel du Même ; dès que l'Autre prend sa place, il est muni de l'attribut essentiel inverse : le néant du je. Mettre à mort le Même, c'est mettre à mort le je. La contre-science n'a pas de sujet ; son sujet n'est plus que l'ensemble des grilles, la toile de Pénélope [10] où les objets sont *saisis,* circulent et constituent le monde du sens. Il est rigoureux qu'au bout de l'itinéaire disparaisse l'Ego. Que notre modernité croie avoir à choisir, peut-être. Que la situation ne soit pas nouvelle, c'est l'évidence même. Au bout de la transgression reste la mort du père, et la divinisation du Fils, les *Mots* renouent l'instance nouée sur le mont Cithéron ; reste

---

7. Dans une autre perspective, Michelet accomplit le retournement du retournement, au niveau de la polémique. Par exemple, l'infanticide, péché de sorcière, est en fait un crime monastique (223, n. 1), la messe noire, rite de sorcière, est dite par le prêtre (240), etc.
8. La représentation, à la mode de Mauss, se termine par : « ils rient ».
9. Cf. « Le Retour de la nef », *supra,* II, 1.
10. *Vide Supra :* Introduction.

la mort du Fils, de l'homme-dieu, reste le complexe d'Isaac [11], c'est l'instance nouée sur le mont Morija : le bélier-substitut a bien les cornes saisies dans le buisson. La situation, de fait, est renaissante : tendue entre un certain hellénisme, et un certain judaïsme, elle doit ouvrir la nouvelle scientificité. Il est urgent, il est proprement vital pour la philosophie que le XIX° siècle nous serve enfin de nouveau Moyen Age. La nouvelle Renaissance est exactement en place.

II. — *La Sorcellerie, hier*

Par son équilibre si peu stable, par sa synthèse molle des trois grandes méthodes romantiques, *la Sorcière* nous enveloppe de toutes parts, nous sommes encore liés à ses prophéties. Revenons au Tricorne.

L'analyse symbolique est la première voie. Michelet s'excuse de ne point parler de la sorcellerie, de faire vivre la même femme trois cents ans. Quelle méprise, si les inengendrés sont immortels. Et nul n'a jamais pris autrement le devenir, à l'âge romantique ; il manquait une Sibylle dans la galerie des symboles : l'Esclave, Abraham, Socrate, Ariane, Electre... Non une sorcière historique, mais un universel concret, une forme abstraite saturée de réalité [12]. Doit-on retracer la genèse des sciences ou la naissance du tragique, la Sorcière et ses avatars sont à l'une ce que Dionysos et sa passion sont à l'autre. La légende et la généalogie sont isomorphes. Qu'il n'y ait rien de proprement historique dans ces efforts, qui le requiert ? Qu'il n'y ait que préhistoire, c'est l'évidence. Et *la Sorcière,* de nouveau, est un mythe, un mythe d'origine ; son mouvement, parallèle à la méthode nietzschéenne, sert, en retour, de révélateur, pour la deuxième. De même que l'histoire de Michelet n'est pas une histoire, de même la philosophie de Nietzsche n'est pas une philosophie, au sens ordinaire. La méthode réflexive mise entre parenthèses, l'étude de la légende est une légende, l'étude de la mythologie est une mythologie. Il suffit de s'identifier à Dionysos, à la Sorcière. Voici la vérité d'un siècle qui commence à Schelling et finit aux cendres et au miel, mais aussi la vérité ou de l'histoire ou de la philosophie, comme

---

11. Cf. *Le Complexe d'Isaac,* à paraître.
12. « Ma force est de partir... non d'une creuse entité, mais d'une réalité vivante, la Sorcière, réalité chaude et féconde » (303). Heine rapporte qu'on appelait Michelet « M. Symbole ».

éléments culturels, enveloppés dans le Mythe. La démonstration pourrait aller aux détails : la recherche de l'origine, la
récupération globale du devenir et la répétition du premier
moment (éternel retour), la méthode par typologie, dramatisation, personnages symboliques, panthéon..., la tonalité reli-
gieuse globale et l'instauration d'une a-théologie nouvelle, etc.,
conduisent à ce résultat que la philosophie de Nietzsche est
construite, dans son ensemble, selon l'ordre du mythe, qu'elle
est un mythe, le nôtre sans doute, et qui n'a pas fini d'ensor-
celer nos contemporains. La démonstration est à développer :
elle est d'autant plus aisée que nous disposons désormais d'éléments sûrs en vue de la comparaison structurale. Réciproquement, l'analogie révèle *la Sorcière* comme une figuration du
même type. Revenu au personnage symbolique central, qui ne
voit la non-appartenance comme attribut essentiel des deux
héros des deux naissances, l'explosion du principe d'individuation dans le sabbat, la fête ou l'orgie ? Dieu est mis à mort
dans la messe noire, et celle qui ne s'appartient plus [13] est en
rupture avec sa propre individuation. Les mêmes résultats
reviennent, invariablement. Avec ceci de plus que la désagrégation de l'*ego* conditionne l'apparition de la méthode symbolique, ou réciproquement.

Le texte de Michelet désigne obscurément une deuxième
voie : « il soulève des bas-fonds des choses incroyables qui y
seraient restées ; il va draguant, creusant les fangeux souterrains de l'âme (300) ». La première partie, qui seule est en
question — la deuxième est une suite anecdotique — se
termine par une description détaillée de la messe noire. On
voit tout aussitôt que si elle retrace une histoire, une genèse,
une archéologie, elle est aussi construite comme une représentation à un seul officiant, à la fois sujet et objet de l'histoire et de la représentation, elle est aussi construite selon l'ordre
du sabbat, ou de la messe noire. Elle s'auto-explique par implication, par projection du sabbat sur lui-même. Cela est de
rigueur : la messe, la cène est présentation de l'histoire et du
sacrifice du Christ ; l'office à l'envers représente la messe à
rebours, c'est-à-dire l'histoire ou la légende inversées. De sorte
que le sabbat est bien le renversement ordinaire de la liturgie,
mais en outre la présentation de la légende des sacrifiés, le

---

13. « Elle n'est ni de Satan, ni de Jésus. Elle n'est rien, n'a rien »
(300).

rite correspondant à la généalogie de l'Autre. C'est le rapport bien connu du rite au mythe, par dramatisation, ou du mythe au rite, par représentation. Ordonnée selon le mythe, la première partie se termine par l'office qui lui est propre, et l'un explique l'autre, et réciproquement. Il serait fastidieux d'aller au détail : l'injure à Jésus de l'*Introït* correspond à la mort des dieux, et le coït stérile à l'origine parthénogénétique ; le festin qui suit où coulent bière et cidre, aux fêtes du deuxième chapitre où circulent le lait et le vin [14] ; pour la femme-autel, voyez comment, au cours de l'histoire, « elle tombe à quatre pattes (91) » ; aux offrandes correspond la levée de l'impôt, et ainsi de suite. Ce principe critique posé, dont le développement ne fait pas difficulté, reste que l'intérêt majeur n'est pas là ; car la scène finale qui ritualise la totalité de l'histoire se termine elle-même par le tableau fondamental, celui vers quoi va tout le livre, comme si cette scène-acmé était le but de la recherche, la finalité ultime de la transgression, ce pourquoi tout était vécu, souffert, représenté, désiré, écrit : *la pratique de l'inceste.* Draguer les bas-fonds fangeux, aller à l'incroyable qui y serait resté, c'est, au bout du compte, au bout de la légende anamnésique et du rite à rebours, découvrir l'Œdipe. Voici « le grand bal travesti qui permettait toute union, surtout entre proches parents ; ... le but principal du sabbat, la leçon, la doctrine expresse de Satan, c'est l'inceste (133) ». Michelet recule un moment : « cela est difficile à croire » [15]. Et comme pour confirmer le principe critique ci-dessus, l'auteur interrompt le rite et reprend la genèse, la légende, pour que représentation et histoire aboutissent au même point, l'Œdipe étant le nœud des deux mouvements. « Même chambre, même lit..., des pleurs, une extrême faiblesse, le plus déplorable abandon... Il arrivait, sans que ni l'un ni l'autre s'en rendît compte, ce qui arrive aujourd'hui encore si fréquemment aux quartiers indigents... où une pauvre personne... subit tout (137). » Curieusement, les notes finales reviennent sur la question, pour lui donner une infrastructure économique et sociale, sur laquelle nous reviendrons (l'adultère est noble et bourgeois, l'inceste est l'état général des serfs, 299), mais surtout pour lui donner le statut de ce qu'on découvre en jugeant et analysant un *Rêve.* Au cours d'un rêve géant de deux mille ans, l'histoire du monde a institué une chose « énorme, unique » : l'inceste. La page est de psychanalyse, à l'échelle

---

14. Cf. *Le Festin, le Banquet et la Cène,* à paraître.
15. De même, 175.

phylogénétique. Notons que l'Œdipe y est complet : le parricide n'y manque pas (« le fils, si l'on a réussi, voit dans son père un ennemi. Un souffle parricide plane sur cette maison », 300), ni la moindre importance de l'Electre (299-300). Au bilan, l'entreprise généalogique, archéologique, débouche sur le schéma ordinaire : c'est une anamnèse découvrant la figuration œdipienne. Le livre de la transgression lève, au bout du chemin, la prohibition de l'inceste.

Satan tenait, dit-on, ce crime pour vertu (137) ; il recommandait spécialement cette union (300). « Il n'y avait bonne sorcière qui ne naquît de l'amour de la mère et du fils » (citation de Lancre, 137). La grande généalogie se boucle sur elle-même, et la scène finale est le tableau primordial, le secret de l'origine. Qui prétendait, dans la légende, que l'Eve primitive venait on ne sait d'où, qu'à son apparition d'aérolithe descendu du ciel elle était sans père ni mère ? Non, le parricide consommé, elle est issue de la mère et du fils : vierge et lieu électif de la parthénogenèse, mère du savoir contre-savoir, elle est fille de la transgression primordiale [16]. Il s'agit bien d'un cercle et d'un retour mythique, celui des mystères et de la germination, celui de l'anamnèse et des rites agraires : « par une erreur impie, ils croyaient imiter l'innocent mystère agricole, l'éternel cycle végétal, où le grain ressemé au sillon fait le grain » (d'où l'on revient à la valorisation de la botanique). « Ainsi les secrets de magie (la science archaïque) restaient fort concentrés dans une famille qui se renouvelait elle-même » (137). La vierge est fille de dieu, mère de dieu. Les mêmes résultats reviennent, inlassablement : le secret de l'agénésie est cette généalogie, et le sujet, c'est la famille œdipienne. La généalogie de l'Autre est aussi une répétition.

« On avait dit : le grand Pan est mort. Mais le voici en Bacchus, en Priape, impatient, par le long délai du désir, menaçant, brûlant, fécond » (103) : la voie dionysiaque conduit au Sabbat. Que celui-ci finisse par les amours de la mère et du fils, et voici la voie œdipienne. La science et la philosophie classiques ne connaissaient que le sujet et l'objet : le troisième

---

16. J'ai consciemment laissé de côté tout l'héritage, non thématisé encore, du marquis de Sade (cf. p. ex. 73, 245, etc.). Le sadique est soit le châtelain, soit l'inquisiteur. A propos de l'histoire ordonnée comme un sabbat et du sadisme, on voudra bien souligner une flagellation et une crucifixion (86) et le grand cri de déréliction, traduit presque exactement du *lema sabacthani*, p. 94.

homme revient, *le sujet du Désir,* qui établit les contre-sciences et la philosophie du progrès-transgression. Ce troisième ne saurait dire ego, puisque sa vérité c'est la désindividuation, l'explosion et la désintégration du moi, « roi de la mort, roi de la vie ». La légende exige la lecture des arrière-mondes, formes mythiques et bas-fonds de l'âme.

Reste à lire les infrastructures. De même que Michelet hésite devant la méthode nietzschéenne ou devant l'anamnèse psychanalytique — tout en les assumant aveuglément —, il hésite de même devant les théories socialistes : loin de la dialectique, il en reste aux inversions, loin de la lutte des classes, il en reste au populisme. Sur ce point, tout a été dit, nul besoin de s'étendre [17] ; sauf, peut-être, au moins ici, sur la *naïveté* du schéma quasi manichéen, Barbe-bleue et Grisélidis [18], qui projette sur la société les distinctions ordinaires. Reste que si *la Sorcière* est le livre de l'Autre, humilié, offensé, révolté, triomphant, il est, par modèle, le livre de la misère, de la faim, de l'écrasement politique, de l'asservissement, des levées de l'impôt et des féroces excès de la féodalité. C'est pourquoi le thème terminal de l'inceste reprend, en un accord, les trois voix de la fugue : schéma symbolique, transgression sexuelle et complexe familial ou généalogique, enfin communisme économique. « L'inceste est l'état général des serfs... Inceste économique surtout, résultat de l'état misérable où l'on tenait les serfs. Les femmes travaillant moins, étaient considérées comme des bouches inutiles. Une suffisait à la famille... L'aîné des frères se mariait seul, et couvrait ce communisme d'un masque chrétien. Voilà le fond de ce triste mystère » (300), qui « ne se trouve guère que dans l'extrême misère » (301). Voici pourquoi la vierge-mère est seule, au sein de la sainte famille. L'économie explique la transgression, celle-ci est une révolution avant la date.

Point d'équilibre et de tension, hésitant et vibrant, *la Sorcière* est milieu de trois voies, triviales désormais. Elle assume

---

17. Cf. Paul Viallaneix, *La Voie royale : essai sur l'idée de peuple dans l'œuvre de Michelet,* Delagrave, 1959. Surtout pp. 292 sqq et 392 sqq.

18. 116 Cf. la « bonne forte femme du peuple » (254) et les évêques du grand monde (258) ; si le peuple est naturellement bon, fort et puissant, il peut être souillé par les grands : un « rustre niais et finaud » 270, la « canaille aux Jésuites, leurs clients, leurs mendiants, un je ne sais quel peuple... » 279.

et résume aveuglément l'esprit de son temps, savante dans sa naïveté. A l'âge romantique, ces chemins ne paraissaient pas convergents ; nos contemporains cherchent à les faire venir au concours par les formes du structuralisme. D'où la proximité de nos tissages formels et de la toile ourdie par Michelet, d'où l'analogie de nos inventions à trois voix et de la fugue composée aux soirs de sabbat. En chaque ligne mélodique, de surcroît, pour chaque domaine de sens — le non-dialectique, le non-transgression, le non-mythique —, la vierge parthénogénétique demeure la matrice vivante de la philosophie d'hier soir : la fille, mineure, hésite devant l'espace, inquiétant et libre, de sa majorité.

Au lendemain du sabbat, l'aube se lèvera-t-elle, sevrée d'amour sorcier, le penseur, matricide, jettera-t-il par-delà les buissons les deux tricornes gigognes dont il était coiffé ?

Janvier 1968.

CONCLUSION

APPARITION D'HERMÈS : DOM JUAN

Une statue est un objet d'art, ou une icône rituelle. A l'âge classique, elle devient, de surcroît, automate, écorché, appareil de laboratoire, modèle mécanique de l'être vivant : après le robot cartésien, Condillac décrit son expérience (imaginaire) d'après une statue. La statue du Commandeur est une machine, la mort de Dom Juan une machination : Molière ne va pas mourir autrement, entre rampe et machinerie. L'athéisme arithmétique du grand seigneur méchant homme triomphe au tableau final, lorsque survient le *deus est machina* [1]. L'homme à femmes est un homme à idées : le premier héros de la modernité. De tout cela, je crois, Molière était conscient ; il était, en outre, écouté du public ; si bien compris, du reste, que le spectacle fit long feu. Comment supporter une représentation qui montre à ceux qui la regardent que les pantins ne sont pas où ils croient, mais où ils sont ? Ce qu'ils sont et ce qu'ils croient.

Héros premier de la modernité, Dom Juan l'est par le nombre et le mécanisme, par le double désespoir de la représentation et de la volonté. Il l'est d'une autre manière, plus décisive sans doute, et si profonde. qu'il reste à parier si Molière en fut conscient. Rêvons qu'il le fut : cela le classe observateur scientifique de la société ; qu'on s'interdise une hypothèse anachronique et l'on approche du mystère de la création littéraire. Jugeons sur pièces, et songeons qu'il s'agit d'un *festin*.

**

Selon Da Ponte, Kierkegaard, Pouchkine, Rank, etc., Dom Juan est un bel amateur du sexe : volage voyageur d'un impossible amour (unique), mort des renaissances d'une irréductible culpabilité, héros de la Différence retiré, en son dernier avatar, dans un cloître espagnol, méditant, sous l'implacable lumière des plateaux de Castille, l'ancienne sagesse de Salomon : rien de nouveau sous le soleil. Ceci montrerait à loisir jusqu'où le romantisme approfondit le thème, ceci cacherait combien il le mutile : Dom Juan n'est plus, pour nous, qu'un archétype de

---

1. Cf. *Les Etudes philosophiques*, 1966, n° 3, pp. 385-390.

la métapsychologie. Le personnage de Molière n'offre guère ces avenues aux analystes de la motivation : il est moins profond, au sens de Nietzsche. Sa conduite, en revanche, est plus riche en extension, plus complète ; une fois encore, le romantisme nous aveugle, il nous donne à voir partout ailleurs qu'aux scènes de séduction des tableaux surajoutées, du remplissage. De fait, le prince classique est un diable à trois têtes, un personnage à trois conduites : homme à femmes, il séduit ; homme à idées, il discourt ; homme d'argent, il diffère sa dette. Ce troisième homme est le révélateur des deux premiers ; il est trois fois en scène : pour l'aumône du pauvre, avec monsieur Dimanche, son créancier, dans l'unique tableau *post mortem*.

⁂

Sganarelle : mes gages ! mes gages ! (V, 7). Chacun, enfin, se trouve payé, content et satisfait : ciel et loi — la religion, la morale et le droit —, filles et familles, parents et maris — l'amour et la tribu —, tous remboursés par la mort du Tenorio, tous sauf le valet. Mes gages ! le mot de la fin, comme de juste, c'est la morale de l'histoire : rupture de contrat, reniement de parole, abus de confiance, foi surprise. Méchant homme, mauvais payeur, le maître n'a point honoré sa promesse. Sganarelle non plus : son salaire, il le doit à monsieur Dimanche, qu'il a bouté dehors, en faisant fi de ces bagatelles (IV, 4). Le compte n'est pas apuré, le bilan n'est pas équitable. Voilà pour la morale.

Rapportons-nous, par symétrie, au lever de rideau, voici l'éloge du tabac : « il instruit les âmes à la *vertu*, et l'on apprend avec lui à devenir *honnête homme*. Ne voyez-vous pas bien, dès qu'on en prend, de quelle manière *obligeante* on en use avec tout le monde, et comme on est ravi d'en *donner* à droite et à gauche, partout où l'on se trouve ? On n'attend même pas qu'on en *demande,* et l'on court au-devant du *souhait* des gens ; tant il est vrai que le *tabac inspire* des sentiments d'*honneur* et de vertu à tous ceux qui en prennent » (I, 1) [2]. Dès l'ouverture, la loi qui va dominer la comédie, loi transgressée pour partie au bilan final, loi bafouée en toute péripétie, est prescrite sur un *modèle réduit*. Comment devenir vertueux, honnête homme ? Par l'offrande avant le souhait, par le don qui anticipe la demande, par l'acceptation et le retour. Etrange objet que ce pétun, investi d'une puissance de

---

2. Ici, et dans les citations qui suivent, c'est nous qui soulignons.

communication, d'une vertu liante qui mène à la vertu. D'où vient qu'être méchant homme, fût-on grand seigneur, consiste à mépriser le tabac, je veux dire ne vouloir pas se plier à sa loi, à l'obligation et l'obligeance de l'échange et du don ? Refus dangereux, où l'on risque la tête : « qui vit sans tabac *n'est pas digne de vivre* » ; qui ne s'intègre pas dans la chaîne du commerce, qui ne transmet pas le calumet qu'il a reçu, se voit, au premier mot, *condamné à mort.* Voilà pour la règle du jeu [3], dont on connaît l'exécution.

Je ne vois plus rien à dire de nouveau, par rapport au premier tableau : il contient tout, le canevas, la règle, la menace, la fin. Reste à varier sur la structure d'échange, lisible sur le passage du tabac. Les trois conduites de Dom Juan, vis-à-vis des femmes, du discours, de l'argent, forment trois variations parallèles sur le thème du tabac.

⁎
⁎

La démonstration recommence. Entre monsieur Dimanche, pour quérir sa créance. « Il est bon de les *payer de quelque chose :* et j'ai un secret de les renvoyer satisfaits sans leur donner un double », dit Dom Juan de ses bailleurs de fonds (IV, 2). A voir le secret. Le fer est engagé fort vite : « Je sais ce que je vous dois » (IV, 3), mais je parle, et force Dimanche à se taire ; le voici déjà *payé de mots.* Mais ce n'est pas assez, il faut le payer de *caresses.* « *J'aime* de tout mon cœur » la jolie Claudine, et le petit Colin, qui fait tant de vacarme avec son tambour, et le chien Brusquet qui gronde si fort (faisons le plus de bruit possible), et votre épouse, la brave femme. « Je prends beaucoup d'*intérêt* » à toute la tribu. Pour vous, « êtes-vous de mes *amis ?* ». Je suis le vôtre, pour ma part, « et ceci *sans intérêt,* je vous prie de le croire ». « *Embrassez-moi* », le valet va vous redire que *je vous aime* bien. Payé de mots, payé d'amour, *exit* monsieur Dimanche, conscient d'avoir été roulé, réduit au silence et la bourse légère. Le secret ? Le voici : *croisez* sur la triple loi d'échange ; ne rendez pas tabac pour tabac, c'est-à-dire bien pour bien, mot pour mot, amour pour amour, donnez au contraire *mot pour bien* [4] et *amour pour argent.* Le créancier alors peut courir la campagne. Mais songez-y : l'échange, c'est de tradition,

---

3. « Si je conservais ce don pour moi, comme il est investi d'un esprit, il pourrait m'en venir du mal, même la mort ». Il s'agit d'un texte de droit maori.
4. Je *dis* à tout le monde, comme à vous, que je suis votre *débiteur.*

doit toujours s'accomplir au cours d'un *festin ;* les primitifs
savent cela, les guerriers, fiancés et maquignons. « Sans façon,
voulez-vous souper avec moi ? » Non, réplique le créancier,
la chose n'est point faisable : puisque l'échange est manqué.
Qui ne devine qu'un autre festin, une autre invitation (réciproque) à souper, vont bientôt régler le compte, un autre compte,
le même en fait ? Qui ne sait que de tels festins ne sont que
représentations dramatiques des dons et remises, que des dra-
matisations de la loi d'échange ? Sommes-nous à la naissance
même de la comédie ?

Chacun sait, une fois encore, qu'il existe une seule manière
de rompre la loi, en restant honnête homme, mieux même, en
devenant grand seigneur. Donner sans contrepartie, c'est se
donner honneur et vertu, faire éclater sa puissance : cela s'appelle l'Aumône. Qui n'offre du tabac à celui qui en est démuni,
sans espoir de retour ? Allons à la forêt prochaine [5] ; nous voici
perdus, ce chemineau va nous dire le chemin (III, 2). Il dit,
et demande quelque secours : son avis est « intéressé ». Sur
l'intérêt, revenons à la règle du jeu. Le pauvre la décrit et
s'en plaint, comme Sganarelle et monsieur Dimanche, comme
Dom Carlos va bientôt s'en plaindre, mais sur le point d'honneur (III, 4). Il prie tout le jour pour que les généreux soient
comblés, pour que le ciel leur « *donne* toute sorte de *biens* ».
Recevant, il rend des *mots sacrés,* destinés à ce que le donateur
fasse à son tour recette. Dom Juan de railler : à ce métier,
l'on doit faire fortune, être « bien à son aise » et « bien dans
ses affaires ». Le misérable, néanmoins, reste nécessiteux, il
manque du premier pain. La contrepartie de l'aumône, du don
sans contrepartie, est l'ensemble de la conduite du pauvre.
C'est la seule conduite de rupture, où l'on puisse croiser sur
la loi : rendre un mot pour un bien, mais le mot est sacré.
Dans un premier temps, Dom Juan demeure au croisement ;
il demande sa contrepartie : voici un louis, donne-moi un *mot,*
et tout à l'heure, voici un louis pour l'*amour* de l'humanité.
C'est la scène duale de celle du créancier : le grand seigneur
donne, et veut, à son tour, recevoir ce dont il a payé monsieur Dimanche, mot pour bien, amour pour argent. Il symé-
trise sa position, parce que la loi de l'Aumône est justement
rupture de la loi d'échange, la seule déchirure permise au
contrat : il rompt, par conséquent, la loi même de rupture,
et se trouve à nouveau hors la loi. Il exige contrepartie sur

---

5. La scène a lieu non loin du mausolée du Commandeur. Les au-
mônes aux pauvres plaisent aux morts : il s'agit d'une règle de droit
des Bori.

le seul échange qui en soit privé, il exige la fausse contre-partie qu'il a coutume de donner. Mais, par un nouveau tour, il refuse la loi globale en inversant la valeur même du mot et de l'amour qu'il requiert en échange du louis : au mot sacré de la prière, il veut substituer la profanation du mot sacri-lège. « Je te donne, si tu jures » ; à l'amour de l'autre, ou à l'amour de Dieu, il substitue l'amour de l'humanité [6]. Qu'il pratique tout aussitôt, en se jetant, épée au poing, dans un combat douteux où « la partie est *inégale* ».

Que faire en un festin, à moins qu'on n'y échange ? Qui ne vient pas au banquet refuse la loi du don et déclare la guerre. Toute la question va être d'amener Dom Juan au souper où l'on apurera le compte. En attendant, la dette s'accumule, et d'abord la dette d'argent. Il n'est pas de règle de payer de mots et de caresses : il y faut prise pour prise. La contre-épreuve ? Sganarelle, poltron, n'ose pas parler, ne peut soutenir le débat philosophique. Il faudrait pour cela disposer de mots, bons à faire théorie à l'encontre du maître. A s'habiller en médecin, on acquiert le savoir, on veut soutenir l'honneur de son habit. Or l'habit du valet c'est la robe d'un vieux médecin, laissée en *gage* quelque part : « il m'en a *coûté de l'argent* pour l'avoir » (III, 1). De l'argent pour des mots, Dom Juan encourage la chose : tu as acquis ainsi privilèges, art et raison. Le discours est possible, et le *Traité de l'homme* va pouvoir s'opposer à l'arithmétique de l'athée. Reste l'amour : la Char-lotte dit à son Pierrot : laisse-moi amour et parole, « je te ferai gagner queuque chose, et tu apporteras du beurre et du fromage cheux nous » (II, 2) ; ce que Pierrot refuse pour même deux fois le prix. C'est à coups de gifles que Dom Juan cherche à conclure le marché au fromage [7]. Argent pour femme, comme tout à l'heure, argent pour mot, et la démonstration est fermée.

⁂

Après la bourse, la vie, dans la forêt ou sur la plage. Dom Juan tire Carlos des griffes des larrons : nouvelle occasion de

---

6. Lorsque Sganarelle reçoit le soufflet adressé à Pierrot : « Te voilà payé de ta charité » (II, 3). C'est de nouveau l'inverse de l'Au-mône : le soufflet est ce que devient l'amour de l'humanité quand c'est l'autre qui est charitable.
7. De toutes manières, « un mariage ne lui coûte rien à contracter » (I, 1), dit de lui son serviteur. Et Mathurine : « ça n'est pas bien de courir sur le marché des autres » (II, 5).

décrire la règle du jeu. Elle est encore de doit et avoir : « c'est bien la moindre chose que je vous doive, après m'avoir sauvé la vie, que de me taire devant vous » (III, 4) ; pour la vie, au moins un mot ; mais, pour la vie, exactement la vie : « souffrez, dit Carlos à Dom Alonso, que je lui rende ici ce qu'il m'a prêté » (III, V) ; je lui suis « redevable de la vie », j'ai une « obligation » que je dois « acquitter ». A Dom Juan : « vous voyez que j'ai soin de vous rendre le bien que j'ai reçu de vous. » D'où le débat, qui sépare les deux frères d'Elvire, délicate pesée entre « l'injure et le bienfait », qu'il convient de « payer » ensemble, entre l'honneur et la vie, que le Tenorio a respectivement pris et donné. Si l'honneur est plus que la vie, le suborneur est débiteur ; à l'inverse, le sauveteur reste avec sa créance. Différé à vingt-quatre heures, pour les « réparations ». C'est toujours la route au tabac. De cette règle, Dom Carlos se plaignait amèrement, tout à l'heure, comme d'un asservissement de sa vie, de son repos et de ses biens. Le Cid espagnol s'est amolli, a perdu le « furor ».

Mais, au vu de la règle d'échange, Dom Juan est de nouveau hors jeu. Sa campagne amoureuse et maritime s'est terminée par un coup de tabac, dont il n'a pu se tirer que grâce à Pierrot, le fou galant de la froide Charlotte. Le paysan sait bien que le « gros monsieur » lui doit la vie, celle qu'il a pariée, gagée, gagnée contre le gros Lucas (II, 1). Son profit sera, au moins, deux fois « quatre pièces tapées et cinq sous en double ». Mais sa perte est incomparable : le voici bientôt cocu et battu : « ce n'est pas là la *récompense* de vous avoir sauvé d'être noyé » (II, 3). En échange de sa vie, Dom Juan donne, mais baisers à Charlotte et soufflets à Pierrot. Il donne à Dom Carlos, qui lui rend raison ; il reçoit du paysan, et, en contrepartie, lui prend encore. La démonstration est stable : le méchant homme est hors la loi d'échange ; ici, par le passage à tabac.

Donner, recevoir, reste à prendre. Il a donné la vie au frère d'Elvire, il l'a reçue du fiancé de Charlotte, il l'a prise enfin au Commandeur, il y a six mois, dans la ville même où l'entraîne une nouvelle beauté. Sganarelle n'y est pas tranquille, et fait part à son maître de ses inquiétudes. D'où l'on apprend que Dom Juan a eu sa « grâce de cette affaire », la rémission de son forfait. Aux dires du valet, la dette n'est pas épuisée : « cette grâce n'*éteint* pas peut-être le ressentiment des parents et des amis »... (I, 2). Ce qui est, de nouveau, la règle du Jeu : *vie pour vie*, le talion. La parole du tribunal, ou le dire du roi, ne sont pas suffisants à rendre le compte équitable. Il faudra bien que le héros paie cela de sa vie, accepte d'aller au *festin,* où la statue lui demande sa main : « *Donnez-moi* la main » ; « la voilà ». Au premier don, à la première remise, la reddition, et la *mort.* Là encore, la démonstration se ferme sur elle-même : loi d'échange, refus de la règle, retour à l'équilibre. Et qui vit sans tabac n'est pas digne de vivre.

*
* *

La même démonstration recommence dans le prêtoire aux paroles, quand on clôt la foire d'argent et le marché de vie. D'abord la foi jurée, avant l'échange du sens, son changement et ses substitutions. C'est que Dom Juan « parle comme un livre » (I, 2). Comment aurait-il pu arracher Elvire à ses vœux conventuels sinon par vœux, par lettres, serments et protestations ? Gusman, à nouveau, calcule la règle : le serment enflammé a vaincu l'obstacle sacré du couvent. S'il délaisse la sœur de Dom Carlos, il est incompréhensible, tout compte fait, qu'il ait « le cœur de manquer à sa parole » (I, 1). *Un mot pour une femme,* certes, *mais le mot est sacré ;* il l'est d'autant que la femme est liée par un autre mot sacré. Même chose, après le naufrage ; à Charlotte, elle-même liée à Pierrot par sa foi jurée : « la parole que je vous donne » (II, 2) ; à la même, et à Mathurine : « la parole que je vous ai donnée » (II, 9). Mais, au fait, l'embarquement amoureux était aussi destiné à enlever une femme à sa foi : le but était de troubler l'intelligence d'un couple d'amants, de « *rompre leur attachement* » (I, 2). Mieux encore : « Il faut faire et non pas dire ; et les effets décident mieux que des paroles » (II, 5). La parole décide, elle enlève la croyance, si elle est sacrée : « voulez-vous que je fasse des serments épouvantables ? Que le ciel... » « Ne jurez point », s'écrie Charlotte, se faisant, au bord de l'eau, l'écho du pauvre, dans la forêt, « ne jurez point », « je vous crois ». Deuxième écho : « non, monsieur, j'aime mieux *mourir* de faim »... « j'aimerais mieux me voir *morte* que de me voir déshonorée ». La règle est claire : « j'y vais à la bonne foi », mais *foi jurée vaut vie.* Le chemineau, la paysanne et le grand seigneur tournent dans le cercle pérenne enchanté du mot, de l'or et de l'amour. Hors de ce cercle, point de salut ; qui le rompt n'est pas digne de vivre. A preuve, la statue, et les échanges obligatoires d'invitations à festoyer : « vous m'avez hier *donné parole* de venir manger avec moi. » « *Oui.* Où fait-il aller ? » *Donnez*-moi la main, etc., c'est la *mort.*

La loi est dite : rendre raison à la parole donnée. Voici maintenant la profession de foi de qui ne se pique point du

239

« faux honneur d'être fidèle ». Je ne suis pas *lié*, nul objet n'a de vertu liante qui force à la vertu. Je n'*appartiens* pas au premier objet qui me *prend*. Je romps le cercle de prendre et de donner, d'avoir et de devoir, d'offrir et recevoir. « J'ai beau être *engagé*, l'amour que j'ai pour une belle *n'engage* point mon âme à faire injustice aux autres » ; la justice et le droit changent de camp » ; « je *conserve* des yeux pour voir le mérite de toutes, et *rends* à chacune les hommages et les *tributs* où la nature nous *oblige* » ; l'obligation de rendre tribut est référée à la nature, non à la loi sociologique ou juridique ou sacrée ; « je ne puis *refuser* mon cœur... et dès qu'un beau visage me le *demande,* si j'en avais dix mille, je les *donnerais tous.* » La victoire acquise, pour parler comme Alexandre et des autres mondes, « il n'y a plus rien à *dire* » (I, 2). Le cercle du don est borné : je ne puis me résoudre à me « borner ». La rupture du cercle ou la rupture du contrat viennent d'un échange truqué : donner dix mille fois la même chose (la conserver donc) pour acquérir (conquérir) dix mille choses différentes. Cent maravédis valent-ils une piastre ? Sur le cercle fermé de l'échange-don, c'est, en toute rigueur, l'invention du mouvement perpétuel. Dont voici la loi mathématique : si je reçois deux, sans en rendre la contre-valeur, j'acquiers quatre ; je prends quatre, et ne le rends pas, j'acquiers huit : série croissante de l'injustice (selon Aristote et toute sa philosophie). *Je crois donc que deux et deux sont quatre, et que quatre et quatre sont huit.* Irai-je ainsi jusqu'à « mille et tre » ? Si je reprends ce que je donne, je puis indéfiniment acquérir. La reprise est cet écart bénéficiaire qui dépasse l'égalité de droit, qui déchire la relation de personne à personne et engendre la communication possible d'un à plusieurs ; nous n'avons quitté ni le tabac, ni monsieur Dimanche, ni le sauveteur du naufrage, il s'agit toujours de rompre l'équilibre des lois. Pour l'amour de dix mille belles, pour *l'amour de l'humanité,* voici « *l'épouseur du genre humain* », « un épouseur à toutes mains » (I, 1), qui ne *donne jamais sa main* que pour la reprendre, sauf au festin fatal. Un « enragé » hors la loi de raison, un « chien » hors la loi de l'homme, un « diable » hors la loi de Dieu, un « Turc » hors la loi d'Espagne, un « hérétique » hors la loi chrétienne ; ces règles n'en forment qu'une : rendre la main.

Passons à l'application de la nouvelle règle à bénéfice. Entre Donne Elvire, la délaissée, abusée naguère par la parole, le serment et la foi. A sa philippique, Dom Juan répond d'abord par le silence, et pousse Sganarelle au combat. Pour un mot, pas un mot. Donne Elvire alors prend sa place, et lui propose de la payer de mots : la scène tourne comme du créancier au mendiant ; l'abandonnée donne toutes les fausses raisons du monde, qu'aurait dû donner le séducteur : soyez effronté, mentez, dites que vous voyagez pour affaires, jurez que vous allez revenir, etc. Dom Juan, dos au mur, tourne, par un nouveau tour, la difficulté : soit, j'ai rompu le contrat, j'ai failli à la parole ; mais, songez-y, je ne l'ai fait que par scrupule de vous avoir induite vous-même à briser un contrat, à faillir à votre parole : « vous avez *rompu des vœux* qui vous *engageaient* autre part..., le ciel est fort *jaloux* de ces sortes de choses » (I, 3). Je ne suis point lié, puisque vous l'êtes. C'est que ma parole ne valait pas la vôtre, et le mariage est nul, pour adultère (divin) ; dans la *pesée délicate* des mots sacrés (comme tout à l'heure au bilan pondéré d'honneur et de vie), c'est le vôtre qui l'emporte ; serment ne vaut pas vœu, ni foi jurée foi chrétienne ; vos vœux sont perpétuels, les miens ne sont qu'humains. Reste un écart déficitaire qui nous doit attirer le « courroux céleste », « la disgrâce d'en-haut ». D'où l'état de péché, le scrupule, crainte et repentir. Ainsi faut-il que je *reprenne* ma *liberté,* pour vous *donner* moyen de « revenir à vos premières *chaînes* ». La finesse du hors-jeu consiste à cacher une rupture d'accord derrière une autre rupture d'accord, à substituer un mot sacramentel à un autre (au oui du mariage, le oui du renoncement), et donc de transformer l'écart déficitaire en écart bénéficiaire : ma liberté contre votre enfermement. La démonstration demeure dans l'identique : il s'agit de rompre la rupture même, si le premier temps vous laisse en déficit. Il en était de même dans les scènes d'argent. La conduite vis-à-vis des mots sacrés est isomorphe à la conduite à l'égard des biens mobiles : deux variations strictement parallèles sur le thème du tabac. Le but est de rompre la continuité égalitaire de la circulation de quelque chose en général. Noble colère d'Elvire : « N'attends pas que j'éclate ici en reproches et en *injures* » (elle rendrait encore un mot sacré) ; « non, non, je n'ai point un courroux à exhaler en *paroles vaines* ». Brisons là ; le jeu des mots est dérisoire. L'outrage et l'offense vont au-delà du cercle ordinaire du discours. L'écart crie vengeance.

De la parole sacrée à la parole véridique, on passe du manquement au mensonge, de la rupture à l'imposture. Le séducteur payait de serments, l'hypocrite paie d'apparences. Dom Carlos, comme Elvire l'a fait, n'y croit guère : « Vous voulez que je me *paye* d'un semblable discours ? » (V, 3). On a vu Sganarelle acheter un déguisement de médecin, on a vu Dom

Juan proposer au valet d'échanger leur costume : échange d'habits, échange de mots, échange de risque mortel, ceci pour argent sonnant. Nouveau costume : qui prend « le manteau de la religion » prend « sous cet habit respecté... la permission d'être [le] plus méchant homme du monde ». Ceci donne l'avantage « d'être en crédit parmi les gens » : habit pour crédit, crédit pour habit, le tour est aisé, c'est toujours le même (V, 2). Dom Louis a fait avertissement [8] : à force d'accumuler la prise, « vous avez *épuisé*, auprès [du souverain], le mérite de mes services et le *crédit* de mes amis » ; puis a dicté la règle : les actions éclatantes des ancêtres « nous imposent un engagement de leur faire le même honneur » (IV, 6). Elvire élève le registre, mais sur le même thème : « vos offenses ont *épuisé* la miséricorde du ciel », et demandé son paiement : « j'ai fait toutes choses pour vous, et toute la *récompense* que je vous en *demande,* c'est de corriger votre vie, et de prévenir votre perte » (IV, 9). Remarquons au passage qu'ici encore Dom Juan retourne la stratégie, et propose *amour pour discours* : demeurez, il est tard, et l'on vous logera. Bref, le voici converti, mais à l'inverse : il rend à nouveau des *mots pour du crédit,* à la délaissée, à ses frères, à son propre père, pris au piège. Le changement de vie, ou l'échange d'habit, lui redonne les « grâces » dont il « prétend profiter » comme il doit, jusqu'à réparation, « rémission » enfin de sa dette (V, 1). Sous le masque, il peut « mettre en sûreté ses affaires » : il suffit de se faire le vengeur des « intérêts du ciel » (V, 2). Qu'on ne s'y trompe pas, c'est toujours la loi du tabac : par sa vertu liante et obligeante, le libertin professait n'être point *lié* (I, 2) ; mais la grimace est le bon tabac à faire une caste ; d'où le faux dévôt : « on *lie* à force de grimaces une société étroite avec tous les gens du *parti* » (V, 2). Donnez soupirs et roulements d'yeux, vous êtes à l'abri, sous le bouclier, la cabale prend vos intérêts. D'où encore : Dom Juan n'est pas seul, héros solitaire hors la loi commune, au contraire, la tribu même suit sa loi illégale : le prétexte contre le texte. Le faux échange est générateur de la cellule sociale protectrice.

Le retournement, ici, est global. Dom Juan : ce n'est pas moi qui romps la promesse, c'est toi qui as failli à tes vœux... jusqu'à : ce n'est pas moi l'hypocrite, la société entière est imposture. S'il suffit d'offrir du tabac, faisons de la fumée, et restons-en à nos caprices. Le chien, le Turc, l'enragé, l'hérétique,

---

8. Il intègre l'*existence* même de Dom Juan dans le cycle de l'échange : « J'ai souhaité un fils... je l'ai *demandé ;* et ce fils, que j'*obtiens* en fatiguant le ciel de mes vœux... » (IV, 4).

le diable, désigne la société des hommes raisonnables, des chrétiens espagnols comme une cabale d'hérétiques, de démons, de chiens enragés. *L'Autre désigne les Mêmes comme des Autres* : c'est vous qui suivez ma loi, et me menacez pour ne la point suivre. L'hypocrisie implique une distance qui est le meilleur critère pour faire voir, représenter la société comme elle est. Comment peut-on être Turc ? A cette distance, on décrit objectivement les mœurs. Non, Dom Juan ne devient pas dévôt, il reste sociologue, spécialiste des Ottomans et de leurs rites archaïques d'échange. Encore une turquerie, avec ses narghilés. Héros de la modernité, *il désigne la société contemporaine comme une tribu de primitifs.*

***

Que se passe-t-il parmi eux ? Eh bien, on y échange les femmes, par mots, serments et grasses dots. La démonstration recommencerait si, dans *le Festin de Pierre,* elle n'était pas inutile. Comme il s'agit du thème central, toutes choses y sont distinctement lisibles. Prenez des paroles, sacrées ou mensongères, prenez des biens, argent, beurre ou fromage, et le reste vous sera donné par surcroît : le déduit s'en déduit [9]. La tradition est assez explicite sur le séducteur, pour que nous lui laissions et son discours et son crédit. « Mal payées de leur amour », Elvire, Mathurine, Charlotte seraient encore fondées à réclamer leurs gages.

Reste le festin, reste la mort. Dans l'échange des invitations à souper, dans l'aller et le retour des visites, curieusement, *tout le monde est de bonne foi.* Dom Juan fait visite au tombeau, et le Commandeur doit en avoir plaisir, « car ce serait mal recevoir l'honneur que je lui fais ». « Faisant civilité » d'une visite, le tueur s'étonnerait si sa victime ne la recevait de bonne grâce. L'un donne, l'autre doit recevoir ; ensuite il doit rendre : on peut donc lui demander de venir souper ; ce à quoi la statue acquiesce, comme il est de règle (III, 6). Premier banquet : « à la santé du Commandeur » (IV, 12) ! Deuxième invitation : « je vous invite à venir demain souper avec moi » ; Dom Juan : « oui, j'irai », cela est de nouveau de règle. Deuxième festin : « vous m'avez hier donné parole de venir manger avec moi. Oui. Donnez-moi la main. La voilà », etc. Il meurt. Le festin est le lien électif de l'échange : vous battrez les chemins et les haies, le repas de

---

9. « Je t'achète, sans reproche, des rubans à tous les marciers qui passont... » (II, 1).

noces est servi. Le grand seigneur ne triche pas sur la règle suprême, se rend au lieu privilégié des prestations totales, à la représentation finale, de type agonistique, où l'on apure tous les comptes. Il y trouve le dernier supplice, en échange du meurtre du Commandeur. *Et il ne peut tricher,* parce que le festin, la fête, le banquet, c'est la pièce même, non seulement pour le titre, mais pour la réalité vivante. *Dom Juan* est un traité complet du don et du contre-don mais, *dans le vécu collectif, les structures de l'échange ne sont représentables et représentées, dramatisées enfin, qu'au cours d'une fête.* Pour que le traité fût une comédie, il fallait bien que *Dom Juan* fût un festin. Mangeons, buvons, à la santé les uns des autres, échangeons du tabac, pour finir, alors qu'une main invisible écrit au mur les mots inconnus de la mort.

⁂

La démonstration recommence : incomplète, si on ne l'itérait à loisir. Faisant tourner trois fois la loi d'échange-don, le grand seigneur prend trois personnes, la même en trois visages : mauvais payeur, sans parole et menteur, multiple séducteur. Reste néanmoins que la pièce est centrée sur le dernier sujet, *modèle principal* de la *structure* commune aux deux autres, la conduite au tabac, son *modèle réduit.* Les deux autres, révélateurs du principal, demeurent marginaux, *modèles secondaires.* Reprenons alors la comédie entière, et faisons tourner trois fois notre opérateur théorique. Que le modèle principal se fixe à la circulation des femmes, c'est bien *le Festin de Pierre ;* un tiers de tour, et le modèle principal se fixe à la circulation des biens, il s'agit de *l'Avare,* ou du festin de maître Jacques, muni des modèles secondaires sur la circulation des femmes — sans dot ! — et des mots ; un tiers de tour encore, on découvre *George Dandin,* avec modèle principal sur les mots, et modèles secondaires sur les femmes et l'argent. On peut à loisir s'exercer à la déduction : facile et claire, elle plonge au dernier détail. Par élargissement de la spirale, exhalée du tabac, on atteint partie de l'œuvre du plus génial observateur des mœurs de l'âge classique.

Ouvrez maintenant l'*Essai sur le don* [10], vous ne manquerez pas d'être déçu. Vous y trouverez partie et contrepartie, l'au-

---

10. Marcel Mauss, « Essai sur le Don — Forme et raison de l'échange dans les sociétés archaïques », in *Sociologie et Anthropologie,* P. U. F., 1960, pp. 145 sqq.

mône et le banquet, la loi suprême qui dicte la circulation des biens de même façon que celle des femmes et des promesses, des festins, rites, danses et cérémonies, des représentations, injures et *plaisanteries ;* vous y trouverez le droit et la religion, l'esthétique et l'économie, la magie et la mort, la foire et le marché, la *comédie* enfin. Fallait-il errer trois siècles sur l'œil glauque du Pacifique pour apprendre lentement des Autres ce que nous savions déjà de nous-mêmes, pour assister outre-mer à des scènes archaïques, les mêmes que nous représentons tous les jours au bord de la Seine, au Français ou à la brasserie d'en face ? Mais aurions-nous jamais pu lire Molière sans Mauss ?

*
**

Nietzsche disait de Dionysos qu'il était le père de la Tragédie, et décrivait l'explosion du principe d'individuation dans le délire extatique du vin. Faut-il dire d'Hermès, le dieu du commerce, qu'il est le père de la Comédie, en décrivant la circulation de toutes choses, la communication inter-individuelle dans la fête du tabac échangé ? Est-ce le dieu du carrefour, des voleurs et du secret, ce dieu adorné, sur les piliers milliaires, d'organes virils fort apparents, qui, comme Psychopompe, accompagne Dom Juan aux enfers ?

Le rire est le phénomène humain de communication (définition réciproque), parallèle, dans la fête, à toutes les communications objectives : il est inextinguible à la table des dieux.

Mai 1967.

table des matières

Georges Bataille, LA PART MAUDITE, *précédé de* LA NOTION DE DÉPENSE.

Jean-Marie Benoist, TYRANNIE DU LOGOS.

Jacques Bouveresse, UNE PAROLE MALHEUREUSE. DE L'ALCHIMIE LINGUISTIQUE A LA GRAMMAIRE PHILOSOPHIQUE.

Jacques Bouveresse, WITTGENSTEIN : LA RIME ET LA RAISON. SCIENCE, ÉTHIQUE ET ESTHÉTIQUE.

Jacques Bouveresse, LE MYTHE DE L'INTERIORITE. EXPÉRIENCE, SIGNIFICATION ET LANGAGE PRIVÉ CHEZ WITT-GENSTEIN.

Michel Butor, REPERTOIRE I, II, III, IV.

Pierre Charpentrat, LE MIRAGE BAROQUE.

Pierre Clastres, LA SOCIETE CONTRE L'ETAT. RECHERCHES D'ANTHROPOLOGIE POLITIQUE.

Hubert Damisch, RUPTURES/CULTURES.

Gilles Deleuze, LOGIQUE DU SENS.

Gilles Deleuze, Félix Guattari, L'ANTI-ŒDIPE.

Gilles Deleuze, Félix Guattari, KAFKA. POUR UNE LITTÉRATURE MINEURE.

Jacques Derrida, DE LA GRAMMATOLOGIE.

Jacques Derrida, MARGES DE LA PHILOSOPHIE.

Jacques Derrida, POSITIONS.

Vincent Descombes, L'INCONSCIENT MALGRE LUI.

Vincent Descombes, LE MÊME ET L'AUTRE. QUARANTE-CINQ ANS DE PHILOSOPHIE FRANÇAISE (1933-1978).

Jean-Luc Donnet, André Green, L'ENFANT DE ÇA. PSYCHA-NALYSE D'UN ENTRETIEN : LA PSYCHOSE BLANCHE.

Jacques Donzelot, LA POLICE DES FAMILLES.

Serge Fauchereau, LECTURE DE LA POESIE AMERICAINE.

André Green, UN ŒIL EN TROP. LE COMPLEXE D'ŒDIPE DANS LA TRAGÉDIE.

Luce Irigaray, SPECULUM. DE L'AUTRE FEMME.

Luce Irigaray, CE SEXE QUI N'EN EST PAS UN.

Garbis Kortian, METACRITIQUE.

Jacques Leenhardt, LECTURE POLITIQUE DU ROMAN. « LA JALOUSIE » D'ALAIN ROBBE-GRILLET.

Pierre Legendre, JOUIR DU POUVOIR. TRAITÉ DE LA BUREAU-CRATIE PATRIOTE.

Emmanuel Levinas, QUATRE LECTURES TALMUDIQUES.

Emmanuel Levinas, DU SACRÉ AU SAINT. CINQ NOUVELLES LECTURES TALMUDIQUES.

Jean-François Lyotard, ECONOMIE LIBIDINALE.

Louis Marin, UTOPIQUES : JEUX D'ESPACES.

Louis Marin, LE RÉCIT EST UN PIÈGE.

Francine Markovits, MARX DANS LE JARDIN D'EPICURE.

Michèle Montrelay, L'OMBRE ET LE NOM. SUR LA FÉMINITÉ.

Michel Pierssens, LA TOUR DE BABIL. LA FICTION DU SIGNE.

Claude Reichler, LA DIABOLIE. LA SÉDUCTION, LA RENARDIE, L'ÉCRITURE.

Alain Rey, LES SPECTRES DE LA BANDE. ESSAI SUR LA B. D.

Alain Robbe-Grillet, POUR UN NOUVEAU ROMAN.

Clément Rosset, LE REEL.

François Roustang, UN DESTIN SI FUNESTE.

Michel Serres, HERMÈS I. LA COMMUNICATION.

Michel Serres, HERMÈS II. L'INTERFERENCE.

Michel Serres, HERMÈS III. LA TRADUCTION.

Michel Serres, HERMÈS IV. LA DISTRIBUTION.

Michel Serres, JOUVENCES. SUR JULES VERNE.

Michel Serres, LA NAISSANCE DE LA PHYSIQUE DANS LE TEXTE DE LUCRÈCE. FLEUVES ET TURBULENCES.

Jean-Louis Tristani, LE STADE DU RESPIR.

Michel Serres
HERMÈS

II. L'INTERFÉRENCE.

Interférence peut se lire inter-référence. Rien n'existe, rien n'est pensé, nul ne perçoit ni n'invente s'il n'est un récepteur mobile plongé dans un espace de communication à une multiplicité d'émetteurs. Espace où circulent des messages, que le bruit remplit, où durent des stocks. Espace dont l'encyclopédie est une figure. Interférence est une image. Elle donne à voir ou à entendre des zones d'ombre et de lumière, d'éclat sonore et de silence. Les sciences interfèrent multiplement : l'épistémologie balance entre le savoir aveuglant et les plages noires de l'insu. Après le livre des clartés, il faudra écrire, parmi le bruit, son complément ténébreux : l'article de la mort.

III. LA TRADUCTION.

Il est possible que la science soit l'ensemble des messages optimalement invariants par toute stratégie de traduction. Lorsque ce maximum n'est pas atteint, il s'agirait des autres aires culturelles. Systèmes déductifs, inductifs... demeurent les plus stables par le transport en général ; sous ce seuil, les systèmes productifs, reproductifs... varient, chacun selon sa différence. Leur différence n'est, en fait, que la variation.

D'où l'intérêt d'examiner l'opération de traduire. Non pas de la définir dans l'abstrait, mais de la faire fonctionner au plus large et dans les champs les plus divers. A l'intérieur du savoir canonique et de son histoire, le long des rapports de l'encyclopédie et des philosophies, du côté des beaux-arts et des textes qui disent le travail exploité. Il ne s'agit plus d'explication, mais d'application.

On mesure les transformations du message. Telle loi de l'histoire dit les états de la matière, tel traitement de la forme et de la couleur dit la révolution industrielle. Versions différentielles. Aux limites de la trahison, tel qui émet une parole politique finit par annoncer un kérygme de religion, et tel groupe au pouvoir parvient à détourner les messages optimalement stables, la science, pour les faire produire la mort : la thanatocratie.

IV. LA DISTRIBUTION

L'ordre est une île rare, il est un archipel. Le désordre est l'océan commun d'où ces îles émergent. Le ressac érode les rivages, le sol, usé, perd peu à peu son ordre et s'effondre. Ailleurs, un nouvel archipel va sortir des eaux. Le désordre est la fin des systèmes et leur commencement. Tout va toujours vers le chaos et tout en vient, parfois. Pour décrire un système, on peut en dessiner le montage et en suivre le fonctionnement. Il s'agit alors des structures, et des forces qui s'y fixent et s'y déplacent. Une topologie et une énergétique suffisent à la description. D'où la communication, les interférences, la traduction, et ainsi de suite, d'où les trois *Hermès* précédents.

On peut désirer d'en venir aux deux bords de son existence, sa naissance et sa mort. Il faut alors quitter les îles et plonger en pleine mer. *La distribution* est un autre nom du désordre, qui s'appelle aussi, dans ce nouvel *Hermès* : nuage et météores, orage et tempête, océan, soupe primitive, mélange et corruption, chaos et bruit de fond, la cohue, la foule et la foire. Ces ensembles sont fluctuants. Ils précèdent et suivent toute formation. A les éliminer, on n'a de description que fonctionnelle.